D1674573

Sarinah Aurelia

Seelenverträge Band 10

Hand in Hand mit deinem Engel

Smaragd Verlag

Bitte fordern Sie unser kostenloses Verlagsverzeichnis an:

Smaragd Verlag e.K.
Neuwieder Straße 2
D-56269 Dierdorf
Tel.: 02689-92259-10
Fax: 02689-92259-20
E-Mail: info@smaragd-verlag.de
www.smaragd-verlag.de

Oder besuchen Sie uns im Internet unter der obigen Adresse und melden Sie sich für unseren Newsletter an.

© Smaragd Verlag, 56269 Dierdorf
Erste Auflage: November 2015
© Cover:
© Loraliu, Fotolia.com
© free_photo, Fotolia.com
Umschlaggestaltung: preData
Satz: preData
Printed in Czech Republic
ISBN 978-3-95531-122-3

Inhalt

- Dein Schutzengel 9
- Ratssitzung: Ein lustiges Durcheinander 12
- Erzengel Michael: Der See der Heilung 24
- Erzengel Uriel: Der Erdenengel Harry – Wir kennen uns nicht, und doch kennen wir uns schon ewig 28
- Erzengel Michael: Freundschaft, Familie und Liebe auf dem Prüfstand 31
- Erzengel Uriel: Überlagerungen gehen meistens einher mit dem Verlust der Immunität 36
- Erzengel Haniel: Die Mauer des Schweigens 40
- Ratssitzung: Wir fühlen mit euch 46
- Erzengel Michael: Heilung – Das persönliches Gespräch 53
- Erzengel Uriel: So fern und doch so nah 60
- Erzengel Michael: Seelenpartner – Ich heile dich, und du heilst mich 66
- Erzengel Michael: Der Sturm im Wasserglas – Das Opfer-Helfer-Spiel 71
- Erzengel Uriel: Selbstermächtigung 81
- Erzengel Michael: Das Wiegen der Liebe 86
- Erzengel Haniel: Ratssitzung – Unendliche Liebe, wo bist du nur? 92
- Erzengel Gabriel: Missbrauch, eine tiefe Wunde 99
- Erzengel Jophiel: Das Kainsmal 107
- Maitreya: Auf der Schnellspur unterwegs mit angezogener Handbremse 113
- Ratssitzung: Der heilige Samen der Erde 120
- Gespräch mit Erzengel Michael: Haben Engel Flügel? 130

- Der Aufgestiegene Meister Kuthumi:
  Das Realitätsfeld der Erde und vieles mehr.................135
- Die Erzengel Uriel und Michael,
  der Erdenengel Harry: Ein ganz besonderer Ort..........141
- Erzengel Gabriel: Die heiligen Seelenaspekte und
  ihre Träger...................150
- Ratssitzung: Die Traurigkeit, die Trennung...................156
- Gespräch mit Maitreya: Du bist mein Spiegel,
  ich erkenne mich in dir...................166
  Der Erdenengel Harry: Das irdische und himmlische
  Küchenkabinett.................173
- Erzengel Michael: Das Samenkorn in deiner Hand......185
- Dein Schutzengel wartet auf dich.................194
- Erzengel Metatron: Tut die Klärung des
  Bewusstseins weh?...................202
- Saint Germain: Fürchte dich nicht...................207
- Ratssitzung: Ein Traum wird Wirklichkeit...................215
- Erzengel Michael: Wie schön, dich hier zu treffen........223
- Erzengel Uriel: Die Sexualität im Wandel der Zeit........228
- Lady Maria spricht über Meditation...................237
- Erzengel Raphael: Die heilige Hingabe...................241
- Maria Magdalena und Christus:
  Was zusammengehört, wird zusammengeführt...........253
- Gespräch mit Maitreya: Hilfst du uns?...................258
- Meister Hilarion: Das Experiment der Verschiebung....264
- Erzengel Michael: Ein Zusammentreffen
  besonderer Art.................267
- Auf dem Zenit der lebendigen Seelenwanderung
  angekommen, liegen Lust und Schmerz nah
  beinander...................287

- Erzengel Raphael und Sarinah:
  Du liebe Güte, schon wieder Transformation 292
- Erzengel Michael im Gespräch mit Harry, dem
  Erdenengel: Die heilende Gnade der Vereinigung mit
  dem Himmel 297
  - Martin Luther King: Ich habe einen Traum 307
- Dein Schutzengel: Die Kunst der Liebe 313
- Dein Seelenpart: Die bedingungslose Liebe öffnet
  Raum und Zeit 316
- Erzengel Michael: Der Wunsch, allem gerecht zu
  werden, geht einher mit Verletzbarkeit.......................320
- Die Seele von Mahatma Gandhi:
  Der Respekt und die Liebe 334

Nachwort 337

Über die Autorin...339

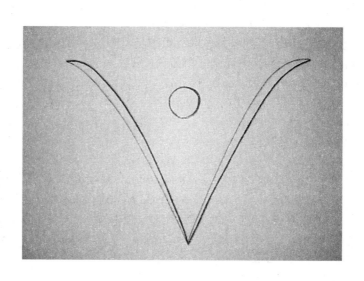

Dein Schutzengel

„Gerade habe ich an dich gedacht. Wirklich, das ist kein Scherz. Gerade jetzt, wo du anfängst, dieses Buch zu lesen, war ich in Gedanken bei dir.

Wer ich bin? Nun, ich bin dein Schutzengel. Eigentlich kann man sagen, dass ich gerade nicht im Dienst bin.

Warum? Oh, keine Angst, du bist beschützt, sehr gut sogar. Wir Schutzengel wechseln uns ab, damit wir immer frisch bleiben, so würdet ihr Menschen das ausdrücken. Wir nehmen aber auch oft an Fortbildungen teil, sind also sehr beschäftigt.

Wie auch immer, ob dein Tag erfreulich war oder eher das Gegenteil, ob du uns spüren, hören und sehen kannst oder nicht: Wir sind dir gerade dann sehr nah, wenn es dir nicht gut geht. Manchmal habe ich, dein Schutzengel, das Gefühl gehabt, als ob ich dir zu sehr auf den Leib gerückt wäre.

Wie das? Nun, wir sind reine Energie und empfinden Nähe anders als die Erdenbürger. Außerdem lieben wir es, auf eurem Schoß zu sitzen. Sarinah lacht. Sie weiß, dass es tatsächlich so ist. Wir kuscheln uns ganz nah an euch, wenn wir dürfen. Wir tun das mit all unserer Liebe, weil es euch guttut. Und uns tut es natürlich auch gut.

Hast du mich gespürt, als du im Bett lagst und nicht schlafen konntest, weil dein Herz vor Gram ganz schwer war? Ich weiß, die meisten Menschen fühlen uns nicht. Doch ich war da. Und weil du mir erlaubt hast, in den Raum deines heiligen Herzens einzutauchen, war ich nicht nur neben dir, sondern sogar in dir.

Ich liebe es, wenn du mich rufst. Ich liebe es, wenn du mir vertraust. Doch am größten ist meine Freude, wenn du mich nicht nur brauchst, sondern neugierig deine Hände nach mir ausstreckst.

Ich bin dein Schutzengel, einer jener, der im Pulk mit vielen anderen Engeln, die sich um dich sorgen, sicherlich nicht auffällt. Doch ich bin seit deiner Geburt bei dir, auch wenn ich gerade eine Weiterbildung besuche, damit ich dich in Zukunft noch besser beschützen kann. Dennoch habe ich alle meine Sensoren bei dir.

Ich bin sehr stolz auf dich. Weißt du das?

Ja, gerade durch dich ist es mir erlaubt, mich zu qualifizieren, um ein Erzengel zu werden. Man heftet im übertragenen Sinn Orden an unsere Brust, wenn wir euch helfen können. Wenn das nicht gelingt, ist es für uns unermesslich traurig. Wir leiden und fühlen mit euch."

Sarinah: „Na, na, na! Engel leiden doch nicht, was erzählst du denn da? Wie heißt du überhaupt, du seidener Schutzengel?"

„Ich bin der Engel mit dem geheimen Namen. Die Person, die diese Zeilen jetzt liest, weiß, wie ich heiße."

Sarinah: „Es freut mich, dass du gekommen bist. Hey, du hast dich an den Anfang dieses Buches geschummelt, du geheimnisvoller Engel." ☺

„Es ist mir eine große Freude, dass ich hier sein darf. Außerdem finde ich, wir Schutzengel werden zu oft übersehen. Wir sollten mehr zu Wort kommen, denn ohne uns geht es nicht. Nun ja, mit der Unsichtbarkeit ist das so eine Sache. Da erhält man nicht gerade viel Beachtung. Nicht, dass das für mich wichtig wäre. Doch einen Wunsch möchte ich äußern, Sarinah, wenn ich darf. Darf ich auf deinen Schoß?"

Sarinah: „Aber ja. Oh, du fühlst dich gut an, so samtig weich, das kitzelt. Du bist ja lieb, jetzt habe ich ein Küsschen bekommen, süß. Möchtest du nicht lieber…?"

„Ich weiß, was du sagen willst. Ja, Sarinah, ich möchte gerne mit meinem Schützling kuscheln. Ich fliege gleich los, und ich bin in Kürze bei dir, ja, ich meine dich. Du, der diese Zeilen nun liest. Ich bin dein Schutzengel. Ich bin du, und du bist ich. Wir sind ein Team.

Weißt du, wer gerade mit dir spricht? Erinnerst du dich, wie ich heiße?

In tiefer Liebe, dein Schutzengel."

☆☆☆

Ratssitzung: Ein lustiges Durcheinander

Ratssitzung mit den Erzengeln Uriel, Michael, Metatron, Lady Faith, Lady Maria, Lady Portia, Marix vom Erstkontakt-Team der Galaktischen Föderation des Lichts, Harry und Sarinah.

☆☆

Harry war müde. Er sah auf die Uhr. Dabei fiel ihm ein, dass er eigentlich längst bei einem Meeting sein sollte. Er hatte keine Lust, denn diese Art der Büro-Meetings war so trocken, ganz anders, als er es von den Ratssitzungen mit der Geistigen Welt gewohnt war.

„Ich hatte einen langen Tag", sagte Harry zu sich selbst. „Ich bin seit 7:00 Uhr in der Firma. Habe mit vielen Leuten gesprochen, und nun nach Feierabend noch so ein spaßloses Meeting? Nein! Ich mache nichts mehr, worauf ich keine Lust habe!

Lieber wäre ich bei einer dieser humorvollen Ratssitzungen. Dort wird auch über ernste Themen gesprochen, doch sind alle trotzdem mit Humor und Lebendigkeit dabei. Außerdem sind diese himmlischen Treffen immer sehr erfolgreich. Es werden Lösungen, Ideen nicht nur besprochen, sondern es geht gleich an die Umsetzung."

Kaum hatte Harry dies gedacht, spürte er schon die Anwesenheit seiner Freunde aus der geistigen Heimat. „Wie komme ich nochmal dahin?", dachte Harry gerade.

„Oh ja! Ich fühle, ich reise über meine Vorstellungskraft." Harry versuchte, sich dorthin zu beamen, wo er schon so oft gewesen war. Er wollte in den Sitzungssaal zu seinen Freunden, doch es funktionierte dieses Mal nicht.

„Was ist denn nur los? Es geht nicht. Wie komme ich da jetzt hin?"

Harry hatte ganz vergessen, dass er sich ja nicht an zwei Orten gleichzeitig aufhalten konnte, solange seine Vorstellungskraft dafür nicht ausreichend vorhanden war. Eigentlich hatte er ein schlechtes Gewissen wegen des Meetings seiner Firma, das er verpassen würde. So ganz wohl war ihm bei der Sache also nicht.

Er rief Erzengel Uriel zu Hilfe, als gerade die Tür aufging und seine Sekretärin ihm sagte, dass es nun Zeit wäre für den nächsten Termin.

Erzengel Uriel antwortete Harry: „Dann mach doch beides. Reise über die Bilokation zur Ratssitzung und sei verkörpert anwesend bei der Sitzung deiner Firma. Dann verpasst du nichts und bringst sicher frischen Wind in beide Treffen."

Gesagt – getan! Erzengel Uriel half Harry auf die Sprünge, denn dieser hatte vergessen, wie es ist, eine Bilokation zu starten.

„Fühle es einfach, fühle und setze sofort voraus, dass sich das ereignet, was du spürst. Fühle dich feinstofflich in diesem wundervollen Saal, in dem du mit mir eine Rede gehalten hast. Dort, wo später meine weißen Tauben die Musik des Windes gemacht haben, als sie ihre Runden geflogen sind."

Harry sah Erzengel Uriel lächelnd an. So hatte er dank der Hilfe des Erzengels den Einstieg gefunden für die ersehnte Reise in die Welt seiner geistigen Freunde.

Harry war erstaunt, denn er sah sogleich in die Augen von Sarinah. Und noch bevor er es verhindern konnte, rutschte es aus ihm heraus. „Was tust du denn hier?"

„Ich bin eingeladen, genauso wie du. Ich habe diese Geschichte angefangen zu schreiben und bin während des Schreibens zu dieser Ratssitzung gereist. Ich schreibe also und bin gleichzeitig anwesend. Das fühlt sich echt cool an", antwortete ihm Sarinah.

„Aha!", murmelte Harry. „Ich dachte nur, ich wäre der Erste von uns, der die Bilokation beherrscht. Du bist mir scheinbar einen Wimpernschlag voraus."

„Das ist doch egal, denn wir sind in der gleichen Energiespur. Was ich kann, kannst du auch, und umgekehrt", sagte Sarinah liebevoll zu ihm.

Erzengel Michael hatte das Gespräch mitgehört und ergriff das Wort. „Je höher ihr schwingt, umso mehr werdet ihr spüren, dass es keine Konkurrenz mehr gibt. Wer sich an ein neues Thema herantraut, tut das nicht nur für sich allein, sondern auch für alle, die in der gleichen Energiepulsung sind. Niemand ist eine Insel, schlussendlich sitzen wir alle im selben Boot. Wer denkt, er wäre ganz allein gerudert und hätte all die geistige Arbeit alleine gemacht, der irrt. In den Frequenzen der geistigen Heimat gilt das Prinzip des Geistes. Geist ist gleich Aktion und umgekehrt."

„Was sagst du?", fragte soeben Lady Faith, die plötzlich neben Erzengel Michael stand. „Du Schelm! Schau nur, wie verwundert sie dich ansehen. Du vergisst zu erwähnen, dass das nicht gilt, wenn man sich vor dem Abwasch drücken will."

Erzengel Michael lachte schallend, fasste seine Lady um die Taille und ging mit ihr zum Tor, wo sie die ankommende Lady Portia begrüßten.

„Ich verstehe das nicht", flüsterte Harry zu Sarinah. „Was bedeutet, Geist ist gleich Handeln?"

„Lass es uns herausfinden. Ich denke, dazu ist noch Gelegenheit genug", antwortete ihm Sarinah.

„Wo ist denn dein Held? Hast du heute diesen galaktischen Clown nicht im Schlepptau?", flüsterte Harry ihr zu.

Sarinah sah Harry ernst an und erwiderte würdevoll. „Marix kommt sicher noch, er hat noch zu tun. Lass uns zu unseren Plätzen gehen, meine Beine werden langsam müde." Bei diesen Worten schaute Harry sich die Beine von Sarinah genauer an und sah, dass sie ein weißes Kleid trug, das scheinbar etwas zu kurz geraten war.

„Oder hast du deine Beine aus Versehen etwas zu lang manifestiert?", scherzte er und sah Sarinah dabei grinsend an.

Diese schritt mit hoch erhobenem Kopf zu ihrem Platz, setzte sich und murmelte wie zu sich selbst: „Aus Versehen, aus Versehen zu lang manifestiert. Ts, ts, ts, wenn der wüsste, dass ich zwar Dinge sehr gut auf den Kopf stellen kann, aber ich kann sie nicht mehr geraderücken. Außer, die Dinge rücken sich von selbst wieder gerade. Wenn der wüsste, wie sehr mir das Kopfzerbrechen macht. Denn das, was man materialisiert hat, das muss man doch auch dematerialisieren können. Nur, wie geht das?"

Sarinah sah an sich herunter und fand, dass sie mit ihrem Körper alles richtig gemacht hatte. Sie zupfte den Stoff ihres Kleides ein wenig nach unten, sodass er mehr von ihren Beinen bedeckte.

Erzengel Uriel hatte ihre Gedanken gelesen und das Spiel mit ihrem Kleid beobachtet. Er sagte: „Kindchen, lass doch. Harry reagiert nur auf deine ureigenen Gedanken. Es ist alles in Ordnung. Dein Kleid ist nicht zu kurz, du bist wunderschön. Dematerialisieren tust du übrigens nicht das, was du dir erschaffen hast, sondern nur die Energie dessen, dann funktioniert es."

Sie sah Erzengel Uriel etwas verwirrt an. Der große rote Engel resümierte: „Schau, du manifestierst dir ja nicht sofort ein neues Auto. Du stellst diese Verbindung erst über die Energie, zum Beispiel die Vorfreude, her. Dass du einfach so ein neues

Auto im Vorgarten stehen hast, ist ziemlich schwierig, das obliegt mehr der Zauberei, nicht der Manifestationskraft."

Erzengel Uriel saß auf dem Tisch, während er mit Sarinah plauderte, so, als hätten sie ein gemeinsames Geheimnis, so sah es wenigstens für den gerade ankommenden Marix aus. Erzengel Uriel erklärte Sarinah anhand einer Zeichnung, wie er das mit der Dematerialisierung genau meinte. Dabei beugte er sich vor, sodass ihre Köpfe sich fast berührten, und Sarinah hörte ihm gespannt zu.

Das war zu viel für Marix. Er setzte sich sofort in Bewegung. Bei den beiden angekommen, wäre er beinahe über die Beine von Erzengel Uriel gestolpert, so sehr hatte er sich beeilt. Marix tat so, als würde er Erzengel Uriel zur Begrüßung an der Schulter berühren, aber eigentlich stützte er sich nur ab, denn beinahe wäre er vor lauter Überschwang in Uriel hineingerannt.

„Hallo, ich grüße euch", sagte Marix fast schüchtern. „Ich habe euer Gespräch ein wenig mitgehört. Nun, wer manifestieren kann, kann auch das Gegenteil", sagte er.

„Meine weiße Taube, ich bin geflogen, so schnell ich konnte." Dabei breitete Marix die Arme weit aus, in der Hoffnung, er würde eine Umarmung von Sarinah bekommen. Diese war aber etwas genervt von seinen ewig weisen, frechen Sprüchen.

„Erklärst du es anhand eines Beispiels?", forderte sie Marix heraus. „Wie lasse ich Dinge verschwinden, wenn ich sie nicht mehr brauche?"

„Sie meint doch hoffentlich nicht dich?", flüsterte Erzengel Uriel dem immer noch stehenden Marix zu. „Ein Scherz!", sagte er gerade, als die Tür aufging und Erzengel Metatron mit Lady Maria den Saal betrat. Erzengel Uriel stand sofort auf und gab Marix noch einen ermunternden Klaps auf die Schulter. Danach ging er mit großen Schritten auf die Ankommenden zu.

Die drei schüttelten sich die Hände und umarmten sich freundschaftlich. Dann gesellte sich Lady Portia zu ihnen. Sie lächelte zur Begrüßung freundlich in die Runde.

Erzengel Metatron schüttelte den Kopf und murmelte wie zu sich selbst. „Schon wieder ist kein Thema vorgegeben bei dieser Ratssitzung." Er sah Lady Portia von der Seite an, und bei ihrem Anblick wurden seine Augen ganz groß. „Wo hast du dein langes Haar gelassen? Wer hat es dir genommen?", fragte er entsetzt. Lady Portia kicherte. „Lieber Erzengel Metatron, wir haben heute unter anderem das Thema Demateralisation. Ich habe es für Sarinah getan, sie soll anhand eines Beispiels sehen, wie so etwas funktioniert."

Lady Maria war gerührt von der Geschichte, die ihre Freundin gerade erzählte, und wischte sich ein paar Tränen aus den Augenwinkeln. Da sah sie, wie die Augen von Erzengel Metatron noch größer wurden. „Du kannst weinen?" Jetzt war es um seine Fassung geschehen. Er ging mit geneigtem Kopf zu seinem Platz und murmelte vor sich hin. „Sie kann weinen, und die andere Lady schneidet sich ihren über 2000 Jahre alten Zopf ab, den sie gehütet hat wie ihr eigenes Kind." Er setzte sich und dachte: „Ich brauche jetzt einen Schnaps!"

Gelächter war zu hören, denn Gedanken sind in diesen Sphären wie ein gesprochenes Wort.

Erzengel Uriel setzte sich neben Metatron und säuselte in sein Ohr. „Ich kann dir zwar keinen Schnaps zaubern, du weißt, dass Alkohol für uns nicht gut ist. Doch dieser Anblick da, schau, ist das nicht total berauschend?" Lady Maria und Lady Portia hatten Sarinah in ihre Mitte genommen. Sie sahen süß zusammen aus, denn alle drei trugen Kleider in der Farbe Weiß. Sie steckten die Köpfe zusammen und kicherten. Erzengel Uriel zauberte etwas Wind, sodass die Kleider der Damen um ihre

Körper geweht wurden. Da die drei mit dem Rücken zu den Herren standen, war es wohl der Anblick ihrer Kehrseite, die die Herren, veranlasste, es als „berauschend" zu bezeichnen.

„Ich verstehe, was du meinst", sagte Erzengel Metatron, der nun seinen Kopf etwas schräg hielt. Erzengel Uriel, meine nächste Frage meine ich jetzt bitterernst, also lach nicht. Warum reagieren wir Erzengel plötzlich wie ganz normale Männer? Ich will ja niemanden degradieren, wir waren doch immer so diszipliniert. Die Menschen von der Erde reden und verhalten sich manchmal auch so, als wären *sie* die Bewohner der geistigen Sphären. Und wir verhalten uns wie sie. Warum ist das so?"

Erzengel Uriel sah seinen Freund mitfühlend an. „Die Bewusstwerdung der Menschheit führt zu einer Art Wippbewegung, auf die das ganze Universum reagiert. Das heißt, dass sich die Verhaltensweisen von uns allen erst wieder neu einstellen müssen. Ich denke, dass es für Wesen aus der geistigen Hierarchie zurzeit nichts Schöneres gibt, als alles in sich aufzusaugen, was irdische Sinnlichkeit in sich trägt. Klar, denn wo spürt man das Dasein am meisten? Wenn man Sinnlichkeit, Lust und Liebe erfährt. Den Rest erzähle ich dir morgen, mein Freund. Ich finde, Sarinah muss nicht alles wissen."

Diese hatte ihren Namen gehört, blickte sich um und sagte zu Lady Maria und Lady Portia. „Ich mag Geheimnisse nicht. Ich werde alles tun, was ich kann, um für die Leser herauszufinden, welches Geheimnis sie haben." Sie sah Harry zum Podium eilen und sagte zu den anderen Damen: „Es geht los, wir sollten uns setzen."

Erzengel Uriel beobachtete, dass Harry am Rednerpult stand. Also beeilte er sich und geleitete die anderen zu ihren Plätzen. Ehrlich gesagt, sah es eher so aus, als würde er eine

Hühnerschar vor sich hertreiben, so, wie Erzengel Uriel mit weit ausgebreiteten Armen hinter seinen Freunden herging.

Dann lief Erzengel Uriel eilig und mit großen Schritten zum Podium. Er beeilte sich so sehr, dass es aussah, als würde er fliegen.

Oben angekommen, stellte er sich neben Harry. Er drückte den Erdenbotschafter ein wenig zur Seite und versuchte, das Mikrofon zu erhaschen. Das hatte aber schon Harry fest in seiner Hand, und er kündigte das Thema des Abends an. „Wir sprechen heute über die Verkörperung der himmlischen Seelenpartner", sagte er.

Erzengel Uriel sah Harry erstaunt an. „Nun, das ist ein Thema der Ratssitzung. Der Erdenengel hier hat vergessen, euch zu begrüßen, darum erst einmal: Hallo zusammen. Schön, dass ihr gekommen seid."

Harry versuchte sich auf die Zehenspitzen zu stellen. Er fand, er sah neben Erzengel Uriel immer so klein aus. Es sah lustig aus. Der Kleine hob den Kopf, um noch größer zu wirken, und der Große stand mit gebeugtem Haupt da. Es hatte den Anschein, als würde Uriel gebannt auf das horchen, was Harry zu sagen hatte. Doch dieser hatte keine Lust mehr und wollte einfach nur zu seinem Platz zurück.

Es roch wundervoll nach frisch aufgebrühtem Kaffee. Lady Maria winkte den beiden, sie sollten endlich herunterkommen.

„Sie lieben Kaffee genauso wie wir", dachte Sarinah gerade. Marix saß neben ihr und trank genüsslich aus seiner Tasse, er schlürfte dabei ein wenig.

„Ich bin ja auch nicht aus dem Nichts erschienen", sagte Marix. „Ich hatte zwar vorher schon einen kristallinen Lichtkörper, doch der wäre nicht für lange Zeit erdentauglich gewesen. So, wie die Menschen eine andere Ausdrucksform brauchen, wenn sie aufsteigen, brauchen wir himmlischen Wesen eine andere Verkörperung, wenn wir uns mit unseren menschlichen Seelenpartnern vereinen. Irgendwer von euch hat mal von Körpertausch gesprochen. So könnte man das nennen. Ein wahrlich fast heiliger Akt, denn die menschlichen und himmlischen Seelenpartner helfen sich dabei gegenseitig."

Lady Portia sah Marix verträumt an. Sie hielt dabei einen Teil ihres Kleides in der Hand. Es sah fast so aus, als würde sie den Stoff küssen, weil sie den Teil ihres Kleides, den sie in der Hand hielt, immer wieder nachdenklich an den Mund führte.

„Du hast vergessen, dass wir ja unsere Schwingung nicht reduzieren können. Die meisten von uns hüten sich, die eigene Frequenz zu drosseln. Das fühlt sich nicht gut an. Also reichen uns die Lichtträger die Hand, wir ergreifen diese und helfen ihnen bei der Bewusstwerdung, so gut wir können und dürfen. Sie ermöglichen uns mit ihrem Kontakt eine neue Ausdrucksform. Um ehrlich zu sein, war dies so noch nie da. Marix, du wärst sonst für Sarinah unsichtbar und wir anderen sicher auch", sprach Lady Portia.

„Aber sie sieht uns und kann uns berühren, ihre Sinne reagieren auf uns", antwortete Marix.

Erzengel Michael schnippte daraufhin mit den Fingern. „Jetzt habe ich eure Aufmerksamkeit", sagte er. „Die Aufmerksamkeit auf etwas richten, was man erschaffen will, ist sehr wichtig, wenn es darum geht, Sichtbarkeit herzustellen. Wer sich darauf konzentrieren kann, wie sich das zu Erschaffende anfühlt, wie es riecht und Raum einnimmt, ist sicher klar im Vorteil."

„Ich verstehe nur Bahnhof", dachte Sarinah. „Wie soll ich meine Aufmerksamkeit auf etwas richten, das noch Science-Fiction ist?"

Wieder einmal hatten alle ihre Gedanken gehört. Sarinah fühlte alle Augen auf sich gerichtet, und ein bisschen sah es so aus, als würden die anderen etwas mitleidig zu ihr blicken.

„Ja, ich kann euch jetzt sehen, doch wenn ich die Ratssitzung verlasse, seid ihr wieder unsichtbar. Außer Erzengel Michael, den sah ich schon als Kind. Ich spüre euch, kann euch hören und sogar riechen, doch im Alltag sehe ich euch nicht. Ich muss mich zentrieren, dann kann ich wenigstens Erzengel Michael sehen."

Marix legte mitfühlend seinen Arm um Sarinah. Er wusste, wie es um ihr Herz bestellt war.

„Du hast den Lösungssatz eben gesagt", meldete sich Erzengel Metatron zu Wort. „Du sagtest Science-Fiction und erwähntest den Begriff *Alltag*."

Lady Maria sah Metatron liebevoll von der Seite an. Sie legte eine Hand auf seine und erzählte zu Ende, was er hatte sagen wollen.

„Siehst du, ich denke, dass dein Alltag längst wie Science-Fiction ist. Du hast nur vergessen, das eine vor das andere zu schieben. Das ist verständlich, denn es ist ja nicht alltäglich, sich mit uns zu treffen. Dein Kommunikationssystem hat sich gut auf uns eingestellt, oder, besser gesagt, an uns gewöhnt. Jetzt willst du mehr, du willst uns in deine irdische Welt mitnehmen, uns realistisch bei dir haben, immerzu. Die beiden Welten sind längst eins, liebe Sarinah. Was du aber vergessen hast: Die menschlichen Augen sind es in der Regel nicht gewohnt, Erzengel und Aufgestiegene Meister in ihrer ganzen Pracht zu sehen. Deine und die Frequenz deiner Mitmenschen steigen stündlich. Wenn ein gewisser Level erreicht ist, haben sich auch deine Augen umgestellt, und du siehst uns. Dann verschiebt sich die himmlische Realität in deinen Science-Fiction-Alltag."

Sarinah sah Lady Maria mit großen Augen an. Sie spürte Ungeduld in sich hochkommen. „Wie lange denn noch", dachte sie. „Immer dieses Warten, bis ein Wunsch sich erfüllt."

„Warum? Du wartest doch gar nicht", murmelte Marix ihr zu. Er saß neben Sarinah und stupste mit seinem Arm sachte den ihren. „Du lebst es doch schon, du lebst längst deine Träume."

Sarinah betrachtete Marix und fand, dass er ziemlich gut aussah. Sein Stil war lässig und elegant. Er war braungebrannt und glatt rasiert. Außer an seiner Oberlippe, da war ein Schatten von einem Bart zu sehen. „Das ist neu, das macht ihn männlich", dachte Sarinah schmunzelnd.

Marix spürte ihren Blick und hatte ihre Gedanken gehört. Er lächelte sie bezaubernd an und legte wie zufällig seine Hand auf ihre…

„Nun", Erzengel Michael schaltete sich ein. „Um es kurz zu machen, wir himmlischen Wesen bestehen hauptsächlich aus Energie. Energie kann man meistens mit dem bloßen Auge nicht sehen. Aber die Menschheit ist bewusster denn je. Das Bewusstsein öffnet die Türen für alles, was sonst unsichtbar geblieben wäre. Ich erwähnte das vorher schon, nämlich dass Geist gleich Aktion ist. Um es einfacher auszudrücken: Wer die Vorstellungskraft besitzt, wie das Zusammenleben mit einem Wesen aus den himmlischen Reichen ist, der wird das auch mit allen Sinnen genießen und (er)leben können."

Der Erdenengel Harry sah Erzengel Michael verträumt an. Dann sprach er: „Es wäre echt cool, wenn du mich gleich zu diesem trockenen Meeting begleiten würdest."

„ES IST!", lieber Freund. „Nicht es wäre, es wird schon, es soll oder ich wünsche es mir. ES IST!", antwortete Erzengel Michael bestimmt. „So verschiebt sich eine Wirklichkeit in die andere, mit den Gedanken und Worten: ES IST!"

„So, nun haben wir genug beraten. Lasst uns ein wenig Spaß haben", rief Lady Faith in die Runde. „Ich höre dir ja gerne zu, Erzengel Michael, doch nun ist es Zeit für ein entspannendes Spiel."

Harry befand sich plötzlich mit seiner ganzen Ausrichtung in dem Büro-Meeting, das er zuvor für allzu ernst gehalten hatte. Er hörte seine Kollegen lachen und ihre entspannten Stimmen. „Sie tagen und spielen gleichzeitig Karten. Wer hätte das gedacht?", fragte sich Harry verwundert. Dabei empfand er diese Sitzung im Nachhinein als sehr erfolgreich. Die Kollegen schienen trotz der Ablenkungen sehr inspiriert zu sein.

☆☆

Während ich dies schreibe, bin ich wieder in meinem Büro. Ich spüre, dass Marix hinter mir steht. Sein Atem bewegt meine Härchen im Nacken, ein wohliger Schauer läuft mir über den Rücken. Gerne wäre ich aber wenigstens noch so lange bei den geistigen Freunden geblieben, um herauszufinden, was Lady Faith mit „einem entspannenden Spiel" gemeint hatte.

„Was spielen sie denn, und was verheimlichen die Erzengel Uriel und Metatron vor mir?", frage ich Marix.

„Das nächste Mal, meine weiße Taube, komm, lass uns zum gemütlichen Teil übergehen", war seine zärtliche Antwort.

Ich drehe mich erstaunt um, blicke geradewegs in seine braunen Augen und höre die Worte, die aus seinem Mund kommen: „In der Schwingung der bedingungslosen Liebe gibt es kein Geheimnis, es gibt auch kein *Ich kann nicht*, da gibt es nur *Ja, ich kann, ich darf*."

Erzengel Michael: Der See der Heilung

„Manchmal, wenn ich, Erzengel Michael, sehe, wie müde du bist, wird mir ganz warm ums Herz. Ja, ich meine dich, der/die du diese Zeilen liest.

Denn ich kenne den Grund für deine Müdigkeit. Ich weiß, warum du manchmal so erschöpft bist. In Wirklichkeit bin ich in diesem Augenblick nicht weit weg von dir. Ich stehe hinter dir, während du liest.

Ich weiß, was du denkst. Ich weiß, was du gerade fühlst. Ich kann sehen, was du siehst, und hören, was du hörst. Trotzdem darf ich nicht für dich leben. Doch ich liebe dich so sehr, dass meine Liebe dich umgibt wie eine innige Umarmung.

Dein Leben war nicht immer leicht, dennoch hast du es bis hierher geschafft. Du bist in meine Arme gekommen. Ich danke dir für dein Vertrauen, mein liebes Kind.

Einst, als du auf die Erde gereist bist, um das zu tun, was du gerade machst, hast du das zu mir gesagt, kannst du dich erinnern?

„Begleite mich bitte auf die Erde, mein Engelfreund. Sei bei mir, ich will nicht auf dich verzichten. Du bist mein engster Vertrauter. Sei bei mir, lebendig im Leben, nicht nur als Energie. Ich liebe dich so sehr, dass ich am liebsten im Himmel bleiben würde, nur damit ich mich nicht von dir trennen muss."

Das hast du gesagt. Ja, du! Nun, es ist genauso gekommen, wie du gedacht und befürchtet hast. Wir waren zwar eigentlich niemals getrennt, doch du hast eine Trennung von deinen Engelfreunden gespürt. So hast du es auch gelebt.

Wie fast alle Menschen bist du eingetreten in die Phase des vollständigen Vergessens. Der Schleier der Dualität hat sich um dich gelegt, und du konntest nur noch wahrnehmen, was für dich reell war. Das ist ein natürlicher Vorgang, denn ohne diese scheinbare Trennung wärst du niemals zu dem Menschen geworden, der du jetzt bist. Man weiß etwas erst richtig zu schätzen, wenn man realistisch geglaubt hat, es verloren zu haben.

Ist es nicht so? Oh ja, ich habe dich beschützt. Wo immer du auch warst, ich war vor dir dort. Und ich habe für dich getan, was mir erlaubt war, zu tun. Manchmal, und das muss ich jetzt ehrlich gestehen, bin ich auch über das Ziel hinausgeschossen.

Du lachst? Ja, das habe ich getan, denn ich liebe dich so sehr, dass ich sogar meine Befugnis überschritten habe, um dich vor heftigen Erfahrungen zu bewahren, die so nicht in deinem Seelenplan standen.

Weißt du, und ich sage das jetzt mit einem Augenzwinkern, ich will ja nicht meckern. Aber du bist mir gerade in diesen Phasen, in denen du mich am meisten gebraucht hast, manchmal arg auf die Füße getreten. Ich möchte damit sagen: Wir waren uns gerade dann sehr nah, wenn du gedacht hast, von allen verlassen worden zu sein, auch von mir. Du hast sozusagen gerade dann auf meinen Zehen gestanden, wenn du das Gefühl hattest, dass wir Engel nicht bei dir sind, dich womöglich sogar fallengelassen haben könnten. Nun, das haben wir nie, denn unsere Liebe ist nicht gekoppelt an gewisse Erwartungen.

Komm, liebe Erdenseele, es wird Zeit, dass ich dir zeige, was du im Traum schon oft bereist hast. Gib mir deine Hand, und ich führe dich an den wunderschönen See der Heilung, der alles von dir abwäscht, was dein Herz bislang belastet hat.

Siehst du? Hier ist der Pfad, der zum See der Heilwerdung führt. Bist du bereit, die Kleider fallenzulassen und hineinzuspringen?

Das blaue Wasser glitzert in der Sonne. Es führen Stufen in den See, sodass man sachte in das Nass tauchen kann. Und es gibt einen Steg, von wo aus man springen kann, wenn man mag.

Bist du bereit einzutauchen, um all das von dir abfließen zu lassen, was dich beschwert hat und noch belastet?

Du fröstelst ja. Keine Sorge, das Wasser ist genauso temperiert, wie es deinem Körper-, Geist- und Seelensystem guttut.

Ich soll mit dir hineingleiten? Na dann! Gib mir deine Hand, liebe Freundin, lieber Freund. Wir gehen gemeinsam.

Spürst du die Stufen unter deinen Füßen? Wir gehen weiter hinein, und die Beine werden leicht. Jetzt sind wir bis zum Nabel nass geworden. Du lachst, weil es lustig aussieht, einen Engel zu sehen, der sich freiwillig in die Fluten stürzt.

Nun ja, es stimmt. Wir Engel sind ein wenig wasserscheu. Wir lieben es, Regen zu produzieren. Wir lieben es auch, wenn wir euch unter der Dusche singen hören, wenn das Wasser plätschert. Doch im Allgemeinen sind wir nicht erpicht darauf, nass zu werden.

Warum halten kleine Kinder so gerne ihre Hände unter fließendes Wasser? Warum spritzen sie mit Vergnügen damit? Nun, die kleinen Wesen können uns noch sehen. Und es macht ihnen Freude, wenn sie sehen, wie wir lustige Verrenkungen machen, um nicht pitschnass zu werden.

Sie sehen unsere komischen Grimassen, wenn wir versuchen, dem Wasser auszuweichen. Nun ja, für die Kinder kaspern wir gerne absichtlich herum. Sie sind so süß. Wenn sie lachen, geht einem das Herz auf. Es ist ein natürlicher Drang der Menschen, Freude mit anderen zu teilen.

Fühlst du, wie seidig sich das blaue Wasser anfühlt? Komm, wir tauchen kurz ganz unter, um alles zu befeuchten, damit kein Rest deiner früheren Mühsal bleibt.

So sei beflügelt, liebe Erdenseele. Genieße deine Bade-
stunde. Du kannst immer hierherkommen, sooft es dir behagt.
Ich werde bei dir sein, ich bin immer in deiner Nähe.

Ich weiß, wer das liest. Ich weiß, wer du bist. Ich erkenne
dich am Seelenstrang, der weitreichend und strahlend in den
Himmel hineinleuchtet.

So sei es, sei gesegnet.
In tiefer Liebe, dein Erzengel Michael."

☆☆☆

Erzengel Uriel: Der Erdenengel Harry – Wir kennen uns nicht, und doch kennen wir uns schon ewig

„Diesen Lebensmitschnitt eines Erdenengels habe ich, Erzengel Uriel, in meinen Aufzeichnungen gefunden und Sarinah übermittelt. Das Beispiel soll es den Lesern leichter machen, das Gelesene in ihrem Leben umzusetzen."

☆☆

Harry war nach Hause geeilt, um wie fast jeden Tag mit seiner Familie das Abendbrot einzunehmen. Während er seinen Kindern zuhörte, was sie heute erlebt hatten, wurde ihm plötzlich bewusst, dass er die Zeit nicht anhalten konnte.

Er lehnte sich zurück, legte bedächtig seine Serviette beiseite und dachte dabei: „Ich möchte diesen Moment festhalten. Ich habe das Gefühl, dass ich die Menschen loslassen muss, die ich so sehr liebe. Wie kann ich das verhindern?"

Der Erdenengel lächelte in sich hinein, denn jetzt war er in Gedanken wieder bei dieser Engelfrau. Sie besuchte ihn nachts, beantwortete seine Fragen, und wenn er ein körperliches Problem hatte, half sie ihm.

„Ob wohl jeder Mensch einen persönlichen Engel hat?", überlegte Harry laut. Jedes Mal, wenn sie da war, schien sie aus dem Nichts zu kommen. Dann versuchte er herauszufinden, wie sie hieß, wo sie herkam und wer sie geschickt hatte.

Später saß Harry vor dem Fernseher. Er wollte sich entspannen, doch es war ihm unmöglich, abzuschalten. Da war wieder dieser Schmerz im unteren Rücken, der ihn so oft plagte.

„Die Schmerzmittel helfen heute nicht", murmelte Harry zu sich selbst. „Ich werde die Engelfrau rufen, sie kann mir helfen, da bin ich mir sicher."

Auf das, was dann passierte, war Harry auf keinen Fall vorbereitet. Er schlief im Sitzen ein und wachte durch sein eigenes Schnarchen auf. Ruckartig setzte er sich kerzengerade hin, denn dieses Mal war er zu ihr gereist, nicht sie zu ihm.

„Teleportieren geht leicht", sagte sie mit sanfter Stimme zu ihm. „Herzlich willkommen in meinem Reich. Ich hoffe, du fühlst dich wohl. Wie gefällt es dir hier?"

Harry stand abrupt auf und packte ihr Handgelenk. „Du sagst mir jetzt sofort, wo wir sind und wer du bist!", fauchte er die Engelfrau aufgebracht an. Er war es gewohnt, dass man sich ihm vorstellte. Sein Griff war ziemlich hart, das war ihm klar, doch er konnte nicht anders. Er musste sie festhalten, sonst verschwand sie wieder. „Das hat sie schon oft getan, sie kommt und geht, wann es ihr passt. Ich bin es doch normalerweise, der das macht", dachte sich Harry.

„Madlen ist mein Name. Wir befinden uns auf dem Lichtschiff Phönix, du hast dich hierher teleportiert. Das ist übrigens der Ort, wo die Ratssitzungen stattfinden, die du schon oft besucht hast. Du kannst jederzeit wieder zurück, wenn du möchtest. Aua! Du tust mir weh!", schluchzte Madlen.

Harry starrte sie mit offenem Mund an. Dann sah er ihre Augen, in denen sich der Schmerz spiegelte. Da wurde ihm erst bewusst, dass er ihr Handgelenk immer noch fest umklammert hielt.

„Sorry, ich wollte dir nicht wehtun. Dabei wollte ich dich fragen, ob du mir helfen kannst? Mein Rücken scheint wieder in der Mitte auseinanderbrechen zu wollen. Gibt es hier auf dem Lichtschiff ein Protokoll?"

„Das ist einer der Gründe für deine Schmerzen. Jetzt hast du es selbst gesagt. Das Prozedere, das dir die Freiheit nimmt. Dabei fühlst du dich wie in einem Glashaus, stimmt's? Nein, hier gibt es kein Protokoll, du kannst aufatmen", antwortete Madlen.

Sie fasste ihn sanft an den Schultern und drehte ihn, sodass er mit dem Rücken zu ihr stand. Während Harry ruhiger wurde und den wunderschönen Ausblick aus dem Fenster genoss, legte sie ihre Hände auf seinen Rücken. Er spürte sofort, wie die wohltuende Heilenergie durch ihn floss.

Harry wurde müde und flüsterte: „Was machst du mit mir? Oh, das fühlt sich gut an. WOW!", keuchte Harry, denn in diesem Augenblick sah er, wie ein anderes Lichtschiff dicht vor dem Fenster geradezu vorbeisauste.

„Keine Angst, du bist hier in Sicherheit. Niemand wird dir etwas tun. Die Galaktische Föderation des Lichts passt auf uns auf", wisperte Madlen.

Da war es wieder! Der Name und die Schwingung in ihrer Stimme ließen ihm Energieschauer über seine Haut rieseln.

Harry sah das große einladende Bett. Es zog ihn magisch an. Er murmelte eine Entschuldigung und kuschelte sich in das Bett, und zwar so, dass er seine Schuhe anbehalten konnte. Er legte seinen müden Kopf auf das weiche Kissen, und schon war er wieder eingeschlafen.

Als Harry kurz darauf erwachte, war er wieder zu Hause und lag auf seiner Couch. Er blinzelte erstaunt, schaute sich um, doch er war allein.

„Ich fühle mich in ihrer Gegenwart so wohl, dass ich sogar in ihrer Anwesenheit einschlafen kann. Sie hat mir wieder einmal geholfen, die Schmerzen sind weg. Was für eine erstaunliche Person. Wir kennen uns nicht, und doch kennen wir uns schon ewig."

Erzengel Michael: Freundschaft, Familie und Liebe auf dem Prüfstand

„Und wieder scheint es so, als müsstest du gerade diejenigen loslassen, die dir so sehr ans Herz gewachsen sind.

Immer wieder gibt es Phasen im Leben, in denen Freundschaft, Familie und die Liebe auf dem Prüfstand stehen.

Sich von einem Menschen zurückzuziehen, ist tatsächlich ein Lichtdienst, wobei dadurch das Rad der Weisheit greift. Was das heißt? Wenn du dich von einem Menschen zurückziehst, indem du den Kontakt einschränkst, wird es erst einmal eine Resonanz beim anderen geben. Doch die Bewegung, die diese Resonanz mit sich bringt, wird dafür sorgen, dass derjenige/diejenige den Anschluss nicht verliert."

Sarinah: „Du hast doch gesagt, dass Freundschaft, Liebe usw. nur funktionieren, wenn man auf dem gleichen Energielevel ist?"

Erzengel Michael: „Ja, das stimmt. Ist die Körperfrequenz deines Freundes ständig gedimmt und deine hoch, wird selbst die Kommunikation schwer, weil es immer wieder zu Missverständnissen kommen kann. Das ist ein Grund, warum es die Menschen auseinandertreibt. Dennoch, es ist wichtig, den Anschluss an die beständig steigende göttliche Energie nicht zu verlieren. Wenn du in vollkommener Liebe loslassen kannst, werdet ihr euch nicht verlieren. Das ist doch Gold wert, meinst du nicht auch? Wenn Stagnation entsteht im Leben, in der Bewegung der Bewusstwerdung, besteht die Gefahr, dass der Körper krank wird und die Psyche geradezu nach Hilfe schreit.

Das Rad der Weisheit, die Fähigkeit des Loslassens, hat jeder von euch im Lebensvertrag verankert. Es ist zu vergleichen mit einem Uhrwerk, das sich durch die ständige Rotation selbst bewegt. Die ewige Rotation ist die Resonanz, das Gefühl, das ihr in bestimmten Situationen und zu dem Menschen habt.

Egal, ob diese Emotion sich gut anfühlt oder schmerzhaft ist, diese Bewegung hält das Rad der Weisheit, also auch deine Bewusstwerdung, am Laufen.

Dass eure Bewusstwerdung nicht stoppt, ist am allerwichtigsten, denn für eure Seele ist es unabdingbar, sich weiter emporzubewegen. Wenn alle Stricke reißen, nimmt die Seele den kürzesten Weg in den Himmel, nämlich über den Sterbevorgang."

Sarinah: „Das ist ja brutal!"

Erzengel Michael: „Aber warum denn? Die Menschen sterben ja nicht sofort, sondern auch hier gibt es meistens vorher genügend Warnsignale. Jeder, der vom Weg seines Seelenplans abgekommen ist, hat somit immer wieder die Chance, das Inkarnationsziel doch noch lebendig zu erreichen."

Sarinah: „Es gibt aber Lichtträger, die leben schon den Engel auf Erden, das Höhere Selbst ist zu ihnen zurückgekehrt. Selbst der Seelenpartner aus der Geistigen Welt ist schon an ihrer Seite. Ihnen kann doch nicht passieren, dass sie die Bewusstwerdung stoppen, oder etwa doch?"

Erzengel Michael: „Weißt du, Sarinah, dein letzter Satz stimmt mich nachdenklich. Warum? Nun, es ist verständlich, dass ihr irgendwann auf Wolke 7 eure Ruhe haben wollt. Dass ihr im inneren Raum des heiligen Herzens bleiben wollt, dort, wo es so schön heimelig ist wie im Himmel. Das funktioniert aber so nicht. Weshalb? Weil dann keine Rotation mehr stattfindet, ganz einfach. Die heftigsten Erfahrungen sind doch die schmerzhaften, oder? Und diese haben euch immer einen immensen Bewusstseinsschub gebracht.

Um auf deine Frage zu antworten: Nein, auf Wolke 7 bist du nicht gefeit vor dem Absturz. Auch ein Aufgestiegener Meister im menschlichen Gewand ist nicht befreit von seinen Hausaufgaben. Damit meine ich die Lernaufgaben, die im Seelenvertrag stehen. Auch wer diese bedingungslose Liebe, diesen Frieden, in sich halten kann, den weiblichen und männlichen Anteil ausbalanciert hat, wird nicht automatisch davon befreit sein, das Auf und Ab des Lebens zu spüren. Die himmlischen Gesetze gelten umso unmittelbarer, je näher ihr dem Himmel kommt.

Wer also den geistigen Seelenpartner schon in sein Leben integriert hat, sollte diesen nicht einfach abstellen wie ein Möbelstück. Das wäre für euch gefährlich und auch für das Wesen aus dem Himmelreich, mit dem ihr euch einst im Leben verabredet habt. Warum, fragst du? Weil der schon irdisch gewordene Teil deines Seelenpartners dann etwas Ähnliches wie den Tod erlebt. Und der himmlische, der lichtvolle Teil, das, was du von deinem himmlischen Partner erhalten hast, wird so nicht in dir bleiben können ohne Pendant, dem Gegenstück. Der Körpertausch mit dem geistigen Seelenpartner ist etwas Wunderbares. Doch wenn es, auch über einen kurzen Zeitraum, nicht gelebt wird von dir, erlebt ihr beide so etwas wie einen Absturz. Das tut auch dem Wesen aus der Geistigen Welt nicht gut. Es leiden nicht nur die Menschen, auch wir leiden."

Sarinah: „Auch Engel leiden?"

Erzengel Michael: „Ja, natürlich. Diese Fähigkeit ist mit dem Aufstieg der Menschen zu uns zurückgekehrt. Die intime Nähe zu euch macht uns sehr empfänglich für alles Schöne, aber auch für den Schmerz und das Leid. Das ist kein Vorwurf, Sarinah. Es ist wundervoll, Hand in Hand mit euch zu gehen. Ein Engel, der weinen kann, ist doch viel sympathischer als einer, der es nicht kann. Oder?"

Sarinah: „Ja, klar. Ich mag es, wenn du Gefühle zeigst. Aber ihr verliert eure hohe Schwingung nicht, wenn ihr traurig seid, das unterscheidet uns. Stimmt das?"

Erzengel Michael: „Ja, das ist der Punkt. Doch das ist etwas, was ihr auch irgendwann können werdet. Das Leid lässt euch dann nicht mehr abdriften, sondern ihr bleibt klar und vollkommen bei euch. Jedoch, auch ein Erzengel ist nicht von den Hausarbeiten befreit. Wobei, unsere Hausarbeiten sehen etwas anders aus als die der irdischen Lichtarbeiter.
Eure Hausarbeit ist es, die kosmischen Gesetze zu ehren und zu leben und euren Lebensvertrag in die Umsetzung zu bringen. Das liest sich leicht, ist aber nicht einfach, vor allem dann nicht, wenn das Resonanzverhalten der Mitmenschen Nebel verursacht. Nebel im Sinne von: Das, was meine Freunde, Familienmitglieder sagen, gefällt mir eigentlich nicht. Doch ich will zu ihnen gehören und nicht als Sonderling wahrgenommen werden. Also gleiche ich mich ihrem Verhalten, ihrer Meinung und ihren Lebensweisheiten an."

Sarinah: „So verliere ich mich selbst. Ich verliere den Kontakt zum Höheren Selbst, auch wenn er schon in mir ist. Ich verliere auch die Akzeptanz der anderen, weil sie spüren, dass ich mich nicht mehr selbst lebe, sondern mich angepasst habe. Sie spiegeln, und wenn mir der Spiegel nicht gefällt, gebe ich den anderen die Schuld, denn im Nebel kann ich schwer über meinen Horizont hinaussehen."

Erzengel Michael: „Natürlich kann dieser Verlust zum heiligen Kern nicht immerwährend sein, denn ihr prüft euch ja immer wieder selbst. Bin ich noch auf der richtigen Spur? Komme ich gut voran? Sind meine Chakren gut eingestellt? Habe ich die Berufung meines Lebens im Blick? Wie fühle ich mich? Bin ich bei mir, lebe ich mich oder nach den Vorstellungen und Überzeugungen der anderen? Das ist es, was ihr immer wieder abwägen solltet, um nichts zu übersehen. Damit ihr harmonisch leben könnt, nicht verhärmt und im Streit mit euch und anderen Menschen seid.

Dass Harmonie entsteht, wenn man sich den anderen einfach nur anpasst, wenn man nichts tut, ist eine Illusion. Wenn man sich bequem zurücklehnt und denkt: „Sind doch andere da, die sollen das spirituelle Zeug leben." Das funktioniert nicht. Das ist keine Wolke 7, sondern nur die Illusion der Wolke.

Ich, Erzengel Michael, will auf keinen Fall werten. Ich möchte auf niemanden herabsehen, denn ich weiß nur zu gut, wie schwer der verkörperte Weg ins Licht sein kann.

Ich möchte, dass du verstehst, was geschehen ist, und mit mir an deiner Hand in das heilige Herz deines Kerns eintreten kannst. Ich kann dich zwar nicht davor bewahren, dass du wieder herausgleitest, aber ich werde immer für dich da sein. Und wenn du es möchtest, trage ich dich sogar wieder hinein in die Schwingung der allumfassenden Liebe.

So sei es. Ich bin immer an deiner Seite.
Dein Erzengel Michael."

Erzengel Uriel: Überlagerungen gehen meistens einher mit dem Verlust der Immunität

„Hast du schon einmal erlebt, dass jemand deinen Willen gebrochen, sein Wort nicht gehalten oder deine Grenzen nicht geachtet hat?

Ja, ich weiß, es macht sicherlich keinen Spaß, wenn du dich immer wieder in die Enge getrieben fühlst, sodass du meinst, dich erklären zu müssen.

Oder soll ich in der Vergangenheit sprechen? Hast du diese Überlagerungen schon geheilt? Dass du dich zum Beispiel bedroht fühlst? Das kann dir immer wieder passieren. Gerade sehr lichtvolle Menschen tun sich schwer mit Zurechtweisung. Sie können zwar andere gut auf Ungerechtigkeiten aufmerksam machen, jedoch fällt es gerade den Lichtarbeitern schwer, andere in ihre Grenzen zu weisen und auf ihr Recht zu pochen.

Nicht alles geht automatisch, ihr Lieben. Auch wer sich schon im göttlichen Energiefeld bewegt, wird nicht davor erlöst sein, für andere ein Spiegel zu sein. Spiegelungen treten meistens automatisiert auf. Du kannst dein Resonanzverhalten also nicht immer kontrollieren. Das ist gut so, denn das bringt zwar manch einen in Rage, aber durch diese Emotionen kann Auflösung geschehen.

Hat dir schon einmal jemand etwas weggenommen, was dir gehörte? Hattest du schon einmal das Gefühl, dass deine Privatsphäre missachtet wurde? Hat dich schon einmal jemand durch sein Handeln eingeengt? Bist du explodiert, wütend geworden? Oder hast du dir gedacht: was mir nicht gefällt, wird sich von alleine regeln?

Es ist nicht leicht, im inneren Frieden zu bleiben und gleichzeitig dem anderen zu zeigen, dass etwas nicht in Ordnung ist.

Emotionen kochen schnell hoch, allzu schnell verfängt man sich darin, im alten Stil zu zetern. Oder man zieht sich beleidigt zurück, so, wie man es früher immer getan hat. Oh, das ist durchaus verständlich und soll auf keinen Fall eine Zurechtweisung sein. Wir geistigen Mentoren wissen, wie schwer es manchmal ist, in seiner Mitte zu bleiben.

Aber wie löst man Überlagerungen auf?

Nun, diese entstehen wie ein Gewitter. Durch die unterschiedlichen Schwingungen, die auf der Erde herrschen, kommt es zu **Eskalationen.** Im privaten Bereich ist es genauso. Der Nachbar zum Beispiel hat eine andere Körperfrequenz als du. Auch wenn du mit ihm wenig oder keinen Kontakt hast, treffen eure Energien aufeinander. Das geht einige Zeit gut, doch plötzlich kommt es zu Konflikten, weil der Nachbar deine Resonanz braucht.

Es geht dabei eigentlich um seine Bewusstseinserhöhung, und dazu braucht er dein Licht, deine Aufmerksamkeit. Dein Nachbar triggert dein Energie-Reservoir an. Das tut er unbewusst, denn die Resonanz des Gegenübers bringt Bewegung für diejenigen, die scheinbar gestrauchelt sind, die sich in den Mühlen des Alltags gefangen fühlen.

Wie bekommt man deine intensive Aufmerksamkeit? Genau, indem man etwas tut, was dir nicht gefällt. So erhält der Nachbar besonders viel von deinem Licht, aber durch die Resonanz entsteht auch Reibung.

Der Dienst am Licht hat tatsächlich viele Gesichter. Wer der Spiegel für andere ist, ist jedoch nicht dazu verurteilt, alles brav ertragen zu müssen. Wenn du dich nicht gehört fühlst, wenn sich andere unangenehm an dir reiben, geht es um die bewusste Auflösung der Situation. In Konfrontation zu gehen, birgt die Gefahr des Streits. Also wäre es gut, wenn du erst einmal deine energetischen Fähigkeiten einsetzt, wenn es darum geht, dass du dich von anderen bedroht, ausspioniert, belogen fühlst. Bleib bei dir und schau einfach, was dich antriggert. Es ist egal, was ein anderer sagt oder macht, das Spannende ist, wie *du* darauf reagierst.

Wenn jemand in deinen Bereich eindringt, sich breit macht, sich etwas nimmt, was dir gehört, wenn man dich belügt, dich in deiner Freiheit einschränkt, sind die Mittel deiner Wahl die eigene Reflexion. Und die lichtvolle Aufmerksamkeit, die du im Idealfall der Situation schenkst, ohne dass man sich zuerst an dir reiben muss.

Wie denkst du über die Person, die dich geärgert hat? Sind das immer positive Gedanken? Wenn nicht, dann solltest du das ändern. Der Nachbar, der Partner, das Familienmitglied, der Freund, die Freundin, der Chef, der Kollege sind nicht deine Feinde. Du hast diese Person möglicherweise selbst zu deinem Gegner gemacht.

Was du fühlst, denkst und sagst, das lebst du!

Oh ja, es ist nicht immer einfach, aber das meine ich, Erzengel Uriel, mit Selbstreflexion.

Wenn du mit gutem Gewissen sagen kannst, dass hier bei dir alles in Ordnung ist und die anderen sich komisch verhalten, dann geht es darum, deinem Nächsten Aufmerksamkeit zu schenken. Wie? Indem du zum Beispiel lichtvoll mit ihm sprichst oder an ihn denkst. Indem du die Energie der allumfassenden Liebe mit ihm teilst.

Licht-volle Beständigkeit ist das, was Frieden schafft.

Liebe-volle Beständigkeit ist das, was Heilung bringt und die Immunität wieder herstellt.

Immunität, die Unempfindlichkeit, die dafür sorgt, dass du dich und andere vor dem Sturm im Wasserglas und den großen Stürmen des Lebens bewahren kannst.

Mit Unempfindlichkeit meine ich nicht, dass du erhaben, abgehoben, lethargisch oder gar gefühlskalt sein sollst. Sondern deine Empfindlichkeit darf sich umwandeln in Empfindsamkeit (Empathie) und Gelassenheit.

Sei gesegnet, dein Erzengel Uriel."

Erzengel Haniel: Die Mauer des Schweigens

„Das Schweigen ist die Mauer der Barriere zum Herzen. Warum? Nun, weil die meisten Menschen gerade dann schweigen, wenn es im Leben um elementare Dinge geht.

Durchaus verständlich, denn Kommunikation kann etwas Wunderbares sein oder auch als Fluch empfunden werden. Wer mit anderen spricht, öffnet sich und fühlt sich manchmal verwundbar, wenn das Gesagte beim Gegenüber nicht so gut ankommt.

Sicher kennst du das Gefühl, dass du nicht geliebt wirst, dass man dich nur mag, weil du Fähigkeiten hast, die für andere nützlich sind. Kennst du das: „Ich werde nur wegen Äußerlichkeiten geliebt?" Hast du diesen Schmerz schon in dir gehabt?

Nun, ich, Erzengel Haniel, kenne das auch.

Du bist überrascht, dass ein Erzengel solche irdischen Erfahrungen macht?

Weißt du, ja genau du, der/die diese Zeilen jetzt liest. Weißt du, wir Engel kennen die Hochs und Tiefs von euch Menschen. Wir leiden mit euch und können genau nachempfinden, wie es euch geht.

Wer hat dich denn so verletzt? Wer hat dir so wehgetan, dass du diesen Schutzschild um dein Herz trägst?

Wie man erkennt, dass man einen Schutzschild um sein Herz trägt?

Es wird immer wieder Menschen geben, die dich mit ihrem Verhalten darauf hinweisen. Verhalten wie „Ich lasse niemanden an mich heran", bei Schuldzuweisung: „Du blockst, du lässt mich nicht in dein Herz, ich mag dich, aber ich vertraue dir nicht." Das sind Hinweise darauf, dass du eine Barriere um dein Herz gebaut hast. Die meisten Lichtträger denken, sie wären dann gefeit vor Überlagerungen, doch das ist nicht der Fall. So werdet ihr immer wieder in Kontakt mit Menschen kommen, die versuchen, eure Barriere einzureißen. Die euch so provozieren, bis ihr auf das Heftigste emotional reagiert.

Oh ja, es haben gerade jene den Zugangskode zu deinem Herzen, die dir sehr nahestehen, die du liebst. Das kann eine Gnade sein oder aber das Gegenteil: gnadenlos!

Weißt du, liebe Freundin, lieber Freund, ich bin hier, weil ich möchte, dass dein Herz heilen kann. Ich bin jetzt hier, um dich daran zu erinnern, dass du auch ohne Schutzschild leben kannst. Du brauchst ihn nicht mehr! Es ist Zeit, alles von dir zu lösen, was du in Verbindung mit den schlimmen Erfahrungen aufgebaut hast.

Fast jeder Lichtträger hat etwas erlebt, das einen Schutzreflex auslöst. Der Schutzreflex eines kleinen Kindes ist es, sich kleinzumachen, wegzulaufen, das Umklammern, Schreien und Weinen. Als du erwachsen wurdest, hast du angefangen, dich von den Menschen zurückzuziehen, die dir wehtun könnten. Nun, du hast dich energetisch verbarrikadiert. Eine wirkliche Trennung von der Person, die dir nicht guttat, war dir oft nicht sofort möglich.

Nun darfst du dich in meine Arme fallenlassen. Ich bin für dich da. Weine ruhig, sei traurig, wütend oder trotzig, indem du sagst: Ich habe keine Barriere um mein Herz. Es ist, wie es ist. Ich liebe dich so, wie du bist.

Wir gehen in die Gemeinsamkeit, liebe Erdenseele, nicht mehr in die Einsamkeit.

Die Menschenwürde wird wieder hergestellt. Die Menschen würdigen sich wieder selbst und somit auch andere.

Urvertrauen ist ein wichtiger Bestandteil, wenn es darum geht, Hand in Hand mit einem Wesen aus der Geistigen Welt zu gehen. Ich, Erzengel Haniel, bitte dich nicht, dass du mir glauben sollst. Ich bitte dich einfach nur darum: Gib mir deine Hand. Alles andere wird sich zeigen.

Ich bin, während du diese Zeilen liest, an deiner Seite. Spürst du meine Energie? Kannst du meine Hand auf deinem Rücken spüren?

Sei unbesorgt, ich verlasse dich nie. Ich bin immer für dich da. Ich heile dich, wenn du es erlaubst. Ich beschütze und halte dich…

Ich übermittle dir anschließend den Lebensmitschnitt von einem meiner Schützlinge, damit du ein Beispiel hast und das Gelesene besser nachvollziehen kannst.

Sei gesegnet.
In Liebe, dein Erzengel Haniel."

☆☆

Der Erdenengel Harry

Ich bin wirklich ein friedlicher Mensch, so denke ich jedenfalls. Doch manchmal könnte ich aus der Haut fahren, denn ich fühle mich bedroht von nahestehenden Personen. Kennst du das auch?

Sie achten meine Grenzen nicht, zum Beispiel meine Würde. Sie dringen in den Raum meines Persönlichkeitsrechts ein, so fühlt es sich wenigstens an. Sie greifen mich an, indem sie mich anprangern. Das fühlt sich nicht gut an, gerade dann nicht, wenn es um mein berufliches Lieblingsprojekt geht.

Oft habe ich das Gefühl, dass ich Menschen um mich habe, die mental sehr stark und klug sind, die diese Stärken aber bei Unstimmigkeiten gegen und nicht für mich einsetzen.

Dass ich Liebe gebe und dann enttäuscht werde, weil man mich missversteht, ist mir schon des Öfteren passiert. So habe ich mir diesen Schutzschild antrainiert, der wie ein Puffer funktioniert. Aber leider fühle ich mich dann auch selbst nicht mehr. Und das ist ein höchst unbefriedigender Zustand. Dann habe ich ständig mit Menschen zu tun, die auch ausgebrannt, nicht bei sich selbst und leer sind.

„Wer sich bedroht fühlt, darf aufhören, gegen die eigene Schwäche anzukämpfen", sagte Erzengel Michael zu mir. Er riet mir dazu, mich selbst nicht kleinzumachen, indem ich mir nicht erlaube, schwach zu sein. Indem ich Ausflüchte erfinde, um ja nicht ehrlich sein zu müssen.

Wer ehrlich ist und willensstark, ist mein Held. Doch mir gelingt es nicht immer, das zu leben, was ich an anderen so bewundere. Ich habe diese Barriere um mein Herz, und doch fühle ich mich bedroht. Mir ist, als würden die Stacheln der Barriere mich selbst verletzen und nicht andere davon abhalten, mich zu verletzen. Also gebe ich diese Schutzreaktion auf, ich sehe sie als nutzlos an. Denn ich kann ohne diese Mauer besser atmen, ich kann mich wieder selbst fühlen.

Sicherlich haben andere diese Mauer um mein Herz oft so empfunden, als wenn ich kaltherzig und arrogant wäre. Das bin ich aber keineswegs. Im Gegenteil, mein Herz fließt über vor Anteilnahme und Mitgefühl. Ich bin den Tränen nahe, wenn ich sehe, wie jemand leidet. Darum habe ich mich geschützt, um das Leid der anderen nicht so an mich heranzulassen. Damit mir diejenigen nicht das Herz brechen können, die ich liebe. Doch sie haben mir immer wieder wehgetan, sehr sogar. Ich fürchte, ich habe durch mein Verhalten dazu beigetragen, dass man mich verletzt. Ich habe andere verbal verletzt, bevor sie das Gleiche mit mir tun konnten. So, habe ich gedacht, kann ich mich schützen. Ein Irrtum, wie sich herausstellte. Denn was man sät, das erntet man.

Eigentlich will ich nur eins: dass man mir richtig zuhört. Anteilnahme, Akzeptanz und Geborgenheit, danach sehne ich mich so sehr.

Oh, ich lebte durchaus auch Ängste. Ging durch die Hölle vor Furcht, jemand könnte meiner Familie oder mir etwas antun. Die Überlebensangst ist das Sicherheitsbedürfnis nach Geborgenheit. Ich dachte immer, ich bin derjenige, der viel gibt. Doch tiefe Liebe, Mitgefühl und Trost kann man nur geben, wenn man sich selbst nicht einmauert.

Ich habe mich förmlich im Außen gepolstert. Meinen Körper, indem ich etwas fülliger wurde, und mein Gefühl durch Eigentum, Geld, indem ich so viel davon anhäufte, wie es mir nur möglich war. Eine Illusion, denn alles, was Materie ist, verliert man einst wieder. Es hat mich nicht glücklich gemacht, wie ein Eichhörnchen zu leben, das Vorrat ansammelt, um den Winter zu überleben, denn der Winter war ich.

„Wie willst du dich vor Kälte, Bedrohung und Verletzungen schützen?", fragte mich Madlen, „wenn du das selbst aussendest? Da ist jeder Schutz zwecklos, außer du hörst auf, das an andere weiterzugeben, was du selbst nicht leben willst."

Nun, meine erste Reaktion auf ihre Worte war: WUT! Wie konnte sie es wagen! Na ja, um ehrlich zu sein: Madlen hatte wieder einmal ins Schwarze getroffen.

Also gebe ich mein Barriere-Verhalten auf. Ich lasse los. Ich zeige, wie es mir ums Herz ist. Ich belüge mich und andere nicht mehr, und ich stehe zu meiner Meinung, ohne diese anderen aufdrängen zu wollen. Somit bin ich wieder bei mir selbst. Ich bin in meiner eigenen Stärke, ohne anderen dafür die Stärke nehmen zu müssen.

Ich bin Liebe, und ich bin immerwährend in meinem inneren Frieden. So kann ich meine Berufung mit Erfolg und Würde erfüllen, und ich bin offen für die gebende Energie meiner Mitmenschen.

Ich bin glücklich, aber noch nicht zufrieden, denn ich strebe nach mehr. Ich möchte mehr Gutes tun, mehr gehört werden. Ich will das umsetzen, was ich sage. Ich will noch intensiver Liebe geben und empfangen können. Ich wünsche mir so sehr einen Sohn. Ich will meine Freunde aus der Geistigen Welt nicht nur besuchen, ich will richtig mit ihnen leben.

Ja, ich will mehr...

Ratssitzung: Wir fühlen mit euch

Sarinah:

Während ich diese Zeilen schreibe, versuche ich, das Tor zu dieser wundervollen Ratssitzung zu öffnen, die mir von Erzengel Michael angekündigt worden war. Aber es gelingt mir nicht. Ich war die letzten Male einfach durch das Schreiben in diese Sphäre gereist, in der sich unsere geistigen Freunde aufhalten. Doch heute ist das Tor zu. Jedenfalls fühle ich es so. Das macht mich nachdenklich und traurig.

Also beschließe ich, einen Spaziergang durch den Wald zu machen. Da bekomme ich den Kopf frei. Die Energien der Bäume, die teilweise uralt sind, tun mir gut. Doch als ich bei der Lichtung ankomme, wo eine Bank steht, fühlte ich, dass das Tor zur Ratssitzung nun offen ist.

„Was tue ich denn jetzt? Wie soll ich das alles ohne Stift jetzt aufschreiben?", frage ich mich selbst.

„Einfach zulassen", sagt eine Stimme neben mir.

Ich sitze auf der Bank. Alles herum scheint vor Licht zu flirren, und ich rieche Blumenduft.

„Ach, du bist es", sage ich zu Marix, der neben mir wie aus dem Nichts erschienen ist. „Ich hätte es wissen müssen, dass du es warst, der mich in den Wald gelotst hast. Warum ausgerechnet hier?", frage ich ihn.

Marix lächelt wissend und nimmt meine Hand. Er führt mich in das Zentrum der sonnendurchfluteten Lichtung, und schon sind wir in dem Saal, der schon oft Ort dieser Sitzungen war.

„Komm, Sarinah. Ich erkläre dir später, warum der Wald dieses Mal die Pforte ist", wispert mir Marix zu.

Wir waren scheinbar die letzten Teilnehmer, alle anderen waren schon da. Ich sah die neugierigen Blicke der geistigen Mentoren. Marix und ich grüßten freundlich in die Runde, während wir Hand in Hand zu unseren Plätzen gingen.

Harry:

Fürwahr, heute war nicht mein Tag. Ich war den ganzen Tag im Büro und führte Gespräche mit denen, die versuchen, lichtvolle Dinge zu bewegen, so, wie ich. Doch immer wieder fühlte es sich so an, als würde man mich blockieren.

Ich stehe im Garten und strecke meine Glieder, die vom langen Sitzen ganz steif geworden sind. Mein Rücken schmerzt, und ich habe Sehnsucht nach Madlen, nach ihren heilenden Händen und ihrer Stimme. Ich spüre, dass die Kollegen des Himmels heute wieder tagen, ich spüre es schon den ganzen Tag. Ich will dahin, sofort...

Ungeduld steigt in mir auf. Bin ich es doch gewohnt, nicht warten zu müssen, da meine Wünsche immer sofort erfüllt werden. Also wenigstens die Bedürfnisse, die erfüllbar sind!

Da spüre ich, wie sich eine unsichtbare Hand in die meine schiebt. Sie ist da, ich weiß es. Es ist Madlen. Sie ist das zauberhafteste Wesen, das ich jemals gesehen, gehört und gespürt habe. Manchmal kommt sie in Menschengestalt, dann wieder unsichtbar zu mir.

„Komm, lass uns zu dieser Ratssitzung gehen, sie warten schon auf uns", höre ich sie flüstern. Ihre Stimme klingt wie Musik in meinen Ohren. Sie tut mir einfach gut. Ich nicke zustimmend in ihre Richtung. Dann höre ich schon Erzengel Uriels Stimme, der laut in die Runde ruft: „Endlich! Unser Harry! Da ist er ja!"

Erzengel Uriel saß auf seinem Stuhl und wirkte etwas unruhig. Da sah er, wie endlich die Tür aufging und der Erdenengel Harry in den Raum schritt.

„Du hast dir heute Zeit gelassen", rief Erzengel Uriel dem ankommenden Harry zu.

Harry blickte sich um. Madlen war leider verschwunden. Dafür erblickte er Sarinah und Marix, und ein breites Grinsen legte sich auf sein Gesicht.

Erzengel Uriel war aufgesprungen. Er spurtete zu Harry und versperrte ihm spaßeshalber den Weg.

„Hey", sagte er, während er Harry an seine Brust zog. „Du Nachzügler. Dafür sollst du mit mir die Begrüßungsworte sprechen."

Harry nickte Erzengel Uriel zustimmend zu, und während die beiden in Richtung Podium gingen, gab Harry jedem Anwesenden freundlich die Hand.

Als sie oben angekommen waren, blickte Harry sich um. Er sah Erzengel Michael, der mit verschränkten Armen lässig auf seinem Stuhl saß. Es waren außer Erzengel Michael, Erzengel Uriel und Harry noch anwesend: Lady Nada, Erzengel Raphael, der Aufgestiegene Meister Kuthumi, Marix, der Erstkontakt-Sprecher der Galaktischen Föderation des Lichts, und Sarinah.

„Wir sind heute hier, um über die Liebe zu sprechen", sagte Harry. Er sah dabei Erzengel Uriel von der Seite an. Dieser legte seine große Hand auf seine Schulter und flüsterte: „Das ist dein Thema, lieber Freund. Wir haben uns heute versammelt, um die Erde endlich von gewalttätigen Energien zu befreien.

Ich begrüße euch alle. Schön, dass ihr gekommen seid. Lasst uns sehen, wo die Reise hinführt", rief er ins Mikrofon.

Erzengel Uriel sah, wie Harry so gebannt zum Eingang starrte, dass er sogar vergessen hatte, seinen Mund zu schließen. „Komm, wir gesellen uns zu den anderen. Du wartest umsonst, sie kommt nicht", sagte er zu Harry, während er ihn sanft an der Taille fasste und vor sich herschob.

Erzengel Michael flüsterte Harry mitfühlend zu: „Ich weiß, wie du dich fühlst, mein Freund. Doch sei unbesorgt, Madlen ist nicht weg, sie ist nur heute nicht hier."

„Sie ist ein Engel", murmelte Harry vor sich hin. „Sie ist das Gegenstück von mir, ein himmlischer Engel, der sich auch auf der Erde manifestieren kann. Ich bin ein Erdenengel, der sich auch in den himmlischen Sphären aufhalten kann."

Erzengel Uriel klopfte Harry sanft und zustimmend auf den Rücken, dann setzten sie sich.

„Was ist denn das heute für eine brave Veranstaltung?", dachte Marix und stupste dabei Sarinah an. Es schien, als wäre sie kurz vorm Einschlafen.

Sarinah sah ihren Sitznachbarn verwundert an und sagte: „Marix, ich schlafe nicht. Ich denke nach."

„Du kannst von jedem Ort zu diesen Ratssitzungen reisen, Sarinah. Der Wald war heute der Ort der Wahl, weil wir…"

Marix stoppte abrupt in seinem Redefluss. Er blickte in die Runde, denn nun waren alle Teilnehmer aufgestanden.

Sarinah stand ebenfalls auf und zog Marix mit hoch. Sie senkte den Kopf und faltete die Hände zum Gebet, so, wie alle anderen, und Marix folgte ihrem Beispiel.

„Aha, eine Schweigeminute", dachte Marix. Er sah zu Sarinah. Diese hatte die Augen geschlossen, und wirklich, es schimmerten Tränen in ihren Augenwinkeln.

Marix spürte ihren Schmerz und den der anderen Teilnehmer. Sie beteten für die Menschen, die durch Gewalt, Unfälle, Kriege, Terror, Krankheiten aus dem Leben gerissen worden waren. Er sah, dass sich Lady Nada schniefend an Erzengel

Raphael lehnte. Dieser legte sogleich fürsorglich den Arm um ihre Taille.

Marix hob den Kopf und sah erstaunt, dass alle, die da im Kreis standen, näher zusammengerückt waren. So nah, dass sich ihre Schultern berührten. Die Energie, die dabei entstand, war so gewaltig, dass es schien, als würde der Boden zittern.

Er spürte Sarinahs Arm, die neben ihm stand, und blinzelte ungläubig zu Harry. Dieser hatte auf der anderen Seite seinen Arm um Sarinahs Taille gelegt, so, als wäre es das Selbstverständlichste von der Welt.

Marix runzelte verärgert die Stirn, blieb aber ruhig, denn er wollte die Stille nicht stören. Er nahm die hohe Energie wahr. Seine Handinnenflächen wurden ganz heiß, die Luft schien nur so zu flirren, so eine hohe Frequenz herrschte im Saal.

Dann schritt Kuthumi in die Mitte des Kreises und betete mit ausgebreiteten Armen, den Kopf zur Lichtquelle erhoben. Marix hörte liturgische Worte, konnte aber dem Sinn nicht folgen, da er abgelenkt war. Er sah zur Decke und beobachtete, dass jetzt ein gebündelter, goldener Strahl, der sich genau auf Kuthumi richtete, erschienen war. Marix war so fasziniert, dass er sogar vergaß, sich tadelnd zwischen Harry und Sarinah zu quetschen, so, wie er es eigentlich vorgehabt hatte.

Kuthumi wedelte mit den Armen, und der Strahl folgte seiner Bewegung. Die Anwesenden beobachteten ergriffen die wundervolle Lichtdarbietung.

„Der göttliche, galaktische Strahl der unendlichen Liebe wird somit alles von der Erde lösen, was aus dem Schattenreich noch übrig ist", verkündete Kuthumi laut.

Dann schritt Lady Nada in die Mitte, hob die Hände und war sogleich vom goldenen Licht umgeben. Sie sprach einige Sätze, die sich anhörten wie eine Zauberformel. Währenddessen sah man, dass sie sich förmlich im Licht aufzulösen schien.

Dann war es plötzlich vorbei. Es wurde stockdunkel im Saal. Sarinah drückte sich, immer noch überwältigt, von dem was sie gerade gesehen hatte, an Marix. Dieser ergriff sofort seine Chance und quetschte sich zwischen Sarinah und Harry. Er zog seine Freundin demonstrativ an seine Brust, indem er Harry gespielt streng ansah.

„Wo ist Lady Nada jetzt?", fragte Sarinah laut.

„Sie ist zurückgekehrt an ihren angestammten Platz", antwortete Kuthumi.

Kuthumi traute seinen Augen nicht, er blinzelte sogar, um sicher zu sein, dass er sich nicht täuschte, denn der Saal wurde jetzt von Tausenden Kerzen erhellt. Die Kerzen schwebten in der Luft, was dem Szenario etwas Außerirdisches, Zauberhaftes gab. „Ach so, Erzengel Uriel", murmelte Kuthumi, „der zaubert wieder, ist doch klar."

Kuthumi klatschte in die Hände und rief laut: „Lasst uns das Spektakel hier beenden. Ich muss weg, ich habe noch sehr viel zu tun."

Bei diesen Worten blieb sein Blick an Marix und Sarinah hängen, die eng umschlungen dastanden, während Harry mit gefalteten Händen, den Kopf geneigt, daneben stand und aussah wie ein Büßer.

„Was hat der denn angestellt?", fragte Kuthumi verwundert, indem er mit dem Zeigefinger auf Harry deutete.

„Ich bin nicht in meiner Berufung", antwortete Harry. „Ich habe sie nicht erfüllt." Dabei sah er so zermürbt aus, dass sich die Erzengel Michael und Raphael mitfühlend zu ihm gesellten. Sie nahmen Harry liebevoll in den Arm, und Erzengel Michael sagte: „Du hast einen Großteil deiner Lebensaufgabe doch schon erfüllt, mein Freund, sei nicht so streng mit dir."

Sarinah gesellte sich zu Harry, Erzengel Michael und Raphael und umarmte alle drei. Marix war bei der Gruppe angekommen, als Harry anfing, bitterlich zu weinen.

„Ich habe Fehler gemacht, ich trage die Verantwortung dafür. Wegen mir sind Menschen zu Schaden gekommen. Es tut mir so leid", seufzte Harry.

Erzengel Raphael gab Uriel ein Zeichen. Dieser ging auf Harry zu, nahm seinen Kopf zwischen seine großen Hände und küsste ihn auf den Mund, dass es nur so schmatzte. „Wer wird denn weinen?", fragte Erzengel Uriel. „Wenn du dir selbst die Schuld gibst, wird es immer Menschen geben, die dich verurteilen."

Kuthumi, der gerade eilig den Saal verließ, blickte zurück und murmelte kopfschüttelnd: „Was für eine verrückte Bande, sieh sich einer das an. Sie umarmen sich alle, als gäbe es kein Morgen. Sie geben sich ganz der Nächstenliebe und dem Augenblick hin, als hätten wir sonst nichts zu tun."

☆☆

Wir sitzen plötzlich wieder auf der Bank an der wundervollen Lichtung.

„Sarinah, es geht in Wahrheit nicht um den Wald", flüstert mir Marix ins Ohr, „sondern um die Übung der Losgelöstheit. Siehst du?" Dabei deutet er auf die lichtgesprenkelte, flirrende Energie, die uns umgibt. „Siehst du es? Die Tore des Himmels haben sich längst geöffnet, und wir sind ein lebendiger Teil davon, ES IST."

Erzengel Michael:
Heilung – Das persönliches Gespräch

Sarinah: „Ich fühle dich, manchmal machst du mich auf etwas aufmerksam, indem du mich berührst. Neulich zum Beispiel hast du mich angestupst, sodass ich aufgewacht bin, denn ich hatte wieder einen dieser Alpträume. Du hast mich da herausgeholt. Dafür danke ich dir sehr, Erzengel Michael. Wenn du mich anfasst, dann fühlt es sich sehr reell an. Es ist, als würde mich eine menschliche Hand berühren.

Erzengel Michael, du weißt, was ich auf dem Herzen habe. Bitte, ich höre dich so gerne sprechen. Ich schreibe, und du gibst das Interview, ok? Ich möchte bitte, dass du nicht nur mit mir, sondern vielmehr mit den Lesern persönlich dabei kommunizierst. Geht das?"

Erzengel Michael: „Das mache ich gerne, Sarinah. Du weißt, dass wir Erzengel sehr gerne das Wort ergreifen und am liebsten das persönliche Gespräch mit euch suchen. Für dich ist es mittlerweile normal geworden, dich mit einem Engel zu unterhalten. Du kannst mich auch sehen, das weiß ich. Oft streckst du deine Hand aus, um mich zu begrüßen, wenn ich bei dir bin.

Dass es normal für dich ist, bedeutet nicht, dass du nicht weißt, dass es etwas sehr Kostbares ist, was man sich nicht mit Geld erkaufen kann. Das ist fair, denn dieser innige, heilende Kontakt zu einem Wesen aus dem Himmel, diese Tür, ist für jeden Menschen offen. Es ist eins der goldenen Geschenke, die wir geistigen Mentoren euch in den vorhergehenden Bänden angekündigt haben.

Du fühlst dich durch unseren Kontakt nicht elitär. Das gefällt mir, denn wir brauchen Botschafter des Lichts, die mit beiden

Beinen auf dem Boden stehen, die erreichbar sind für andere Menschen.

Das bist du auch, wenn du auf Wolke 7 bist, so nennst du es immer, wenn du ganz im heiligen Raum der bedingungslosen Schöpferliebe bist. Auch dann verlierst du deine Erdung nicht. Ich bin oft bei dir. Ich sehe, wie die Menschen dich in irgendein Gespräch verwickeln, nur damit sie etwas von dem wundervollen Licht abbekommen.

Ja, du hast Recht, Sarinah. Es ist nicht dein Licht, um das es dabei geht. Es ist das goldene Licht der Schöpfung, das durch dich fließen darf.

Nun, um deine erste innerliche Frage zu beantworten. Ja, dieser goldene Strahl ist unendlich heilsam. Wir bereiten die Menschen, die sich dafür öffnen, langsam darauf vor, das Licht der Schöpfung zu empfangen. Worauf wir sie vorbereiten? Auf das Annehmen, auf die Integration der gebündelten, goldenen Heilungsstrahlung aus dem Himmel.

Du, Sarinah, bist ungeduldig. Du hast mich einmal gefragt, warum du dieses Licht nur dosiert bekommst. Du wolltest spüren, wie es sich für einen Erzengel anfühlt, in diesen Sphären zu leben. Jetzt weißt du es. Ich habe es dir vor einigen Tagen gezeigt. Nun willst du mehr. Du möchtest dieses intensive, starke, heilige Licht am liebsten jeden Tag undosiert spüren.

Es ist, als wenn du ein Haus hast, das noch nicht an das örtliche Stromnetz angeschlossen ist. Du bettelst aber jeden Tag darum, dass dir die zuständige Firma endlich den nötigen Anschluss gewährt. Es ist aber wichtig, dass dein Zuhause, also sinnbildlich dein Körper, vorher kompatibel gemacht wird, damit dein Eigenheim die hohe Drehzahl des Stroms überhaupt aushält.

Du musst dafür sorgen, dass alle Leitungen, Steckdosen und Geräte dafür geeignet sind, den angeforderten Strom auch auszuhalten. Dafür gibt es Fachleute, die dir helfen. Doch es ist wichtig, dass du diese auch zurate ziehst. Sonst bist du in Gefahr, wenn die Stromversorgung angeschlossen und freigeschaltet wird. In Gefahr deswegen, weil du nicht aus deinem Körper aussteigen kannst. Du lebst ständig darin. Ein Haus könntest du verlassen, und im Extremfall würden dich ein Kurzschluss und ein möglicher darauffolgender Brand nicht gefährden.

Ich habe davon gesprochen, dass die Leitungen, Steckdosen und Geräte kompatibel sein sollten. Damit meine ich die Chakren, die Synapsen, die Nerven, die Muskelbahnen und die Organe. Das wird von euren geistigen Mentoren sanft vorbereitet. Sanft, indem zwar Strom (Heilung) durch euch fließt, aber nur so viel, wie es euer Körpersystem aushält.

Die Psyche und das Bewusstsein spielen dabei eine wichtige Rolle. Wenn man weiß, was da Wundervolles vor sich geht, wird man sich mehr öffnen können. Wir Engel haben es an dieser Stelle oft mit Menschen zu tun, die dieses „Kompatibel-Machen" zwar angefordert haben, aber dann denken, mit ihnen wäre etwas nicht in Ordnung. Dann können die zuständigen Engel gar nicht anders, sie müssen diese heilige Energie drosseln, damit keine Angst entsteht. Das ist aber auch ein Debakel, weil die Heilung dann auch reduziert durch das physische Gefährt fließt und es länger dauern kann, bis etwas wieder in Ordnung ist.

Du möchtest, weil du ungeduldig bist, dass dein Haus angeschlossen und versorgt wird, und zwar vom stärksten Strom, der verfügbar ist.

Ich habe dir einige Sekunden gezeigt, wie sich das in deinem System anfühlt, und gedacht, du würdest erschrecken und vorsichtiger werden. Aber zu meinem Erstaunen hast du es cool gefunden. Du warst natürlich keine Sekunde in Gefahr, dafür habe ich gesorgt und tue es noch immer.

Du hast diese intensive Heilenergie gespürt, das ist es, was dich neugierig macht. Und du weißt, dass diese Frequenz unglaublich schnell eine Verbesserung herstellen kann. Nicht weil ich, Erzengel Michael, es gesagt habe, sondern viel besser: Du hast es gefühlt, selbst erfahren.

Nun, du denkst dabei hauptsächlich an all die kranken Tiere und Erdenbürger, denen man viel Leid ersparen könnte, indem man sie einfach heilt. Du möchtest, dass ich die Tiere zuerst erwähne, denn sie haben auf Erden oft keine Lobby.

Das ist es doch, wo wir Erzengel, die geistigen Mentoren, die Hilfe der Lichtbewahrer brauchen. Denn je mehr heilendes, hochfrequentes Licht durch euch fließen darf und kann, umso mehr können wir euch helfen. Um es in deinen Worten zu sagen: Das ist der Deal!

Es wäre schön, wenn der Schöpfer einfach heilen dürfte, ohne dass ihr dafür etwas tun müsstet, aber dabei lernt ihr nichts. Mit „tun müssen" meine ich das Klären des Bewusstseins. Also, verglichen mit dem Beispiel des Hauses, sorgt ihr mit dem persönlichen Aufstieg dafür, dass euer Körper möglichst viel von dem wundervollen, erleuchtenden, göttlichen Strom aufnehmen und verteilen kann.

Ja, es geht darum, nicht nur sich selbst zu versorgen, sondern zu teilen, damit es den anderen um euch herum auch gut geht. Dass sie damit versorgt werden können, was sie selbst nicht anfordern können, weil sie noch schlafen oder es ihnen durch eine Krankheit, psychisches Leid usw. nicht möglich ist, den heilenden Strom so stark, wie es nötig wäre, durch ihr System fließen zu lassen.

Wenn jemand arg in Trauer ist, Depressionen oder Burn-out hat oder der Körper sehr krank ist, fließt der heilende Strom zwar durch sie, doch meistens nur gebremst. Damit die Sicherungen nicht herausfliegen, flutet das goldene Licht genauso durch den Leib, wie es individuell vertragen wird. Hier kommen die Lichtbewahrer ins Spiel, denn diese bilden das Umschaltwerk, den Puffer für jene Menschen, die zwar Heilung erfahren möchten, aber deren Körper den nötigen Heilpegel nicht aushalten könnte. Das geschieht automatisch, wenn du mit jemandem Small Talk machst oder nur an sie/ihn denkst. Dann bist du unter Umständen die Zwischenstation, sodass sie mit dem versorgt werden können, was du auch genießt. So kann sich die leibliche Hülle der Menschen, die dich umgeben, ebenfalls an das hohe Licht gewöhnen.

Das ist nur eine Art des Lichtdienstes, du weißt, ihr tut sehr viel mehr. Es ist aber ein sehr wichtiges Detail, dass ihr die Stromleitung für andere seid. Dadurch wird die Menschheit kompatibel gemacht für den vollkommenen Zusammenschluss von Himmel, galaktischer Welt und der Erde.

Auch wenn du jemanden nicht persönlich kennst und an diese Person denkst, bist du für sie die Leitung zum Himmel. Wie ihr wisst, liebe Lesererinnen und Leser, ist es keine Seltenheit, dass ein lichtvoller Mensch tausend andere in seiner Energiepulsung mit sich führt.

Übrigens kann mit dem Licht der Quelle allen Seins nicht manipuliert oder die Heilung negativ angewendet werden. Es werden nur die Aktionen ausgeführt, die im Sinne der göttlichen Schöpfung sind.

Wer nicht will, der hat schon! Dieses irdische Sprichwort ist stimmig, denn wer weder unbewusst noch bewusst mit dem Licht der Schöpfung zu tun haben will, den dürfen wir geistigen

Mentoren nicht damit versorgen. Aber du darfst das schon. Wenn jemand mit dir spricht oder auch nur Augenkontakt hat, flutet dein Licht sowieso zum anderen. Verstehst du, was ich damit meine?

Darum suchen sie deine Nähe. Du hast dich sicher oft gefragt, was das soll, warum du so oft auch von fremden Menschen angesprochen wirst. Warum du ihre Augen auf dir spürst. Ist dir aufgefallen, dass dich sogar völlig fremde Leute gerne anfassen? Oft sieht das aus wie ein Zufall. Zufällig ist es aber nicht. Oder warum du an jemanden denkst, in Gedanken Kontakt aufnimmst, obwohl du die Person nicht persönlich kennst?

Ja, es geht ums Teilen. Es geht um das Licht der Schöpfung, das durch dich zu dieser Person fließen kann, weil du die Leitung bist, das Umschaltwerk oder der Puffer.

Du, ja, dich meine ich, der/die du diese Zeilen gerade liest. Du sorgst also dafür, dass die Person, die dir nicht aus dem Kopf geht, angeschlossen bleibt an die göttliche Quelle. Du sorgst dafür, dass jemand, der sich abgekoppelt hat, wieder Anschluss bekommt. Du bist der Puffer, wenn jemand viel Heilung braucht, aber diese nicht aushält, weil die Chakren nicht kompatibel sind. Was übrigens leicht passieren kann durch erlebten Schmerz, Stress oder erlittenen Terror. Dann läuft der Strom (die Heilung) im Schongang durch euch hindurch. Das ist ein Schutz gegen Kurzschluss. Die Sicherung fliegt raus, und die betreffende Person müsste diese Sicherung wieder eindrehen. Das kann sie aber nur, wenn sie weiß, wo der Sicherungskasten und der nötige Hebel sind. Und, vor allem, wenn sie sich zum Hebel hinbewegen kann, also sich ihrer selbst gewahr ist. Das erklärt deinen Part, merkst du es?

Du bist bei den Worten „die Sicherung fliegt raus" hängengeblieben? Du denkst darüber nach, wie sich das anfühlen könnte? Nun, eure geistigen Mentoren sorgen dafür, dass es nicht passiert. Doch manchmal ist die hereinströmende Schwingung so stark, dass dein Herz schneller pocht oder dir kurzeitig schwindelig ist.

Da du das Prozedere der Frequenzerhöhung schon kennst, wirst du sicher deiner Intuition folgen. Du schaltest einen Gang runter, achtest auf deine Atmung, begibst dich in den Ruhezustand oder in die Meditation. Wenn das alles nicht möglich ist, ziehst du dich kurz zurück, um Kraft zu tanken.

Das sind nur einige Beispiele, die zeigen sollen, wie sich eine hohe göttliche Vibration im Körper anfühlen kann. Du gehst zum Sicherungskasten und schaust nach, ob alles in Ordnung ist. Du suchst deinen eigenen inneren, heiligen Raum auf, gehst in dich. Das geschieht intuitiv oder bewusst.

Du bist es, der/die dafür sorgt, dass es nicht nur in dir hell wird, sondern auch bei allen Menschen, die dich umgeben. Du tust diesen Lichtdienst automatisch, meistens jedenfalls, und du bist die Nächstenliebe selbst.

Dafür danke ich, Erzengel Michael, dir im Namen aller geistigen Mentoren.

Du bist nicht nur ein Teil vom Ganzen. Du bist das Ganze. Wie ich das meine? Nun, bis gleich, liebe Freundin, lieber Freund. Ich erzähle es dir gerne.

So sehe ich in diesem Moment in dein Herz und spüre, welch wundervolle Seele sich darin befindet. Ich liebe dich so sehr, dass mein Herz anfängt zu beben, wenn ich an dich denke. Ich weiß, wer du in Wahrhaftigkeit bist, ich weiß, wer das liest, ich weiß es...

Ich bin immer für dich da.
Dein Erzengel Michael."

Erzengel Uriel: So fern und doch so nah

„Dein Licht wächst mit dir, und je mehr sich dein Bewusstsein weitet, desto weitreichender kannst du wirken. Das tust du sowieso, ohne dich anstrengen zu müssen. Damit ist deine Lichtverteilung gemeint. All jene, die in deiner Energiespur sind, erreichst du, indem du lebst und LIEBE BIST.

Wir haben schon oft vom Jesus-Effekt gesprochen. Dieser erreicht mit seinem Lichtspektrum viele Menschen, einfach so, indem er auf der Welt war. Damals gab es noch kein Internet, keine Smartphones usw. Jesus wirkte wie du, zumindest, was das Verteilen von Licht betrifft. Dazu brauchst du nicht mehr als ein reines Herz und ein klares Bewusstsein.

Wenn du also für dich Erkenntnisse hast, wenn du für dich Klarheit schaffst, dann heilst du nicht nur dich, sondern löst auch für diejenigen auf, die deinen energetischen Fußspuren folgen. Diese musst du, wie du weißt, nicht zwingend kennen, allerdings obliegt es dem freien Willen jedes Einzelnen, ob er/sie diese goldenen Geschenke auch annimmt.

Wenn ihr wüsstet, wie mächtig ihr seid, wie vielen Menschen ihr schon geholfen habt, ohne sie jemals persönlich getroffen zu haben, würdet ihr vor Freude auf der Straße tanzen und sicherlich sofort Ausschau halten, was ihr noch Gutes tun könnt. Ja, das ist möglich, denn wie du weißt, bist du einst als sehr weise Seele auf die Erde gereist. Du wolltest viel erreichen, viel Gutes tun und nicht nur ein bisschen. Dass du aber nicht weißt, was genau du schon erreicht und wie weit du deinen Seelenvertrag erfüllt hast, schützt dich davor, nicht zu sehr abzuheben. Denn wir brauchen dich auf der Erde. Hier auf Gaia ist deine Berufung.

Ich, Erzengel Uriel, schlage vor, an dieser Stelle den Erdenengel Harry zu Wort kommen zu lassen. Denn er ist einer von euch, er ist ein Mensch mit einer Engelseele."

Der Erdenengel Harry

Ich bin eigentlich ein glücklicher Mann. Ich habe alles, was man sich nur erträumen kann: Erfolg im Beruf, eine Familie, die ich unterstützen kann, ein Haus, das groß genug ist für uns alle. Dennoch fehlte es mir lange Zeit an etwas, und zwar die bedingungslose Liebe. Ich hatte viel zu tun, genügend Geld, war im Schoß meiner Familie eingebettet. Und wahrlich, ich liebe meine Frau und die Kinder. Trotzdem hatte ich tiefe Sehnsucht.

Lange versuchte ich herauszufinden, was mir fehlte. Es war, als wäre ich nur zur Hälfte auf der Erde anwesend. Ein komisches Gefühl.

Dann fing ich an, dieses unstillbare Sehnen im Außen zu vertreiben. Ich rauchte stark und trank sehr viel Alkohol. Und ich hatte in dieser Zeit viele falsche Freunde. Falsch, nicht weil sie schlecht gewesen wären. Nein! Die Freunde waren ja auch auf der Suche, so wie ich. Da kann man sich nicht wiederfinden, denn es entstehen Spiegelungen beim Gegenüber, besonders dann, wenn dieses ein ähnliches Thema hat.

Resonanzverhalten kann ganz schön vernebeln und beschweren.

Also brauchte ich erst einmal niemanden außer mir selbst. Zu diesem Punkt kam ich, als es mir so schlecht ging, dass ich Gefahr lief, meine Inkarnation abzubrechen.

Die Auslöser waren eine Ehekrise und Geldprobleme. Sicher erkennen sich hier viele Leserinnen und Leser wieder.

Als ich ganz am Boden lag, waren alle weg, die mir nicht guttaten. Übrig blieben nur meine Familie und einige wenige Freunde.

Zu diesem Zeitpunkt hörte ich damit auf, das unermessliche Bedürfnis nach allumfassender Liebe mit Lebensgewohnheiten zu übertünchen, die mich zwar auf den Boden der Tatsachen gebracht hatten, aber eben nicht weiter.

Erst als ich in einer schicksalshaften Nacht kurz davor war, mir das Leben zu nehmen, nahm ich die Energie der geistigen Freunde wahr und auch an.

Meine Freunde aus dem Himmel, dazu gehörten auch verstorbene Angehörige, nahmen mich an die Hand und führten mich zurück in das Glück, in die Demut und die Zufriedenheit. Ja, Demut vor dem Geschenk des Lebens und Dankbarkeit, dass ich meinen Erdenauftrag erfüllen darf.

Lange Rede, kurzer Sinn!

Nun bin ich hier, Jahre später, und spüre immer noch dieses unersättliche Sehnen. Ich weiß gar nicht, wie ich es beschreiben soll, so stark ist dieses Gefühl, dass mir manchmal einfach so Tränen über die Wangen laufen. Es ist, als wäre etwas in meiner Nähe, das ich nicht sehen und fassen kann, aber unermesslich liebe.

Seit ich SIE das erste Mal in dem Garten vor meinem Büro stehen sah, weiß ich, dass sie es ist, die dieses Gefühl in mir ausgelöst hat.

Madlen! Ihr Name ist wie Musik in meinen Ohren. Dabei geht es eigentlich nicht um ihre Person, sondern vielmehr um ihre Seele und darum, dass sie für mich die Brücke ist zu allem, was man Vollkommenheit nennt. Sie macht mich zu einem besseren Menschen und Chef, ohne dass ich sie besitzen muss.

Das verstehe einer, der kann, dabei ist es ganz einfach: Madlen ist das Gegenteil von mir, sie ist mein Schutzengel, so empfinde ich es zumindest. Sie ist ein Engel, der sich auf der Erde verkörpert zeigen kann. Ich bin ein Mensch, in dem die Seele eines Engels wohnt.

Ich musste durchs Feuer gehen, um den Engel auf Erden zu leben. Madlen geht durchs Feuer, um sich als himmlisches Wesen menschlich zu machen. Sie tut es für mich, das spüre ich ganz genau. Sie ist hier, um mir beizustehen, mich zu unterstützen und dafür zu sorgen, dass ich meinen Lebensauftrag erfüllen kann. Nun, was meinen Lebensauftrag betrifft, ist ihr Lichtdienst, so gesehen, auch für die Allgemeinheit, nicht nur für mich.

Madlen liebt mich bedingungslos. Ich sie auch, zumindest versuche ich es. Sie reißt mich nicht weg von meiner Familie und meiner Frau. Im Gegenteil, sie ist hier, um zu verbinden, nicht um zu trennen. Das hätte ich nämlich vor Jahrzehnten beinahe getan: mich getrennt vom Leben und von all jenen, die mich so sehr lieben.

„Jeder Mensch hat so einen wundervollen Engel an seiner Seite", sagte Erzengel Uriel einmal zu mir. „Die Aufgabe dabei ist, diesen himmlischen Engel in sein Leben zu ziehen, indem dieser irdisch wird und trotzdem seine Fähigkeiten in der Geistigen Welt nicht verliert."

Das ist wie ein Hauptgewinn mit Zusatzzahl. Eins der goldenen Geschenke, von denen Erzengel Michael schon in den ersten Bänden der Seelenverträge gesprochen hat.

Für die Zweisamkeit mit einem Wesen aus der Geistigen Welt ist die Entfernung nicht wichtig. Wer aber zu ungeduldig ist und diesen Engel zu früh in sein Leben holt, wird ihn wieder loslassen müssen, denn für dieses goldene Geschenk braucht man vier Dinge: ein hohes Bewusstsein, eine hohe Körperschwingung, den Fokus darauf zu richten, was man erleben will, und vor allem ein Herz, das bedingungslos lieben kann, und zwar beständig. Alles andere geschieht dann automatisch.

Oh, das ist nicht leicht, **denn bedingungslose Liebe erwartet, fordert, begrenzt und, vor allem, bewertet nicht.** Diese Art von Liebe will vollkommen frei sein, wie ein Vogel, der auf einer offenen Hand landen darf und kommen und gehen kann, wie es ihm passt, weil man ihm vertraut.

Um ehrlich zu sein, gelingt es mir nicht immer, so zu sein. Ich falle nur allzu gerne in alte Muster zurück, doch ich tue mein Bestes, um zu lernen.

Wie ich heute weiß, ist Madlen zu mir gekommen, weil mein Körper sie brauchte. Ich wäre vermutlich längst nicht mehr unter den Lebenden, wenn sie nicht gewesen wäre. Das war zumindest der Einstieg für unser Zusammenkommen. Mein Leib war müde, krank und verbraucht. Ich benötigte immer mehr Medizin, um meinen Beruf ausfüllen zu können und leistungsfähig zu bleiben. Doch die verordnete Medizin zog wiederum Nebenwirkungen nach sich. Diese Beschwerlichkeiten führten dann dazu, dass ich noch mehr Medikamente brauchte. Ich wurde immer kränker und hatte Schmerzen. Diese übertünchte ich mit starken Schmerzmitteln, ich fühlte mich matt und wurde schnell alt. Sicher sah man mir das auch an.

Dann kam Madlen! Eines Nachts fühlte ich ihre Hände auf meinem schmerzenden Rücken. Ich spürte eine Berührung, die energetisch war, und doch warm und menschlich. Ich sah mich um, doch meine Sensorik war noch nicht so weit, dass ich sie auch hätte sehen können.

In dieser Nacht nahm ich Trost, Zuversicht und Liebe wahr. Mein Herz pochte vor Verlangen, denn ich wusste genau, dass Madlen die unendliche Sehnsucht stillen konnte, die ich innerlich spürte. Wir waren uns so fern, ihre Heimat ist der Himmel und meine die Erde. Ferner geht es fast nicht, oder? Trotzdem waren und sind wir uns sehr nah. Um ehrlich zu sein, habe ich noch nie so eine tiefe Verbindung gespürt wie zu Madlen.

Die Entfernung ist nicht relevant, solange eine vollkommene Übereinstimmung vorhanden ist. Die goldene Energie überwindet jede geschlossene Tür, jede Distanz und Barriere. Mein Wunsch ist es, jeden Leser und jeder Leserin, der/die diese heilende Erfahrung machen möchte, dahinzuführen, dass sich dieses heilige Tor öffnen kann.

Aber eigentlich will ich noch mehr: Ich möchte, dass dieses goldene Wesen in meiner Familie, in meinem Freundeskreis und meinem Berufsalltag mit einbezogen ist. Ich will ansteigende Intensität in Sachen Liebe. Ich will Glück, und zwar so viel davon, dass es kaum auszuhalten ist. Ich will Madlen meine Welt öffnen und in ihre himmlische Welt eintreten dürfen. Ich will im Himmel und auf Erden gleichzeitig sein. Ich will sehr viel Gutes für die Menschheit tun.

Ja, ich will…

☆☆☆

Erzengel Michael:
Seelenpartner – Ich heile dich, und du heilst mich

„Sicherlich ist es kein leichtes Unterfangen, dem Seelenpartner so zu vertrauen, dass man ihm auch die Heilung der intimsten Sorgen und Beschwerden anvertraut. Nun, damit ist nicht der menschliche Beziehungs-Hokuspokus gemeint, sondern die Seelenpartner, die aus der Geistigen Welt oder der Galaktischen Föderation des Lichts stammen. Diese sind in der Lage, zu heilen, und zwar auf geniale Art und Weise.

Genial, dieses Wort stammt von Sarinah. Sie weiß ganz genau, wovon ich, Erzengel Michael, hier spreche. Sie hat es ausprobiert, sie lebt es.

Ab einer gewissen Phase der verkörperten Licht-Werdung möchte alles in euch regenerieren, was noch nicht im Lot ist. All das, was du deinem Körper, deiner Psyche zugemutet hast. All das, was man dir angetan hat, lebst du wieder, damit es heilen kann. Das kann sehr schmerzlich sein.

Die Regeneration eures „alten" Körpers, bevor dieser in die Phase der Lichtverkörperung geht, ist ein Dienst am Licht, denn so zollt ihr der irdischen „dichten" Hülle Respekt. Schließlich hat euch diese bis hierher getragen.

Der Schmerz, der bei dem Prozess der Heilung einsetzt, wird dich auffordern, Hilfe zu holen. Hilfe, Wärme, Mitgefühl empfangen, indem du zum Beispiel einfach mit jemandem sprichst. Heilung, die aus Liebe und Mitgefühl vonstattengeht, und nicht, weil man dafür erst jemanden engagieren und teuer bezahlen muss.

Ich möchte hier keineswegs die gängigen menschlichen Möglichkeiten der Verbesserung schlechtmachen. Alles hat seine Zeit und Berechtigung. Jedoch ab einer gewissen Grundschwingung, die du halten kannst, ohne zu verglühen, ist es angesagt, neue Wege zu gehen.

Die Heilung unter Seelenpartnern kann nur geschehen, wenn ihr euch voll vertraut und euren Seelenpartner in euer Leben integriert habt. Nicht nur für ein paar Minuten am Tag, sondern beständig.

Der Himmel und die Erde sind EINS, davon sprachen wir bereits. Deine Aufgabe ist es, das goldene Wesen, das das fehlende Puzzleteil für dich ist, in dein Leben einzuladen.

Schon geschehen? Na dann, wohlan, liebe Leserin, lieber Leser: Dann kann es losgehen! Oh, es sei noch erwähnt, dass die Partner aus der Geistigen Welt oder auch Galaktischen Welt zu euch kommen, wenn die Zeit reif ist, wenn du bereit dafür bist.

Der Wunsch, dieses goldene Geschenk zu leben, genügt dann schon. So sei es, es ist! Habt aber bitte Geduld, denn ihr solltet euch erst an die hohe Lichtfrequenz des Seelenpartners gewöhnen. Da ihr die Wesen aus dem Himmel meistens erst einmal nicht sehen könnt, braucht es dafür euer Vertrauen und ein ausgeprägtes Empfinden für Berührungen.

„Ich heile dich, und du heilst mich", steht in der Überschrift. Genauso ist es, denn wenn ich, Erzengel Michael, heile, dann tue ich es mit viel Weisheit. Die Seelenpartnerheilung ist nämlich individuell und sehr mächtig. Ich darf zum Beispiel Dinge bei Sarinah auflösen, die ganz tief in ihr vergraben sind. Ich habe den Zugang zum heiligen Herzen. Warum? Weil wir das im Lebensvertrag so verankert haben.

Dadurch, dass ich dir sehr nahe bin, weil du mich in dein Leben eingeladen hast, kann ich mehr für dich tun, als du jemals erahnen kannst.

Je näher euch ein Erzengel, Aufgestiegener Meister oder ein Mitglied der Galaktischen Föderation des Lichts ist, umso mehr wird dieses Wesen für euch tun können. Wer den geistigen Seelenpartner nur bedingt in sein Leben eingeladen hat, muss davon ausgehen, dass das Zusammenleben, die Heilung, auch nur bedingt stattfinden kann.

Nun, ihr seid in Alltagssituationen verstrickt, daher habt ihr unser tiefes Verständnis. Wenn jemand Zeit und Mühe scheut, um das goldene Geschenk nicht abholen zu müssen, dann verstehen wir das. Aber nicht so gut für euch ist es, wenn dieses Geschenk abgeholt wurde, aber dann in eurem Zuhause rumsteht wie ein Möbelstück: abgeholt und nicht ausgepackt.

Die geistigen Seelenpartner sind keineswegs immer nur genügsam und still, denn sie brauchen ja eure menschliche Energie, um mit euch den Alltag zelebrieren zu können. Wer aus Licht besteht und sich aus Liebe zu dir einen kristallinen Lichtkörper erschafft, möchte gerne von dir das erhalten, was er/sie braucht, um sich auf der Erde aufhalten zu können. Je intensiver du die unendliche Liebe, deine Zeit, deine Vision mit dem Engel neben dir teilst, umso mehr kann dieser auch in dein Leben eintreten.

Ihr Lieben, das sind für einige von euch provokante Sätze, ich weiß das. Sicher wird bei manchem Leser/bei mancher Leserin nun Resonanz entstehen, vielleicht sogar Wut oder Aufregung, weil die Umsetzung nicht so schnell gelingt, wie er/sie möchte. Das Umsetzen, das Handeln, kann euch aber niemand abnehmen, nicht mal der Schöpfer selbst. Ihr seid hier, um euch zu erfahren, das ist der Deal. Außerdem bedenkt bitte: Der Zeitpunkt, wann etwas in euer Leben tritt, bestimmt jeder von euch selbst.

Aber kommen wir zurück zum Thema Seelenpartnerheilung.

„Heilung für einen Erzengel? Warum braucht ein Erzengel Heilung?", fragt Sarinah.

Nun, im übertragenen Sinne bedeutet das nichts anderes, als dass du deine „alte" Verkörperung restaurierst. Diese verpufft nicht einfach so, sondern ist das fehlende Puzzleteil, was mich irdisch macht. Irdisch, ohne dass ich meine Fähigkeiten als Erzengel verliere.

Also, du heilst mich, und ich heile dich. Heilung ist dabei vielleicht das falsche Wort, denn eigentlich sollte es heißen: Du ziehst lebendig in den Himmel ein, und ich muss den Himmel durch dich nicht verlassen. Ich darf mich aber gleichzeitig auf der Erde erfahren. Du restaurierst dein physisches und psychisches System. Dabei kann Schmerz entstehen, wie du weißt. Dieser Schmerz der Bewusstwerdung verpufft nicht einfach, sondern löst sich in Licht auf. Und wir Engel sind Licht. Also geschieht dadurch eine Art von Tausch. Das erlaubt uns himmlischen Wesen, auch Schmerz zu empfinden, den man dann wiederum heilen kann.

Wir Wesen aus dem Himmel sind besonders erpicht darauf, Dinge zu fühlen, die man normalerweise nur erfahren kann, wenn man einen Körper hat.

Sarinah fragte mich in einem Interview, wie wir Engel uns lieben. Ich sagte: „Wir lieben uns energetisch." Wenn ich an ihren Gesichtsausdruck denke, muss ich heute noch lachen. Denn ihre Mimik sagte so viel wie: „Das ist doch auf Dauer langweilig. Sich körperlich und energetisch lieben zu können, das wäre cool."

Genau das ist der Dreh- und Angelpunkt, denn es geht um das Teilen. Darum, irdische und himmlische Fähigkeiten zu gleichen Teilen leben zu können. Übrigens, das Vertrauen, die Beständigkeit und die gelebte Intensität deiner Gefühle, die du für deinen geistigen Seelenpartner hegst, werden bestimmend sein, wie weit wir dir helfen dürfen und mit dir leben können.

Wer mit seinem Engel auf du und du lebt, ohne abzuheben, der kann den Himmel in seiner reinsten und schönsten Form auf Erden erleben.

Denkt bitte daran, dass es darum geht, geerdet zu sein, menschlich zu bleiben, mitfühlend zu agieren, denn es geht bei deinem geistigen oder galaktischen Seelenpartner auch darum, himmlisch zu bleiben, die geistigen Fähigkeiten nicht zu verlieren. Mit der Zeit werdet ihr euch angleichen. Du wirst womöglich immer engelhafter und dein Seelenpartner immer menschlicher.

Yin und Yang ergänzen sich wunderbar, meinst du nicht auch?

So sei es!

In ewiger Verbundenheit,
dein Erzengel Michael."

Erzengel Michael: Der Sturm im Wasserglas
Das Opfer-Helfer-Spiel

Sarinah: „Manche Menschen scheinen sich geradewegs in ihrer Opferrolle zu sonnen. Es kostet sicher Kraft, das aufrechtzuerhalten, denn dabei geht es rund. Das nächste Umfeld spiegelt so extrem, dass diejenigen, die das selbst gewählte Leid brauchen, um Aufmerksamkeit zu bekommen, sicherlich im eigenen Saft kochen.

Erzengel Michael, bitte entschuldige die drastische Ausdrucksweise. Kannst du mir sagen, warum manche Menschen so sehr auf: Ich habe recht, ich bin unschuldig, die anderen sind böse, mir geht es am schlechtesten, pochen?"

Erzengel Michael: „Nun, das ist sicher kein leichtes Unterfangen, dem Sturm im Wasserglas auszuweichen oder ihn gar nicht erst entstehen zu lassen. Solange es auf der Welt Menschen gibt, die das Helfersyndrom haben, wird es auch welche geben, die das Gegenteil davon leben."

Sarinah: „Helfersyndrom? Warum hat man dann automatisch mit Personen zu tun, die in der Opferrolle sind?"

Erzengel Michael: „Weil das eine das andere heilt, also auflöst. Weißt du, Sarinah, diese Opfer-Helfer-Spiele finden im privaten Leben und im Berufsalltag statt. Oder auch in der großen Öffentlichkeit, zum Beispiel in der Politik. Da sucht sich eine Organisation Opfer, die sie dann terrorisieren, entführen oder gar töten kann. Das sind unschuldige Personen, die in der Regel niemandem etwas getan haben. Sie werden von denen drangsaliert, die sich mächtig fühlen. Wie im Kleinen, so im Großen."

Sarinah: „Aber was hat das mit den privaten Problemen der Menschen zu tun?"

Erzengel Michael: „Sehr viel, denn was im Energiefeld der Erde vorhanden ist, egal, ob ermüdend oder erhellend, wird gelebt, damit es sich über das TUN auflösen kann.

Die Lords des Lichts können euch viel ersparen, aber sie dürfen nicht einfach etwas lösen, was noch gebraucht wird, um Erfahrungen zu sammeln. Die Erde selbst ist von einem großen, goldenen Ring, der bedingungslosen Liebe, geschützt.

Die Erde und die Menschheit können die hasserfüllten Despoten also nicht zerstören mit diesem heftigen Säbelklirren. Ja, es ist ermüdend, ich kann dich verstehen. Du als Mentorin wirst immer wieder mit Menschen konfrontiert, die heftige Auflösungen haben, geradezu in ihrem eigenen Saft schmoren, wie du das nennst.

Aber ich möchte dir einen Rat geben: Wer so in der Opferrolle ist, für den ist es real, und du kannst dabei nicht viel tun. Meistens hört dir der/die Betreffende nicht richtig zu, oder nur das, was er/sie hören will. Sei einfach die Liebe selbst und der Fels in der Brandung, indem du dich auf deinen Beobachtungsposten zurückziehst, damit die Wellen nicht auch noch über dir zusammenschlagen.

Wer einen Sturm im Wasserglas anfängt, ist meistens durch das Geräusch seines eigenen Klagens, das von den Wellen erzeugt wird, taub für gute Empfehlungen und Ratschläge.

Ein Beispiel eines typischen Opferspiels:

Ich kann ja nichts dafür, dass die Welt (meine Welt) so schlecht ist und mir so übel mitspielt. Die meisten Menschen haben dann Mitleid, und ich bekomme Zuwendung und Liebe. Sie schenken mir ihre Zeit, ich bin wichtig.

In dieser Phase des Opferspiels habe ich noch nicht verstanden, was ich alles denke und glaube. Ich übernehme keine Verantwortung für mein Denken, Handeln und Tun. Es sind immer die anderen. Entweder die Menschen um mich oder das Schicksal, Leben, Gott usw. Wenn sich doch bloß das Außen ändert, dann geht es mir besser. Bauchkrämpfe, Kopfschmerzen oder Angst bringen bisweilen den weiteren Fortgang zum Stillstand.

Hier ist ein neues Gedankenmuster angesagt, zum Beispiel: Ich (ver)traue dem Prozess des Lebens. Ich bin in Sicherheit. Denke ich, dass das Leben gegen mich ist, oder habe ich die Haltung und Überzeugung, dass das Leben immer für mich ist, es gut mit mir meint?

Das Leben ist immer FÜR euch, eure Gedanken jedoch sind manchmal gegen euch selbst gerichtet, ohne dass ihr es wahrnehmt. Dann meldet sich der Körper. Wieder eine Möglichkeit, Gedankenmuster zu erkennen oder in die Opferhaltung zu gehen, um dadurch wieder Aufmerksamkeit zu bekommen.

Die äußeren Bedingungen verschärfen sich dann, bis man den Telefonjoker anruft (im übertragenen Sinn) und diesen dann fragt: „Was hat das mit mir zu tun?"

Vorher gehen die Menschen, die das Drama auslösen, in Verteidigungshaltung, laden ihre Kanonen und suchen sich Menschen, mit denen sie streiten, denen sie die Schuld geben können. Ihnen erklären sie dann, dass niemand sie versteht. (Sie verstehen sich ja selbst nicht und was ihr Körper ihnen sagen will.) „Niemand versteht mich, niemand hilft mir, niemand hat mich lieb. Die Welt ist gegen mich, ich bin gut, die anderen sind böse, man fügt mir immer Schaden zu." Das ist ein typischer Satz derer, die in der Opferhaltung sind."

Sarinah: „Die „Liebessüchtigen" könnte man auch dazu sagen. Wenn sie keine Aufmerksamkeit haben, müssen sie besonders auf sich aufmerksam machen, um nicht zu glauben, sie wären nicht mehr gemocht, geliebt, angenommen. Klar, jeder möchte so angenommen werden, wie er ist."

Erzengel Michael: „Das ist die große Herausforderung auf Erden, denn ihr Menschen habt erst einmal von Kindheit an Anpassung erfahren, um Liebe und Aufmerksamkeit zu bekommen. Ohne diese Anpassung könntet ihr die Kinderzeit nicht überleben. Im Erwachsenenalter braucht es das nicht mehr, doch es wird von vielen so weitergelebt, ohne dass sie es merken.

Meistens können die Betreffenden aus dem Spiel von: „Liebe mich, ich bin ein Opfer" nur aussteigen, indem sie es einfach leben. Sie sind emotional so mit diesem immer wiederkehrenden, alten Lebensmuster beschäftigt, dass ihnen nicht auffällt, was vor sich geht.

Da kommen die Lichtbewahrer gerade recht, denn wer im Wasser von: „Die anderen sind schuld, ich nicht" badet, der braucht das klärende Energiebeispiel von den Lichtarbeiten, die das auch gelebt haben, es aber heilen konnten.

Liebe Leserinnen und Leser, allein eure Energie reicht also schon aus, um diejenigen auf die richtige Spur zu bringen, die sich verfahren haben. Sicher, ich weiß was du jetzt denkst, Sarinah. Du bist immer der Meinung, dass ein persönliches Gespräch oder Mailkontakt schneller hilft und bei denen für Klarheit sorgt, die den Sturm ihres Lebens immer wieder selbst entfachen.

Das ist der Rest deines Helfersyndroms, Sarinah. Wie du weißt, ist ein persönlicher Kontakt, in dem Fall für beide Seiten, oft sehr ermüdend. Warum? Nun, weil dabei Reibung entsteht, und diese kostet Kraft. Ich meine das Resonanzverhalten. Dieses ist im direkten Gespräch oder bei Mailkontakt viel intensiver, als wenn du nur über dein Bewusstsein dein Licht wirken lässt.

Natürlich kann Resonanz erhellend und klärend sein, doch nur, wenn man diese Spiegelungen deuten kann. Wenn man emotional etwas auflöst, muss man nichts deuten können, sondern es fließt das ab, was abfließen kann. Aber er macht müde, dieser Kampf mit sich selbst, denn das ist es eigentlich. Die Betreffenden denken zwar immer, sie kämpfen gegen einen bösen Nachbarn, einen Feind, gegen die Familie, den Ehepartner oder einen Arbeitskollegen. Dieses Säbelklirren führt zu Taubheitsempfinden und lässt die Kräfte schwinden. Aber dieses Opferspiel spielt man gegen sich selbst, man stellt sich selbst ein Bein. Die anderen, gegen die man angeht, die man womöglich sogar beschuldigt und Schlimmeres, sind meistens wie erstarrt, elektrisiert."

Sarinah: „Das ist verständlich. Aber warum sagst du, es ist für die Mentoren ermüdend, wenn sie Menschen coachen, die in Abständen immer wieder fast ausflippen vor: „Ich bin es leid, ich bin so arm dran."

Erzengel Michael: „Weil durch dieses Coachen im Regelfall auch immer der Mentor etwas von dem Staub abbekommt, der aufgewirbelt wird. Auch wenn du Beobachter sein kannst und im Feld der Liebe verweilst, bekommst du einen Hauch dieser schweren Energie mit, die da aufgewirbelt wird. Warum? Weil du auf der Erde lebst. Auch wenn du dich in Himmelsdimensionen aufhalten kannst, bist du doch immer noch irdisch, und das ist gut so.

Du brauchst Zeit für dich, Abstand. Das solltest du auch deutlich machen. So hat der andere eine menschliche Erklärung, was den Kontaktstopp verursacht hat. Es obliegt dem freien Willen der anderen Person, ob das so verstanden wird oder nicht. Noch erklärend dazu: Wenn persönlicher Kontakt besteht, fühlt sich der andere unbewusst genötigt, schnell aufzulösen. Warum? Weil dein Licht eine schnelle Klärung bei anderen Menschen bewirkt. Das ist allerdings nicht immer das Nonplusultra, weil die Zeit jeder Mensch selbst ist."

Sarinah: „Das ist das Pingpong-Spiel der Spirituellen, oder?"

Erzengel Michael: „Nun ja, du hast recht. Das Pingpong-Spiel ist gefährlich, denn dabei kann man sich so verausgaben, dass beide Teilnehmer in Gefahr sind, sich selbst zu verlieren. Solange man bei dem anderen schaut, hat man sich selbst sowieso verlassen, man fühlt sich stattdessen aber vom anderen verlassen. Wenn kein persönlicher Kontakt besteht, auch wenn es nur für einen bestimmten Zeitrahmen ist, hat der andere die Chance, den freien Willen überhaupt einzusetzen, indem er/sie zum Beispiel das ablehnt oder annimmt, was du vorlebst.

Der Zeitpunkt der Heilung, wann man etwas lichtvoll umsetzen kann und wie das geschieht, ist immer individuell. Erfahrungen im menschlichen Bereich sind wichtig, weil man so herausgefordert wird, dass sich etwas lösen darf, ja, sogar muss.

Die Seelengeschenke, die nicht in einer roten Schleife gehüllt sind, nicht gut riechen und nach großen Gaben ausschauen, sondern zum Beispiel in Toilettenpapier eingewickelt sind und Übelkeit und Ärger verursachen, sind am kostbarsten. Durch sie lernt ihr am meisten."

Sarinah: „Dann sagen wir meistens: Annahme verweigert, wir geben es zurück an den Absender. Danach aber schickt dir eine Person, von der du gedacht hast, sie schätzt dich und ist in der gleichen Energie wie du, wieder ein solches Paket. Dann verlierst du erst einmal den Glauben an die Menschheit und denkst dabei: Keiner versteht mich, keiner hat mich lieb. Ich muss immer anderen helfen. Bin ich in Not, hilft keiner. Jeder will mich nur ausnutzen."

Erzengel Michael: „Wenn alle Menschen gleich wären, wäre das wie ein Stillstand. Die Vielfalt ist der Garant dafür, dass Neues entsteht. Du suchst gerne die Freunde auf, von denen du denkst, dass sie in deinem Level schwingen. Dann bist du wieder wegen irgendetwas enttäuscht. Die Täuschung hört auf, denn kein Leben gleicht dem anderen. Nichts muss, alles darf. Wer die Vielfalt ablehnt, wird meistens von der Vielfalt der Charaktere immer wieder erschlagen, damit konfrontiert."

Sarinah: „Heißt das, du brauchst in der Welt nicht gegen deine Mitmenschen anzugehen? Es gibt die göttliche Ordnung, selbst ein Stein liegt genau richtig, so, wie er liegt? Wenn du darüber fällst, ist das dein Thema? Doch der Stein kann nichts dafür? Wenn du in dir ruhst, bist du im Zentrum, und die Stürme um dich herum bringen dich nicht mehr zum Straucheln?"

Erzengel Michael: „Genau, so ist es. Du hast es auf den Punkt gebracht, Sarinah. Jeder Mensch trägt einen Safe in sich, wobei sich manch einer geschworen hat, den Inhalt niemandem mehr zu zeigen. Aber genau diese gelebten Erfahrungen sind Schätze und wertvoll. Wenn du deinen Safe, dein Herz, ehrlich öffnest, wirst du nicht verstoßen, sondern geliebt."

Sarinah: „In mir trage ich also einen Safe, in den alle Gefühle und „Gräueltaten" eingeschlossen sind, die sich im Außen, am anderen Ende, offensichtlich in der Welt zeigen. Ich aber sage: Das hat mit mir nichts zu tun, denn ich bin ein guter Mensch. Ich morde nicht, stehle nicht, lüge nicht, betrüge nicht.

Ich lüge nicht, habe mich selbst aber belogen. Ich vergewaltige nicht, wurde auch nicht vergewaltigt, aber ich habe mir diese Gewalt selbst angetan, weil ich etwas mit mir habe machen lassen, was ich nicht wollte.

Die eigene Verantwortung ist der Schlüssel zum Safe, oder? Wir sind unsere eigenen Schöpfer. Es kann mir im Leben nie etwas passieren, wozu ich keine Gedanken habe, ob es mir bewusst ist oder nicht. Es lebt jeder in seiner eigenen, selbsterschaffenen Welt. Dabei kann ich aber nicht erkennen, dass in meinem Safe alle diese Erfahrungen und Gefühle gebunkert sind. Wenn der Friede und die Aussöhnung in mir nicht stattfinden, kann das auch nicht im großen Außen geschehen."

Erzengel Michael: „Das ist stimmig, Sarinah. Eigentlich ist jeder sein eigener Ankläger und Richter. Jeder möchte so angenommen werden, wie er ist. Doch es ist das Schwierigste, was es gibt, denn man entdeckt oft im Kontakt mit anderen Seiten, die man bei sich nicht sieht oder noch nicht sehen kann (möchte)."

Sarinah: „Dann geht man sofort ins Urteil oder zieht sich beleidigt zurück, was ja zuerst auch ein UR-Teil ist. Man versteht den anderen nicht, bis man es bei sich selbst entdeckt hat. Dann kann man die Liebe für den anderen wieder empfinden und versteht seinen/ihren Liebesdienst.

Je „spiritueller" die Menschen manchmal sind, das heißt, wenn sie sich hauptsächlich mit dieser Materie beschäftigen, was aber noch nicht heißt, dass sie es auch leben, umso mehr geht das „Kämpfen" los. Das Darüber-Stellen, der Tunnelblick, der dann entsteht. Der spirituelle Machtkampf."

Erzengel Michael: „Oft meinen die Lichtarbeiter, wenn sie „normalen" Menschen begegnen, dass sie das Thema, das gerade gespiegelt wird, nicht mehr haben. Doch warum begegnet ihnen dieser Mann/diese Frau dann? Zufall?

Es ist der Hochmut, der sich hier einschleicht. Die „anderen" haben ja keine Ahnung vom Erwachen, Aufstieg, was auch immer. Oder sie channeln nicht oder lesen keine Lektüre darüber, sind zu alt zu krank usw. Man UR-teilt, teilt die Menschen schon wieder in Schubladen: weit oder nicht so weit; der versteht mich, der versteht mich nicht; der mag mich, der hat mich noch nie gemocht; den finde ich toll, den anderen mag ich nicht so usw."

Sarinah: „Man lebt die Trennung, weil ein Gefühl sich meldet, leise anklopft, das man schon einmal erlebt hat. Was man aber nie wieder spüren oder erfahren möchte. Und sofort verbindet man es mit diesem Menschen und UR-teilt über ihn. Eigentlich ein Schutzmechanismus, der hier sofort greift."

Erzengel Michael: „Dieser Mensch hat sich jedoch nur aus LIEBE nochmals zur Verfügung gestellt. Damit diese Emotion wieder entsteht, man sie wahrnehmen und sie sich dadurch ins Licht wenden kann."

Sarinah: „Mensch, erkenne dich selbst, erkenne deine Schattenseiten, und siehe da: Es werde Licht in mir, und es kommt eine große Liebe zum Vorschein. Erst für mich und dann für den anderen, der so nervt usw. Die Schatten halten die Liebe erst einmal unter Hass, Streit, Eifersucht, Neid, Ungeliebt-Sein, Rechthaben-Wollen, Kleinlichkeit, Mangeldenken, Unsicherheit usw."

Erzengel Michael: „Ja, Sarinah, so lange, bis sich der Deckel (Schleier) lüftet, weil du ihn wegnimmst. Dem Schatten ins Gesicht schauen heißt die Devise, ihn beleuchten, belichten. Und schon strömt darunter die heiß und innig vermisste Liebe hervor, die man beim anderen nicht fühlen konnte."

Sarinah: „Wie auch? Der andere hält ja nur einen Spiegel vor und sagt: „Schau du hinein, ich hab schon alles gesehen, du bist dran.
Danke von Herzen, Erzengel Michael, für das Beleuchten der Hintergründe."

Erzengel Michael: „Es ist mir eine Ehre, Sarinah, mit dir und den Lesern zu sprechen.

Wenn ihr wüsstet, wie sehr ich euch liebe, wie sehr…

Euer Erzengel Michael."

Erzengel Uriel: Selbstermächtigung

„Solange die Erde sich in ihrer sicheren Achse bewegt, ist alles in Ordnung. So ist es auch bei den Menschen: Wenn sie ihre Gewohnheiten behalten dürfen, ist für sie alles ok. Das ist allerdings trügerisch, denn die alten Gewohnheiten die nicht guttun, sind nicht die Achse, um die sich das private Leben dreht. Es ist vielmehr so, dass beschwerliche Lebensmuster für die Betroffenen ein Gefängnis sein können, denn ihre Welt dreht sich um das „eigene" Zentrum, das ICH. Doch die Seele wird dabei meistens völlig vergessen. Die Person, die zum Beispiel süchtig nach sportlicher Aktivität ist, wird sich mit dem Körper identifizieren, nicht mit ihrer Seele.

Wer von dem Spiel der selbsterzeugten Stürme genug hat, wird sich auf die Suche nach der Sonne begeben. Die Sonne im Herzen und das Strahlen im Außen sind der erste Grundstein zum sicheren, sturmfesten Heim. Danach sehnt sich jeder: Im eigenen Körper sicher zu sein. Keine Angst haben zu müssen vor Krankheiten, Überfällen, dem Älterwerden, dem Verlust der Eigenständigkeit, der Stabilität und vielem mehr.

Ein sicheres Haus tragen die Erdenbürger von Geburt an mit sich: ihren Körper. Allerdings kommt es irgendwann zum Abbruch. Viele verlieren den liebenden Kontakt zu ihrem Haus. Sie beginnen, an ihrem Körper herumzumäkeln oder machen ihn anfällig für Krankheiten. Extremdiäten, Fastfood, Medikamentenmissbrauch, Suchtverhalten, dogmatisches Denken über das Älterwerden – das alles bringt unter anderem das menschliche Sein in Gefahr, krank zu werden.

Ich bin nicht schön genug! Ich entspreche nicht dem Schlankheitsideal! Ich bin zu klein, zu groß, meine Zähne sind schief, meine Haare zu dünn! Ich sehe alt aus, zu dick usw.

So geschieht genau das, was die Betroffenen eigentlich nicht möchten: Sie reißen das Grundgerüst ihres Hauses ein, das Fundament. Das Fundament – die Liebe und die bedingungslose Annahme des eigenen physischen Seins.

Wenn das Fundament fehlt, sind der Körper und die Psyche in Gefahr, einzustürzen, also krank zu werden."

Sarinah: „Aber wer das Haus baufällig gemacht hat, der kann es doch wieder restaurieren, oder?"

„Das ist der Dreh- und Angelpunkt. Die meisten Menschen trauen sich nicht an die Selbstheilung. Sie übergeben diesen Part der Medizin den zuständigen Ärzten, und damit geben sie ihre Eigenverantwortung ab. Das ist der gängige Weg, und der hat seine Berechtigung. Dem wollen wir nicht widersprechen.

Doch je klarer dein Bewusstsein, desto mehr wirst du spüren, dass du vom Licht der Schöpfung nicht nur ernährt, sondern so, wie du es genannt hast, auch restauriert wirst. Wer sich verkörpert in Himmelsdimensionen aufhalten kann, der darf auch die Vorzüge des Himmels genießen.

Die Lichtträger switchen hin und her, sie wechseln die Dimensionen wie ihre Schuhe. Das ist gut so, denn dazu braucht man einen festen Willen und Vertrauen in die eigenen und die Kräfte der himmlischen Helfer.

Uns geistigen Mentoren wird nicht selten schwindelig, wenn wir euch zusehen, wie ihr vom Höhenflug in den Normalzustand wechselt. Denn durch dieses Hin-und-Her-Surfen auf den Wellen der aufsteigenden Erde und der Geistigen Welt seid ihr zu Profis geworden, was den Druckausgleich angeht.

Du meisterst in der Regel dein Leben gut, auch wenn du jetzt anderer Meinung bist. Ich, Erzengel Uriel, finde – ja du, der/die du dieses Buch liest: Respekt, liebe Erdenseele, du hast dein Sein gut im Griff.

Gerade dann, wenn sich etwas schwer und zäh anfühlt, wenn du krank bist oder antriebslos, was auch immer du bemängelst an deinem Sein, ist das die Garantie dafür, dass du etwas verändern kannst. Und glaube mir, du kannst immer eine Verbesserung herbeiführen, immer! Wer ein Haus abgetragen hat, kann es auch wieder aufbauen. Nur wenn du dich in deinen alten Schuhen nicht mehr gut fühlst, wirst du losgehen und nach neuen Schuhen Ausschau halten.

Wer glücklich ist mit dem, was er hat, wird zwar zufrieden sein, aber der Drang nach Selbstmeisterung, Selbstermächtigung ist hier meistens nicht so groß. Zufriedenheit kann auch Behäbigkeit auslösen, und womöglich sitzt du dann fest – im schönen Heim mit den vielen tollen Möbeln, trendigen Kleidern, Schuhen und Handtaschen, der supermodernen Küche –, und du sitzt in deinem Körper fest.

Was das ist, wenn man in seinem Körper festsitzt? Nun, das geschieht, wenn ihr das Haus, in dem die Seele lebt, so ausgepolstert habt, dass es euch schwer macht. Oder ihr habt das Heim abgespeckt, alles rigoros rausgeworfen, was euch nicht kompatibel erscheint. Ihr habt den Leib, also euer Haus, nach dem scheinbaren Ideal, der gängigen Schönheit, geformt. Oder ihr habt psychisch eine Mauer hochgezogen, euer Haus so sehr infrage gestellt, dass ihr krank geworden seid. So oder so kann es sich anfühlen wie in einem Gefängnis.

Die Selbstzufriedenheit, von der ich gesprochen habe, ist so lange gut, wie du dich dabei bewegst, weiterentwickelst. Sobald Stillstand entsteht, wird der Wind, der um das Haus bläst, rauer. Niemand ist eine Insel, ihr Lieben! Ihr seid nicht nur auf der Erde, um es euch selbst gemütlich und schön zu machen, ihr seid vielmehr hier, um auch anderen zu helfen, indem ihr euren Seelenvertrag erfüllt, andere glücklich, gesund macht und somit auch euch selbst. Ihr seid hier, um dafür zu sorgen, dass eure Mitmenschen auch ein Dach über dem Kopf haben. Dass sie durch euer Beispiel des „Handels" in die Selbstermächtigung gehen können.

Der typische Satz eines selbstzufriedenen, spirituellen Lichtarbeiters ist: „Ich habe alles richtig gemacht." Es gibt kein Richtig oder Falsch, denn es geht nur darum, sich im Spiegel seiner Familie, Freunde und Mitmenschen zu reflektieren, zu erkennen. Was hat das Verhalten meines Gegenübers mit mir zu tun? Das ist leicht, wenn dir gefällt, was du im Spiegel siehst. Sicherlich ist es nicht leicht, das, was dir missfällt, am Verhalten deiner Freunde als etwas anzunehmen, was auch mit dir zu tun hat. Doch was dir missfällt, worüber du dich aufregst, ist es wert, dass du hinschaust. Ja, wertvoll, denn es hat auch etwas mit dir zu tun."

Sarinah: „Warum denn so streng, Erzengel Uriel? Die Menschen machen es sich doch nicht bewusst schwer. Sie geraten irgendwann in die Mühle der Alltäglichkeiten und finden nicht mehr heraus."

„Oh, ich bin keineswegs streng, Sarinah. Ich kann gut nachfühlen, wie es den Menschen geht. Doch helfen kann ich euch nur, wenn ihr auf mich und meine Worte aufmerksam werdet. Resonanz ist mir in dem Fall wichtig, auch auf die Gefahr hin, dass manch einer sagt: Dieser Erzengel Uriel ist nicht ganz koscher. ☺

Wenn das Gelesene so sanft daherkommt wie ein Liebesroman, ist das zwar angenehm, doch davon wird niemand wach.

Das Umsetzen der Lösungen ist ohnehin eine „Tu es selbst"-Aufgabe. Aber den Weg dahin kann ich euch zeigen. Vor zehn Jahren hatten die Leute noch ewig Zeit für das lichtvolle Umsetzen ihrer Lebensthemen, doch heute trägt euch die Erde in einer rasanten Geschwindigkeit hoch. Da bläst euch der Wind der Schwingungserhöhung alles um die Ohren, was euch nicht guttut. Das ist ok, so könnt ihr euer Leben schneller entrümpeln. Verzeiht mir diesen Ausdruck, doch er ist passend.

Nichts muss, alles darf sein, denn die Wege zum bewussten Dasein, dem perfekten Heim eurer Seele, sind vielfältig. Viele Wege führen nach Rom.

Wie immer gilt es, den goldenen Mittelweg für sich herauszufinden. Der goldene Mittelweg zum bewussten Dasein kann ein Ehrenamt sein. Oder die Meditation, Yoga, der Aufenthalt in der Natur. Das Lesen eines Buches, das dich weiterbringt, usw.

Es geht darum, dir bewusst zu sein, dass **du** der Architekt, Bauherr, Programmierer deines Lebens bist.

Am Computer ist das Umsetzen sicher ganz einfach. Aber die Selbstermächtigung ist dein spiritueller Computer. Wenn dieses Programm erst einmal läuft, ist dein Leben leichter. Du kannst wegklicken, was du nicht leben willst, und bist jederzeit bestens geschützt, ohne dass du dafür die Macht abgeben musst.

Respekt, liebe Leserinnen und Leser, das Leben an sich ist wahrlich eine Herausforderung. Wenn es um das Handeln geht, das Tun, dann ist das Lösungswort: Die Macht deines SELBST.

Es segnet euch bis gleich,
Erzengel Uriel."

Erzengel Michael: Das Wiegen der Liebe

„Die ursprünglichste aller Bewegungen ist das Wiegen, wenn ihr euch körperlich liebt. Nun, hierfür gibt es viele Ausdrücke, doch die Pärchen haben nicht selten ein eigenes Kodewort für den Liebesakt. Ein Wort, das nur ihnen gehört, im Idealfall nur von ihnen verstanden wird.

Ich, Erzengel Michael, möchte hier den spirituellen Sinn von der „schönsten Sache der Welt" beleuchten. Wer sich hier fragt: Was hat dieses Thema in einem spirituellen Buch zu suchen?, der stellt diese Frage durchaus berechtigt. Die Menschen sind nicht daran gewöhnt, dass Engel auch über sinnliche Themen sprechen."

Sarinah: „Ich bin mittlerweile daran gewöhnt, dass ihr auch sehr private Bereiche des Lebens hinterleuchtet. Es geht darum, zu verstehen, dass in allem ein tieferer Sinn steckt, stimmt´s?"

Erzengel Michael: „Nicht nur das, Sarinah. Es geht in diesen Interviews besonders um das Verständnis für den eigenen Körper. Und es geht um Integration.

Bei der Vereinigung, die in Liebe geschieht, gibt es einen Augenblick, in dem ihr so in eurer Mitte seid, dass es eine kurze Verschmelzung gibt mit dem, was ihr Himmel nennt. Außerdem habe ich den Begriff Integration erwähnt, denn wer sich so bedingungslos lieben kann, wird erlöst sein vom leidigen Zustand der Separation. Das sinnliche Spiel mit der Lust wird einen anhaltenden, dynamischen Prozess auslösen. Dieser gipfelt in der Integration mit denen, die schon so lange auf euch warten."

Sarinah: „Was? Sex hebt den Vorhang zur Geistigen Welt komplett auf? Ist es das, was du damit sagen willst? Irgendwie habe ich das Gefühl, du schleichst dich heute ganz zart an das Thema heran, über das du eigentlich sprechen wolltest."

Erzengel Michael lacht. „Sarinah, ich habe von der Vereinigung in der bedingungslosen Liebe gesprochen, nicht von Sex. Du kennst mich mittlerweile gut, und ich kenne dich. Also stell die Frage ruhig, die du in dir hast."

Sarinah: „Du hast angedeutet, dass es nicht viel Bewegung braucht, wenn sich Pärchen lieben, und von der spirituellen Bedeutung des Wiegens gesprochen. Was meinst du damit, Erzengel Michael?"

Erzengel Michael: „Ich wollte damit andeuten, dass sich dadurch, dass ihr immer feinstofflicher, kristalliner, immer mehr zu Licht werdet, sich auch das Verhalten im privatesten aller Bereiche ändern kann. Kann, muss aber nicht. Auch der verkörperte Aufstieg ist individuell. Doch um wahre Befreiung zu finden, ist es nicht nötig, sich zu verausgaben.

Nun, ich vergleiche den Liebesakt immer gerne mit dem Schwimmen. Nur wer mit dem Wasser eins geworden ist, keine Furcht mehr hat zu ertrinken, sich treiben lassen kann, seine Körperreaktionen gut kennt und vertraut, der wird zu einem guten Schwimmer. Ein guter Schwimmer kann sich ohne Angst ins Wasser sinken lassen, denn er weiß, er wird gehalten. Selbst wenn er kurzzeitig untergeht, weiß er doch, er kommt wieder hoch. Er kennt seinen Körper und macht intuitiv genau die Bewegungen, die nötig sind, um getragen zu werden und mit den Wellen EINS zu sein.

Der spirituelle Sinn von Bewegung, wenn ihr miteinander in Liebe verschmelzt, ist unter anderem die Integration von besonders viel Licht in euren Zellen.

So, wie sich das Wasser an eure Haut schmiegt, wenn ihr badet, so werdet ihr vom Licht umarmt, wenn ihr Liebe macht. Das Wiegen der Liebe ist eine der ursprünglichsten aller Zellverschmelzungen. Es geht dabei natürlich auch um Energieangleichung, die Harmonisierung mit eurem Partner. Aber der spirituelle Sinn ist die intensive Verschmelzung mit dem, was IST, dem Licht der Schöpfung."

Sarinah: „Also, wenn ein Liebespärchen Verkehr hat, dann dient das auch seiner spirituellen Entwicklung? Das ist aber nicht neu, Erzengel Michael. Irgendwie habe ich immer noch das Gefühl, als wenn du um den heißen Brei herumschleichen würdest."

Erzengel Michael: „Du bringst mich zum Lachen, Sarinah. Die Betonung liegt auf Liebespärchen. Der rein mechanische Akt bringt euch nicht in die Gefilde des Lichts. Dann seid ihr nicht im Fließen, sondern das ist eher Kopfarbeit. Dabei ist der Verstand es, die Gier auf schnelle Lusterfüllung, die Befriedigungs-Macht, was euch steuert, wenn es nur um Sex geht. Liebe möchte fließen, sich entfalten, und nicht zur Genugtuung benutzt werden.
Der lichtvolle Liebesakt ist kein Wettbewerb, sondern ein Gefühl der vollkommenen Losgelöstheit. Ein Fest der Sinne! Eine Möglichkeit, sich vertrauensvoll fallenzulassen. Wenn das nicht möglich ist, ist der sexuelle Akt nichts anderes als Reibung, also Arbeit.

Die Wiege der Menschheit, das Erste, was ein Fötus im Mutterleib mitbekommt, ist das sanfte Wiegen. Er schwimmt im Fruchtwasser, das ihn nährt, beschützt und wärmt. Er fühlt so die Bewegungen der Mutter, wird geschaukelt und ist dadurch innig mit seiner Mutter verbunden. Das ist der Weg, der euch gut bekannt ist.

Es ist das Nonplusultra, wenn du dich im Liebesspiel so fallenlassen kannst, dass du das Gefühl hast: So innig war ich noch mit niemandem verbunden, ich konnte dadurch sogar meine Sorgen loslassen. Oder, Sarinah?"

Sarinah: „Da muss doch noch mehr sein. Die Essenz fehlt noch. Ich weiß es, ich komme aber nicht darauf. Mir fällt nur der Satz ein: Wie im Kleinen, so im Großen. Die Bewegung im Liebesspiel löst bei uns etwas aus wie das Rufen nach Vollendung, nach Ganzheit, nach Hause zu kommen. Ist es das?"

Erzengel Michael: „Genau, da euer Leib immer lichtvoller wird, ist auch das Rufen intensiver geworden. Es ist wichtig, dass dieses innerliche Vibrieren, der Klang der Erfüllung, gehört und gelebt wird. Wie auch immer, ob in der Partnerschaft oder mit euch selbst: Dieser sehnsüchtige Ruf nach der Vereinigung mit dem, was IST, wird immer lauter werden, sodass ihr nicht anders könnt, als dem Ruf zu folgen."

Sarinah: „Was machen denn die Singles?"

Erzengel Michael: „Wer den Liebesakt wählt, um zum Selbst-Meister zu werden, geht diesen Weg meistens über die Partnerschaft. Diese intensive Erfahrung der Vereinigung mit der Quelle alles Seins kann auch gelebt werden, indem man sich selbst kennenlernt, sich selbst liebhat. Das kann auch beim Kochen, Malen, Schreiben, Lesen, Musizieren usw. sein. Indem du Dinge tust, die dein Herz singen lassen.

Der Mensch ist an sich nicht geschaffen, um ganz alleine zu sein. Die Dualität ist etwas, was die Erdenbürger selbst erfahren wollten. Ihr wolltet aber auch erfahren, wie es ist, wenn man Trennung im Leben erfährt. Das Verlassen-Sein, das Alleinsein, und im Gegenzug, wie ihr dieses heilen und aufheben könnt.

Ab einer gewissen Phase des Bewusstseins gibt es keine Trennung mehr. Dann wird euch klar, dass ihr die Illusion der Spaltung selbst erzeugt habt. Ihr habt es erzeugt durch das (Er) Leben der Dualität, das Vergessen. Aus dem Allein-Sein wird das ALL-EIN-SEIN.

Die Nabelschnur zur Geistigen Welt kann nicht getrennt werden. Auch und gerade nicht durch den Tod und den Verlust des Körpers. Für den Fötus ist die Nabelschnur die Versorgung. Später meint ihr, eure Nabelschnur wäre der Arbeitgeber, der euch versorgt, die Rente, das Geld. Das ist aber ein Irrtum, denn die wahre Nabelschnur, die wichtigste aller Verbindungen, ist das BEWUSST-SEIN. Das ist die Leitung zur geistigen Heimat."

Sarinah: „Bevor ich mir meiner Selbst nicht bewusst bin, suche ich im anderen die Teile, die ich bei mir vermisse. Im Mangelbewusstsein kann ich auch in der Vereinigung nicht die Erfüllung finden. Da wird es immer zu Missverständnissen kommen."

Erzengel Michael: „Ja, Sarinah. Ein anderer kann dich nicht füttern, bevor du selbst nicht weißt, worauf du Hunger hast.

Wenn zwei sich im süßen Spiel der Liebe wiegen, geschieht eine Zentrierung. Dann verschwimmen alle Grenzen, dann seid ihr EINS. Es gibt kein Dein und Mein mehr, sondern es geht um das gemeinschaftliche Rufen der sinnlichen Lust.

Bei der Vollkommenheit, wenn ihr den Höhepunkt anstrebt, wird eine Energie freigesetzt, die so intensiv ist, dass sie euch, wenn ihr es zulasst, in die ursprünglichste aller Erfahrungen hineinkatapultiert. Die vollkommene, bedingungslose, tiefe Verbindung mit der Mutter, die euch trägt. Die Wiege der Menschheit ist die Erde, und der Himmel ist das Zelt.

So werdet ihr immer intensiver das Gefühl der Integration, der Vollkommenheit spüren, nicht nur beim süßen Spiel der Liebe. Auch die Bewegung, wenn sich das Bewusstsein weitet, hat etwas sehr Sinnliches an sich.

Wer sein Bewusstsein klärt, also lebendig zur Quelle zurückkehrt, wird getragen sein von dieser Schaukelbewegung, die euch immer mehr in den Himmel hineinhebt.

Das Wiegen der Liebe ist also etwas, was euch spirituell erhellt, klärt und auch verbindet. Und zwar mit dem innigen Wunsch, den die meisten Menschen haben: dem Wunsch nach dem Himmel auf Erden, nach dem Angekommen-Sein, nach dem EINS-Sein."

Sarinah: „Danke von Herzen, Erzengel Michael."

Erzengel Michael: „Danke für dein Vertrauen. Ich liebe euch alle so sehr."

☆☆☆

Erzengel Haniel: Ratssitzung –
Unendliche Liebe, wo bist du nur?

Erzengel Haniel:

In einer unserer Sitzungen, bei denen auch Botschafter des Lichts von der Erde anwesend waren, ging es um die Sehnsucht der Menschen nach Harmonie und unendlicher Liebe.

Dabei entstand ein Dialog, der lebendig und teilweise auch lustig war, dass ich darum gebeten habe, diese Aufzeichnung der Sitzung hier wiedergeben zu dürfen.

Nun, ehrlich gesagt, habe ich Sarinah ein wenig überzeugen müssen, denn sie war der Meinung, dass dieser Mitschnitt nicht an die Öffentlichkeit sollte. Aber es geht auch um gelebte Beispiele. Gerade das ist es, was es den Menschen leichter machen kann, das Gelesene in ihr Leben zu integrieren. Also, wohlan, öffnen wir das Tor für diese Ratssitzung:

Sarinah:

Ich hatte dieses Mal nicht daran gedacht, dass eine Sitzung einberufen worden sein könnte. Die geistigen Mentoren rufen oft ganz spontan zum Gespräch. Das habe ich häufig erlebt. Aber meistens kann ich diesen Ruf vorher spüren. Doch was heute passiert ist, darüber schüttele ich immer noch erstaunt den Kopf.

Als ich am Nachmittag die Energie vom Erdenengel Harry wahrnahm, war ich verwundert, denn zu dieser Tageszeit hatte er sich noch nie gemeldet.

„Kommst du mit mir? Vertraust du mir?", fragte mich Harry mit leiser Stimme.

Ich war überrascht, da ich gerade mit irdischen Dingen beschäftigt war und keineswegs mit Bewusstsein. So empfand ich es zumindest. Trotzdem konnte ich Harry sofort wahrnehmen.

Harry sah mich eine Weile tiefgründig an, dann flüsterte er: „Ich weiß, wer du in Wahrhaftigkeit bist. Ich weiß es." Dann nahm er einfach meine Hand und zog mich ganz nah an sich heran, sodass sich unsere Wangen berührten.

Schon standen wir in dem Saal, in dem schon viele Ratssitzungen stattgefunden hatten.

„Wie hast du das jetzt gemacht?", fragte ich Harry. Er blickte mich nur augenzwinkernd an und antwortete: „Das bleibt mein Geheimnis."

Marix kam mit eiligen Schritten durch die Tür. Er war etwas spät dran, das machte ihm aber nichts aus. Beeilt hatte er sich nur, weil er wusste, dass Sarinah auf ihn warten würde. Aber als er nach dem Begrüßungsritual endlich an ihrem Platz ankam, war dieser leer. „Wo ist sie denn? Aha!", entfuhr es Marix, denn er sah, dass Harry und Sarinah bei Erzengel Michael und Erzengel Uriel standen und sich so angeregt unterhielten, dass sie ihn nicht bemerkten.

Marix stand mit verschränkten Armen da und konnte nicht glauben, was er dort sah. Harry hatte seine Hand um Sarinahs Taille gelegt und streichelte sie, als wäre es die selbstverständlichste Sache der Welt. Marix hatte genug gesehen. Er spurtete los und quetschte sich einfach zwischen Harry und Sarinah. „So! Jetzt bin ICH da!", rief er in die Runde.

Erzengel Michael klopfte Marix beruhigend auf den Rücken. „Gemach, gemach, du Jungspund. Wer wird denn gleich so stürmisch sein?"

Erzengel Michael zog Harry zur Seite, indem er seine Hand

nahm. So gingen die beiden zum Podium, wo Harry die Begrüßungsworte sprach. Erzengel Michael stand lächelnd daneben. Er sah, dass Harry vergessen hatte, sein Haar zu bürsten. Dabei sinnierte Erzengel Michael darüber nach, warum den Menschen ein perfektes Äußeres so wichtig war, wobei sie doch mit ein paar scheinbaren Macken umso sympathischer wirkten.

Während Erzengel Michael neben Harry stand und ihn liebevoll betrachtete, hörte er plötzlich, wie die Eingangstür mit einem lauten Knall ins Schloss fiel.

Alle Augen richteten sich sofort in die Richtung, woher das laute Geräusch kam. Und nun hörte man, wie Marix und Sarinah lautstark diskutierten. „ICH bin dein Mann! Wie kannst du nur?", hörte man Marix zetern. „Du spinnst wohl!", rief Sarinah voller Zorn. „Es ist doch nichts passiert. Was bildest du dir bloß ein?", schleuderte sie Marix entgegen.

Währenddessen gab Erzengel Michael dem erschrockenen Harry ein Zeichen, dass er die Sitzung eröffnen könnte. Dann sprang Michael die Stufen des Podiums herunter und wurde dabei von Erzengel Uriel gestoppt. Dieser hielt seinen Freund am Ärmel fest und sagte: „Lass mich das machen. Diese Hitzköpfe. Ich kühle sie schon wieder ab."

Erzengel Uriel war ein wenig belustigt, denn normalerweise benahmen sich die Erdenbotschafter bei diesen Zusammentreffen wahrlich vorbildlich, fast engelhaft. Jedoch kam es nicht selten vor, dass die Freunde aus dem Himmel über die Stränge schlugen.

„Heute haben wir sie aus der Reserve gelockt", dachte sich Erzengel Uriel, als er bei Harry und Sarinah ankam. Marix zeterte immer noch, und er hörte sich dabei gerade an wie eine eifersüchtige Ehefrau.

„Kommt, beruhigt euch", sprach Erzengel Uriel beschwichtigend, indem er die beiden einfach vor sich her in den Saal schob, wo sie sich dann nachdenklich auf ihre Plätze begaben.

Es waren anwesend: die Erzengel Haniel, Uriel und Michael, Lady Portia, Erdenengel Harry, Marix und Sarinah.

„Eure Diskussion kommt gerade recht", resümierte Erzengel Haniel. Jetzt saßen endlich alle Teilnehmer auf ihren Plätzen. „Ich beobachte das oft bei den Menschen. Sie scheinen in Sachen Kommunikation nicht immer auf einer Linie zu sein. Der eine sagt Nein, der andere macht daraus ein Ja. Nun, es ist eigentlich nicht wichtig, wer Recht hat. Es ist nur entscheidend, wie ihr damit umgeht, wenn der eine im Verhalten des anderen etwas sieht, was auf ihn echauffierend wirkt.

Ich bin der Meinung, dass nicht alles wirklich ausdiskutiert werden muss, denn dadurch verletzen sich die Menschen oft. Sie werfen mit Worten um sich, ohne zu bedenken, dass diese auch sehr verletzend sein können. Und wer wird gerufen, wenn es kracht und die Partner nicht mehr miteinander reden können? Ja, wir Engel! Darum bin ich der Auffassung, dass wir einschreiten sollten, bevor ein Streit eskaliert. Wie im Kleinen, so im Großen. Ich denke dabei auch an all die dunkle Macht, die auf der Erde immer wieder etwas erzwingen will, indem sie sich in ihrer brutalen Form im Außen zeigt."

„Ich weiß, was du damit andeuten willst, Haniel", erwiderte Erzengel Uriel. „Du möchtest, dass wir zum Schöpfer gehen und darum bitten, er möge einen Erlass herausgeben, der uns befähigt, der Erde zu helfen und das Dunkle zu transformieren. Die letzten Schurken wehren sich, sie wollen einfach nicht aufgeben. Sie halten die brutalen Dualitätsspiele aufrecht, obwohl dafür nicht mal mehr ein Energieraum besteht. Um ehrlich zu sein, wundert es mich nicht, dass bei den Erdenbürgern manchmal die Nerven blank liegen, denn sie müssen sich mit Dingen auseinandersetzen, die sie laut Seelenplan zu diesem Zeitpunkt eigentlich nicht mehr erfahren wollten."

„Ist das der Grund für die privaten Auseinandersetzungen? Dass die Energie des Streits immer noch auf der Erde ist, weil es auch im Großen als kriegerische Eskalation gelebt wird?", fragte Sarinah.

„Nun ja, es ist eigentlich umgekehrt, Sarinah. Die großen politischen, wirtschaftlichen Auseinandersetzungen werden durch die vielen privaten Auseinandersetzungen geradezu genährt. Oder man könnte sagen: Das eine führt zum anderen", erwiderte Erzengel Michael. „Wenn der Energiepool vorhanden ist, weil sich ständig jemand aus diesem Wasser der Unausgewogenheit bedient, führt das dazu, dass der ersehnte Frieden immer wieder vom einsetzenden Regen weggeschwemmt wird. Der wird dabei meistens von stürmischen Auseinandersetzungen begleitet. Das mit dem Regen ist nur eine Metapher, die verdeutlichen soll, dass die Menschen es selbst in der Hand haben, was auf der Erde passiert.

Das Dunkle wird durch Fehden, Streit, Rache, Angriff und sogar über die kriegerischen Maßnahmen seitens der Verteidigung genährt. Wer jetzt sagt: Aber wir verteidigen uns ja bloß! Wir grenzen die brutale Gewalt ein, indem wir das Böse vernichten, wir schützen all die unschuldigen Menschen damit, nun, dem sage ich, Erzengel Michael: Du setzt damit den Grundstein für die nächste Eskalation, und so werden wieder unschuldige Menschen sterben. Der Kreislauf der Gewalt ist somit bestätigt, nicht unterbrochen. Du tötest das Dunkle nicht, sondern nährst es. Liebe ist die Antwort auf Gewalt, denn bedingungslose Liebe löst Hass auf. Wer seine Gegner, Feinde umarmt, ihnen die Hand reicht, und wenn es nur in Gedanken ist, der ist fähig, den ersehnten Frieden herbeizuführen. Die niedrigere Schwingung wird durch die lichtvollere Schwingung angehoben."

Lady Portia sah, wie Sarinah, Marix und Harry traurig dasaßen. Sie hörte die Gedanken der drei und sagte mitfühlend: „Es wird Zeit, dass ihr Frieden schließt. Gebt euch nicht gegenseitig die Schuld, denn das macht den Energiepool der Unausgewogenheit und Gewalt nicht leerer, sondern nur noch voller. Wenn ihr drei es schafft, liebevoll miteinander umzugehen, tut ihr sehr viel mehr für den Weltfrieden, als ihr denkt."

Lady Portia war so vertieft in ihre Worte, dass sie Sarinah, als Zeichen des Friedens das Ende ihres Zopfes gab anstatt ihre Hand. Sarinah nahm lächelnd das Haar von Lady Portia, als wäre es das Selbstverständlichste auf der Welt. Diese bemerkte ihre Verwechslung und fing an zu kichern.

Marix stand auf und setzte sich zu Harry. Dieser war so überrascht, dass er mit seinem Po ein wenig zur Seite rutschte, sodass er und Marix auf einem Stuhl Platz hatten.

Die Mienen der beiden hättet ihr sehen sollen. Der eine guckte so unschuldig, wie der andere erstaunt aussah. Lady Portia kicherte, stand auf und setzte sich zu Sarinah, indem sie diese einfach auf ihren Schoß zog. Jetzt war es mit der Fassung der Anwesenden vorbei. Das Lachen der Damen war so ansteckend, dass es eine Welle der totalen Ausgelassenheit mit sich brachte.

„Ich werde beim Schöpfer vorsprechen, damit er den nötigen Erlass herausgibt", sagte Erzengel Michael gerade noch. Dann sah er, wie die Erzengel Uriel und Haniel aufstanden und auf ihn zusteuerten.

„Hey, hey! Wer wird denn gleich… Oh! Ist das eure Antwort auf Eskalation?", rief Erzengel Michael.

☆ ☆

Es sah lustig aus, so, als würden die drei großen Erzengel miteinander kuscheln. Doch wie soll man das im Leben umsetzen? Mit dem Feind, dem „bösen" Nachbarn, lässt es sich schließlich nicht so leicht „in Liebe sein". Ich sinniere darüber, während ich wieder in meinem Garten bin. Wie soll man der/die umarmen können, der/die dir so wehgetan hat?

Da höre ich eine Stimme neben mir. „Du brauchst doch nicht sofort zu handeln. Setze es erst in deinen Gedanken um, dann fühle es, und dann wird die Umarmung sowieso Realität, wenn es so sein soll", höre ich Marix sagen.

Ich spüre, wie sich seine Hand in die meine schiebt. „Der Weg zum Weltfrieden beginnt immer beim Frieden in sich selbst. Der Aussöhnung mit dem, was in der Vergangenheit passiert ist, Sarinah. Das ist etwas, was nur eins braucht: die Vergebung. Warte nicht darauf, dass jemand seine bösen Taten eingesteht, sondern sei du es, die vergibt.

Wer vergeben kann, obwohl der andere noch immer schlimme Dinge tut, legt den Schleier der Gnade und Demut über die Gewalt, sodass diese schlussendlich nicht mehr um sich schlagen kann, sondern in Liebe umgewandelt wird.

Die unendliche Liebe ist dort versteckt, wo ihr sie am allerwenigsten vermutet hättet: Im Herzen eurer Gegner spiegelt sich eure unendliche Liebe wider."

Erzengel Gabriel: Missbrauch, eine tiefe Wunde

„Für viele Menschen ist dieses Wort mit Erinnerungen verbunden, die ihnen wehtun, denn sie wurden gegen ihren Willen zu einer Handlung gezwungen, die sie sehr verletzt hat.

Die Täter suggerieren den Kindern oder jungen Menschen, dass es ihr freier Wille ist. Dass sie womöglich selbst schuld sind an dem, was passiert ist, da sie freiwillig mitgemacht haben. Dass sie ihre Familie verlieren, in ein Heim müssen, wenn sie mit jemandem darüber sprechen.

Hier geht es um Macht! Derjenige, der missbraucht, fühlt sich stark, und je mehr er unterdrücken kann, umso machtvoller fühlt der Täter sich.

Viele betroffene Kinder schützen ihre Seele damit, indem sie den Missbrauch verschweigen und verdrängen. Nicht selten ist es der Fall, dass im Erwachsenenalter die Psyche der Betroffenen um Hilfe schreit, weil das, was schmerzvoll erlebt wurde, auf der Seele lastet. Der Schrei nach Hilfe ist oft so leise, dass erst einmal niemand von den nächsten Angehörigen oder Freunden diesen Hilferuf wahrnimmt. Nicht selten weiß nicht einmal das Opfer selbst, was genau die Gefühle von Wut und Traurigkeit auslöst.

Warum? Nun, manchmal passieren die Übergriffe in der frühen Kindheit. Oder aber der Verstand schützt sich, indem er die Erinnerung an den Missbrauch im Nebel des Vergessens verschwinden lässt.

Wir sprechen vom Opfer-Täter-Spiel. Nun ja, die Wortwahl ist bestimmt nicht glücklich gewählt, denn bei diesem Kapitel entsteht sicher Resonanz, und wenn das passiert, wird womöglich das Gelesene zum Feind.

Wir möchten hiermit betonen, dass uns vollkommen klar ist, dass diese Worte nicht ausdrücken können, wie viel Schmerz die Betroffenen fühlen. Wie sie durch die Hölle gehen und gegangen sind.

Wir fühlen mit euch, liebe Leserinnen und Leser, euer Schmerz ist unser Schmerz. Unser innigster Wunsch ist es daher, euch zu helfen, damit die Wunde sich schließen kann.

Heilung ist ein großes Wort. Wir vermeiden es, in dem Zusammenhang von Heilung zu sprechen, denn sicher haben diejenigen, die Missbrauch erlebt haben, das Gefühl, dass Heilung nur geschehen kann, wenn man die Vergangenheit ändern könnte oder der Täter für seine Tat sühnen muss.

Wir drücken damit unseren Respekt und unser Mitgefühl aus, möchten jedoch keineswegs andeuten, dass es für die erlittenen Misshandlungen überhaupt keine Heilung gibt.

Missbrauch, da ist das schreckliche Wort wieder, hat sehr viele Facetten und muss nicht immer mit sexueller Nötigung zu tun haben. Alles, was dir so wehtut, dass du es nicht vergessen kannst, was dich auch später noch belastet, wozu du gezwungen wurdest und du es nur zugelassen hast, weil du keinen anderen Ausweg sahst, kann man als Nötigung bezeichnen.

Wer sich zum Beispiel bedroht fühlte durch jemanden, der wortreich argumentieren konnte. Wer sich gegen seinen Willen für etwas entscheiden musste, weil man ihm keine Wahl ließ. Auch das sind Formen von Nötigung. Nicht nur der körperliche Missbrauch, auch sprachliche Überlagerung und Manipulation der Psyche sind Facetten von Misshandlung.

Wer sein Bewusstsein klärt, wird automatisch an alle wunden Stellen erinnert werden, die im Körper-, Geist- und Seelensystem vor sich hinbluten.

Ja, unsere Ausdrucksweise ist absichtlich drastisch, weil wir möchten, dass keine Missverständnisse entstehen.

Manchmal muss man das Kind beim Namen nennen, um Resonanz auszulösen. Wer sich angesprochen fühlt, hat dazu Gefühle, und das wiederum ist ein Glück, denn nur wer etwas empfindet, kann eine Verbesserung zulassen. Manchmal haben sich die Menschen durch das erlittene Leid so verschlossen, dass sie sich selbst nicht mehr fühlen. Dafür unser tiefstes Mitgefühl, denn wir geistigen Mentoren wissen, wie sehr diese tiefe Wunde der Misshandlung schmerzen kann.

Gerne würden wir euch die erlittene Schmach einfach wegzaubern. Gerne würden wir euch, einfach so, mit Fingerschnipsen, loslösen vom erfahrenen Leid. Doch das dürfen wir nicht. Damit würden wir euch womöglich gefühlstaub machen, sodass die Opfer sogar zu Tätern werden könnten.

Warum? Wer seinen Mitmenschen etwas antut und kein Gespür dafür hat, wie diese leiden, wer kein Gewissen und kein Rechtsempfinden hat, der wird nur allzu leicht zum Täter, meint ihr nicht auch? Und würden wir eure erlittene Schmach sofort heilen, hättet ihr womöglich keine Erinnerung, wie weh es euch getan hat. Und da das erlebte Unglück nicht selten in die Lebensaufgabe führt, würden wir euch durch das Löschen dieser Erinnerung mehr schaden als nutzen.

Dann wären da noch die Seelenabsprachen. Ihr seid die Regisseure eures Lebens. Sarinah sagte einmal zu mir: „Wer würde sich schon selbst so bestrafen, indem die Seele den Missbrauch im Seelenplan verankert. Warum planen die Seelen ihr Leben nicht einfach nur himmelblau und rosa? Warum tun wir uns das an?"

Auf die Frage „Warum?" gibt es viele Antworten. Das Leben ist ein Lichtdienst, ihr löst freiwillig alte karmische Gegebenheiten auf. Und, vor allem, das erlittene Leid ist wie eine Schnellstraße, die euch geradewegs in eure Lebensaufgabe führen kann.

Um zu verdeutlichen, was wir damit meinen, meldet sich hier der Erdenengel Harry zu Wort.

Es segnet dich, dein Erzengel Gabriel.“

Der Erdenengel Harry

Harry war wieder einmal so verstrickt in seinen Berufsall-tag, dass ihm nicht auffiel, dass seine Kraft nachließ.

Er war es gewohnt, viele Dinge ohne Rücksicht auf sich zu erledigen. Harry tat viel für seine Mitbürger. Er mochte es, wenn er helfen konnte, und sein Amt führte er mit Liebe aus. Nun ja, manchmal war er auch frustriert, weil man ihn immer wieder blockierte. So fühlte es sich jedenfalls für Harry an. Er gab dann innerlich den anderen die Schuld für sein Ausgebrannt-Sein.

Doch an einem Abend, an dem auch Harrys Familie ihn nicht mit der Kraft versorgen konnte, die er brauchte, reflek-tierten ihm seine Lieben, dass er sich mehr um sich selbst küm-mern musste. Sie zogen es vor, ihr eigenes Ding zu machen. Das tat ihm in der Seele weh, denn seine Kinder zeigten ihm, dass sie ihn gerade nicht als ihren Mittelpunkt ansahen. Ver-ständlich, war er für sich selbst auch nicht der zentrale Punkt. Resonanzverhalten der anderen tut sehr weh, gerade dann, wenn man selbst dabei was zu lernen hat.

In dieser Nacht kamen die Erinnerungen an den Missbrauch wieder, den Harry erlebt hatte. Erst war es ein Traum, der ihn in den erlittenen Schmerz führte. Dann wachte er auf, weil ihm sein Körper wehtat. Er fühlte die körperliche Pein so real, als wäre er immer noch der kleine Junge.

Tagsüber setzte er seinen Verstand ein, und die beruflichen Herausforderungen machten es ihm leicht, davonzulaufen und nicht in sich hineinspüren zu müssen.

Harry hatte zwar viel um die Ohren, aber er hatte immer ein offenes Herz für diejenigen, die sich ihm anvertrauten. Sie erzählten ihm ihre Lebensgeschichte, und nicht selten kam es vor, dass ihm jemand vom eigenen erlittenen Missbrauch erzählte. Das brachte den Erdenengel dazu, seine amtliche Befugnis voll einzusetzen, um denen zu helfen, die so Schlimmes erlebt hatten.

Aber in dieser Nacht war der Erdenengel ganz allein. Er war zu müde, um aufzustehen und sich zu beschäftigen. Also blieb er einfach im Bett liegen und tat das einzig Richtige: Er ließ die Gefühle zu, er haderte nicht, sondern gab sich den Erinnerungen und Emotionen hin, die da hochkamen.

Es war sehr schmerzhaft, im wahrsten Sinn des Wortes. Jede Faser seines Körper-, Geist- und Seelensystems erinnerte ihn daran, was alles in seinem Leben passiert war.

Als der Erdenengel keine Kraft mehr hatte und die Müdigkeit ihm keine Linderung und keinen Schlaf brachte, rief er nach Madlen. Sie hatte ihm bislang immer helfen können.

Es dauerte nicht lange, und Harry spürte ihre wohltuende Anwesenheit. Er öffnete die Augen und rückte wortlos ein wenig zur Seite, damit sie sich zu ihm setzen konnte.

Sie verstand, was er brauchte, und legte ihre Hände auf die schmerzende Stelle seines Körpers. Harry fing an zu sprechen. Er erzählte Madlen all die Dinge, die ihm widerfahren waren.

Madlen hörte zu, und während er sprach, erlöste sie ihn von seiner Pein. Das war nur möglich, weil Harry die Tür zu seinen Verletzungen geöffnet hatte.

Im Tagesbewusstsein hatte er immer Angst, man könnte seine Schwäche ausnutzen. Oder es könnte durch das Öffnen seines inneren Kerns passieren, dass die alten Wunden wieder anfangen würden, zu bluten. Wer würde dann diese Blutung stoppen? Harry war tagsüber nicht sehr im Vertrauen zu sich selbst, daher vertraute er auch anderen nicht.

Aber zu dieser späten Stunde war es ihm möglich, sich ganz in ihre Hände fallenzulassen. Sie war schließlich ein Engel, und er wusste, sie würde alle Hebel in Bewegung setzen, um ihm zu helfen, ohne dafür etwas von ihm zu verlangen oder gar über ihn zu urteilen.

Der Erdenengel redete und redete, und seine Stimme wurde dabei immer leiser, bis er schließlich erschöpft einschlief.

Das, was wir euch hier schildern, geschieht bei vielen Menschen nachts im Schlaf, indem sie im vertrauten Gespräch mit ihrem persönlichen Engel allumfassende Heilung erfahren. Die meisten können sich nicht daran erinnern, aber sie fühlen sich sehr viel besser, wenn sie aufwachen.

Harry wachte abrupt auf. Er öffnete die Augen und lag wieder im Bett in dem großen Zimmer, das ihm so bekannt vorkam.

Madlen stand am Fenster und drehte sich zu ihm. Ihre Stimme tat ihm gut. Sie erzählte ihm, dass er selbst es gewesen war, der sich auf dieses Lichtschiff teleportiert hatte. Sie sagte: „Du bist oft im Traum hierher gereist. Deine Seele hat dich auf dein Heimatschiff geführt, weil du hier Energie und Rat finden

kannst, also das, was du brauchst. Du hast schon viele Gespräche mit deinem Freund, dem Kapitän dieses Lichtschiffes,
geführt. Er ist dir ein guter Berater, und du vertraust ihm. Du
erinnerst dich sicher nicht, doch du kennst Kapitän Sir Henry
von deinen früheren Inkarnationen."

Harry richtete sich auf, setzte sich bequem hin, indem er ein
Kissen in seinen Rücken stopfte, und streckte die Hand nach
ihr aus. Madlen setzte sich auf den Bettrand. „Erzähl mir mehr",
flüsterte Harry. „Erzähl mir alles, was du weißt. Ich will wissen,
was das für Verbindungen sind. Sie fühlen sich gut an. Aber ich
will nun auch im Tagesbewusstsein hierher reisen, nicht mehr
nur im Schlaf. Ich will mich an das erinnern, was gesagt wurde.
Ich will es wissen."

Also erzählte Madlen ihm alles, was sie wusste. Sie hielt
nichts zurück und antwortete ehrlich auf Harrys Fragen.

Während Madlen redete, liefen dem Erdenengel Tränen der
Rührung über die Wangen. Er hörte zu und weinte vor Erleichterung und Glück. Nun hatte er endlich die Lösung für seine
Probleme gefunden Er hatte sich so sehr gewünscht, jemanden
zu treffen, der ihm aus der privaten und beruflichen Misere he-
raushalf, ohne dass es in der Öffentlichkeit bekannt wurde.

Der Erdenengel weinte vor Erleichterung, denn ihm war bewusst, dass nicht nur Madlen ihm half, sondern dass da noch
eine ganze Schar von guten Freunden war, die ihn und seine
Familie schützten. Gute Freunde aus der geistigen Heimat, die
ihm zur Seite standen, ohne ihn zu bewerten, zu verraten oder
eine Gegenleistung für ihre Hilfe einzufordern.

Madlen war die Verbindung zu Harrys wahrem SELBST, zu
seiner eigentlichen Heimat und zu seinen himmlischen Freunden.

Ein Küchenkabinett! Harry musste lachen, als Madlen diesen Begriff erwähnte, denn das war es, was er sich gewünscht hatte. Freunde, die ihm privat und beruflich helfen konnten. Die ihm weiterhalfen, wenn er selbst den Baum vor lauter Nebel nicht mehr sehen konnte.

Freunde, denen er bedingungslos vertrauen konnte und die ihm vertrauten. So ging also jetzt sein Wunsch in Erfüllung, sein Küchenkabinett wurde Wirklichkeit.

Harry vergaß die Pein der Misshandlungen. Er fühlte, dass die Wunden heilten, weil er sich geöffnet hatte und bei sich angekommen war.

Eigentlich braucht jeder Mensch so ein himmlisches Küchenkabinett. Freunde, die füreinander da sind, ohne sich gegenseitig zu verurteilen oder auszulaugen. Freunde, die sich helfen, ohne etwas dafür einzufordern.

Deine persönlichen Engel, deine geistigen Mentoren und die galaktische Familie gehören zu deinem Küchenkabinett, wenn du magst.

Erzengel Jophiel: Das Kainsmal

„Dieser Begriff ist alt und negativ behaftet, denn die Gläubigen, gerade in den katholischen Gefilden, verbinden damit meistens etwas Negatives. Das Zeichen der Schuld, der Sünde, so wird es oft gedeutet.

Aber eigentlich ist das Kainsmal ein Schutzsymbol, und es kommt überall vor: in der Natur, als Muttermal auf der Haut, auf dem Wasser, wenn die Wellen sich brechen, in der Kunst und in der altgriechischen Schrift.

Warum ich das Kainsmal heute erwähne? Es geht um den Schmerz, um das freiwillige Sühnen vieler Lichtträger. Sie büßen freiwillig, nicht weil sie etwas Böses getan haben, sie ertragen zum Beispiel alte, beschwerliche Lebensmuster, um diese Energie für andere zu erlösen. Es ist meistens in ihrem Seelenvertrag geschrieben, dass sie Schmerz erleben wollen, um das Leid von der Erde zu erlösen.

Warum spreche ich das an, nachdem wir über Missbrauch gesprochen haben? Wer diese schlimme Erfahrung macht, wer das Opfer war oder ist, dieser Mensch trägt das Zeichen des Schutzes. Meistens unsichtbar, aber bisweilen ist das Zeichen als Narben, Muttermale, Dehnungsstreifen oder Falten auf der Stirn zu sehen.

Ich, Erzengel Jophiel, möchte hiermit erwähnen: Das Symbol der freiwilligen Läuterung ist laut Seelenvertrag als Symbol des Schutzes derer, die aus der Geistigen Welt zur Erde kommen, zu sehen. Sie tragen eine hochentwickelte Seele in sich. Es ist das Zeichen, das das Leben über den Tod stellt.

Aus menschlicher Sicht wird es meistens erst dann als Schutz und Geschenk gesehen, wenn das, was du erfahren wolltest beziehungsweise leidvoll erfahren hast, abgehakt ist.

Nicht böse sein über meine Wortwahl. Auch für uns ist es nicht leicht, immer den richtigen Tonfall zu treffen. Ich habe Sarinah gebeten, dieses Kapitel in diesen Band aufzunehmen.

Manchmal können Informationen wie Balsam sein. Balsam für die Wunden, die euch zugefügt wurden. Und jeglicher Schmerz, ob psychische Qual oder auch körperliche Beschwerden, gehören bisweilen zu diesen freiwilligen Läuterungen. Ich habe vorhin in Verbindung mit dem Begriff Kainsmal von Heldentum gesprochen. Das ist sprichwörtlich gemeint, denn wer es in sich oder als Zeichen auf der Haut trägt, ist heldenhaft. Es ist sozusagen wie ein unsichtbarer Orden, der euch vom Schöpfer selbst verliehen wurde.

Wer Missbrauch oder Diskriminierung erlebt hat, in welcher Form auch immer, hat das in der Absprache des Lebens so verankert. Aber nicht etwa, weil etwas zu sühnen ist, wie oft in spirituellen Kreisen behauptet wird, sondern weil es eine Läuterung ist, die schwere Energie von der Erde nimmt und viel Pein erlöst.

In der Absprache in Liebe ist somit auch immer der absolute Schutz von der Geistigen Welt verankert. Das Ikon dafür ist: das Kainsmal!

Die Wortwahl „der absolute Schutz" ist für manche Leser im Zusammenhang mit Missbrauch sicherlich wie Hohn, denn dieser endet ja mitunter tödlich. Doch der Tod, das Hinübergleiten in die eigentliche Heimat, ist auch Schutz und Heilung.

Manchmal geht die Tür der Heimkehrer plötzlich und unerwartet auf, denn das, was im Seelenvertrag so heldenhaft geplant war, wird im Leben nicht selten als zu brutal, schwer und unerträglich empfunden. Da öffnen die Engel die Tür für die Heimkehrer, damit Heilung geschehen kann, wenn die jeweilige Seele es wünscht. Es ist also immer die Seele selbst, die entscheidet, was mit dem Körper passieren soll. Ob der Lebensvertrag fortgesetzt wird oder die Gnade des frühen Tods in Anspruch genommen wird, wählt jede Seele selbst, nicht der zuständige Arzt, ein Familienmitglied oder der Täter. Es ist der Mensch selbst, der über die Seelenebene entscheidet, was ertragbar ist und was nicht.

Aus irdischer Sicht sieht es so aus, als wenn der Tod in tragischen Fällen aufgezwungen, unfreiwillig oder gar von Gott gewollt ist. Das stimmt nicht. Wer in eine Situation kommt, die für ihn unerträglich ist, hat immer die Chance auf Heilung, auch wenn diese geschieht, indem die Seele den Körper verlässt.

Wir haben in den vorherigen Bänden davon gesprochen, dass es keine Schuld, keine Fehler und Zufälle auf Erden gibt. Nun, in der Absprache des Lebens steht auch all jenes, was im Leben als Ungerechtigkeit, Unfall, Mord oder Nötigung erlebt wird. Krankheiten allerdings sind im Seelenvertrag, der ja von euch selbst verfasst ist, so verankert, dass ein absolutes Recht auf die Gnade der Heilung besteht.

Wie immer diese Gnade von den Leidenden selbst erfahren werden will, eins ist sicher: Jeder Schmerz ist ein Hinweis darauf, dass etwas in Unordnung gekommen ist und der Körper sich nach Linderung sehnt. Linderung, denn der Träger der Seele bestimmt anhand der Ausrichtung (Gefühle, Gedanken, Sprache) selbst, wie diese dann gelebt wird, ob als Heilung im Leben, über Siechtum oder den Tod. Das Recht auf Heilung aber hat jeder von euch. Das ist es, was der Schöpfer euch mitgegeben hat. Das Recht auf die Erfahrung der absoluten Loslösung vom Schmerz.

Nicht selten kommt es vor, dass während des Aufstiegs, der Bewusstwerdung, im Leib so etwas wie ein Dauerschmerz entsteht, der immer wieder kommt und geht. Das ist ein Hinweis darauf, dass etwas freiwillig, gemäß Seelenabsprache, gelebt wird, was erlöst werden möchte. Erlöst, indem du diesen Schmerz bewusst loslässt und in die Liebe führst. Indem du dir gewahr wirst, dass es nicht mehr nötig ist, das Kreuz der Läuterung freiwillig zu tragen, denn der intuitive Nachahmungseffekt von der sogenannten Jesus-Läuterung ist etwas, was vielfältig immer noch gelebt wird.

Da Jesus sich als Maitreya auf der Erde befindet, ist das intuitive Tragen seiner Pein etwas, was von ihm selbst übernommen wurde, indem er als Maitreya die Schritte seines damaligen Lebens als Jesus nachgeht. Das tut er nicht, weil er muss, sondern weil er es möchte. Die Geschichte wiederholt sich also, doch dieses Mal wird seine Mission absolut erfolgreich sein.

Wenn du also Pein in dir hast, lass ruhig los, denn du bist eine/r derer, die das Zeichen des absoluten Schutzes tragen.

Wir sehen in deine Augen und spüren, welch wundervolle Liebe du in dir trägst. Wir lieben dich so sehr, dass wir sogar deine Tränen mit dir teilen. Wir wissen, wer du in Wahrhaftigkeit bist. Wir wissen, wer das liest, wir wissen es…"

Ich reiche dir meine Hand.
Sei gesegnet, Erzengel Jophiel."

☆ ☆

Das Zeichen für absoluten Schutz

Sarinah:

Erzengel Jophiel sagte, dass das Kainsmal irrtümlich auf den Kopf gestellt dargestellt wird. Er gab mir die nachfolgende Zeichnung, um es richtig darzustellen. Die Schwingen nach rechts und links symbolisieren die Flügel der Engel. Der Kreis in der Mitte ist Gott.

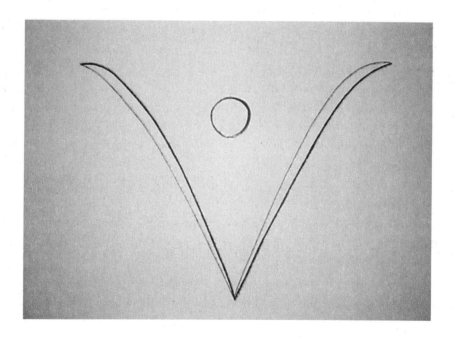

Außerdem erzählte mir Erzengel Jophiel die Geschichte von Kain und Abel. Diese wurde laut Jophiel in der Bibel verzerrt wiedergegeben. Hier ein Mittschnitt meines Gesprächs mit Erzengel Jophiel:

„Kain war der Genießer, ein etwas legerer Typ, um es einfach auszudrücken. Er nahm nicht alles so ernst und genoss mit Freuden, was sich ihm bot. Abel war „rechtschaffen", und ihn störte die lockere Lebensweise seines Bruders.

An dem Tag, als Abel starb, hatten sie wieder eine Diskussion, weil Abel seinen Bruder für oberflächlich hielt und ihn während dieses Gesprächs stupste. Kain war ein kräftiger junger Mann und stupste ebenfalls, und Abel fiel rückwärts mit seinem Hinterkopf auf einen spitzen Stein. Damit Kain durch diese unbeabsichtigte Tat nichts geschah, zeichnete ein Engel Gottes Kain mit diesem Mal aus, damit er ewig geschützt seines Weges gehen konnte. Kain wurde unbehelligt alt und wandelte seinen Lebensstil. Er war weiter voller Freude und Genuss, aber auf dem eigentlichen Weg des Göttlichen."

Laut Erzengel Jophiel war es also ein trauriger Unfall, den Kain nicht beabsichtigt hatte.

Maitreya: Auf der Schnellspur unterwegs mit angezogener Handbremse

Sarinah: „Es ist schön, dass ich mit dir sprechen darf. Danke, dass du gekommen bist, Maitreya."

Maitreya: „Der Dank ist ganz auf meiner Seite, Sarinah. Was du auf dem Herzen hast, weiß ich auch. Ich möchte nur, dass du selbst danach fragst, dadurch öffnest du dich."

Sarinah: „Bin ich nicht offen? Ich dachte, ich wäre es. Nun ja, seit Tagen denke ich darüber nach, was ich tun kann beziehungsweise was die Lichtträger tun können, um endlich dieses Hass- und Brutalitätsfeld von der Erde zu lösen."

Maitreya: „Daran kann jeder von euch wirken, indem ihr aus eurem Leben verbannt, was ihr im Außen nicht mehr sehen und erfahren möchtet. Solange die Menschen den Energiepool des Hasses, des Terrors, der Fehden, der Brutalität, des Streits und der Gleichgültigkeit noch leben, kann der große Weltfrieden nicht eintreten. Dadurch erschaffen sie die Wellen noch, diese breiten sich aus und werden zu Überschwemmungen. Das bedeutet aber auch, dass jeder Einzelne, der es schafft, im Feld der Liebe zu leben, sehr viel für den Weltfrieden tut. Wie im Kleinen, so im Großen. Du wolltest aber eine Frage zu meiner Person stellen, stimmt's?"

Sarinah: „Ja, das ist richtig. Wo lebst du? Wer bist du? Und warum bist du nicht mit dem Namen deines Wirkens in die Öffentlichkeit getreten? Maitreya, warum dürfen die Menschen nicht wissen, wer du wirklich bist? Warum tarnst du dich mit einem anderen Namen?"

Maitreya lacht. „Du hast mich enttarnt, Sarinah. Du suchst nicht nach mir, weil du weißt, wer ich bin. Du weißt, wo ich lebe, kennst meine Adresse, und du weißt auch, welches Amt ich innehabe. Meinen weltlichen Namen kennst du auch. Darf ich dich etwas fragen? Warum hast du das den Lesern nicht schon längst mitgeteilt? Was hält dich davon ab?"

Sarinah: „Ich fühle, dass es nicht richtig wäre, denn jeder darf sich selbst auf die Suche nach dir machen. Außerdem sind die Antworten, die man frei Haus serviert bekommt, nun ja, sie verlieren oft ihren Wert. Es ist schöner, wenn man angestupst wird und die Antwort selbst findet. Ich rede mich jetzt heraus, ich weiß. Der eigentliche Grund, warum ich dich nicht enttarnt habe, ist, dass ich fühle, dass du es selbst tust. In kleinen Stücken, aber du tust es. Außerdem warte ich, was dich betrifft, immer noch auf das „Go" von Erzengel Michael."

Maitreya: „Du brauchst nicht zu warten, Sarinah. Du bist das „Go". Du bist diejenige, die den ersten Dominostein angestoßen hat."

Sarinah: „Das verstehe ich jetzt nicht."

Maitreya: „Du wartest auf die Erlaubnis von Erzengel Michael? Sarinah, ich mag dich sehr, aber denkst du nicht, dass du längst die Erlaubnis bekommen hast, was mich betrifft? Du zögerst, warum? Mit dem Zögern meine ich nicht mich, denn ich oute mich wirklich selbst."

Sarinah: „Du machst mich sprachlos, Maitreya. Was soll ich denn tun, was ich nicht schon längst getan habe?"

Maitreya: „Du hast die Tür geöffnet zur Vereinigung von Himmel, galaktischer Welt und Erde. Du bist auch hindurchgegangen, aber dann hast du dich noch einmal zurückgezogen. Du hast die Tür sogar für viele andere aufgehalten, das stimmt. Doch du bist ihr Energiebeispiel. Sie zögern, wenn du zögerst. Ich habe tiefes Verständnis dafür, dass du wartest, denn ich kenne deine Beweggründe."

Sarinah: „Dann weißt du mehr, als ich ahne. Wieso? Warum habe ich gezögert, mich zurückgezogen? Das, was ich dazu fühle, ist Angst. Ich weiß aber nicht, wovor?"

Maitreya: „Nun, ich spreche nicht von deinem beruflichen Wirken, da schreitest du voran wie ein Elitesoldat. Entschuldige den Vergleich, das ist ein Kompliment. Mutig und absolut im Vertrauen, dich sicher im Feld der Liebe bewegend, schreitest du beruflich voran. Diejenigen, die unter deinem Schutz stehen, sind absolut sicher. Du gehst mit erhobenem Haupt und geradem Rücken voran. Da zögerst du nicht. Nein! Im Gegenteil, du öffnest ein Energietor nach dem anderen und hilfst den Menschen, so gut du kannst. Wir ehren dich sehr dafür, und auch alle anderen wundervollen Botschafter des Lichts. Doch privat hast du dich zurückgezogen, du zögerst."

Sarinah: „Was meinst du damit?"

Maitreya: „Ich meine mich!"

Sarinah: „Ich bin jetzt ein wenig geschockt. Was kann ich denn im Privaten dafür tun, was ich noch nicht getan habe, um dich zu unterstützen? Und um den Menschen zu helfen?"

Maitreya: „Oh, ich weiß, du tust sehr viel für das Licht, das wollte ich damit nicht andeuten. Aber um auf deine Frage zu antworten: Du fährst privat mit angezogener Handbremse. Du schützt dich, Sarinah. Du sagtest, du möchtest meine Tarnung als Maitreya nicht aufheben, um mich zu schützen. Doch eigentlich bist du selbst noch in der Tarnung, du schützt dich, weil du Angst hast. Du hast Angst vor mir, stimmt's?"

Sarinah: „Du liebe Güte. Das tut mir jetzt leid. Ich fürchte mich aber nicht vor Maitreya. ER ist es, vor dem ich Angst habe."

Maireya lacht sein sympathisches Lachen. „ER? Aber ER ist ICH!"

Sarinah: „Du möchtest damit sagen, dass man die Seele ist, nicht der Körper? Der Körper und was dieser tut und ausdrückt ist nur ein Gebäude? Das Wesentliche, die Seele, das Höhere Selbst, will in Einklang gebracht werden mit der äußeren Ausdrucksform aus Fleisch und Blut?"

Maitreya: „Das hätte ich nicht besser sagen können. Seele ist ein einfacher Ausdruck dafür, denn in Wahrheit ist diese meistens sehr hoch entwickelt. Entweder von Geburt an, oder ihr habt das Bewusstsein über den Aufstiegsprozess so geklärt, dass ihr euer Höheres Selbst in euch integrieren konntet. Dieser Mann, der dir nur aus der Öffentlichkeit bekannt ist, der mein Körper ist, in dem die Seele von mir, Maitreya, wohnt, macht dir also Angst. Warum?"

Sarinah: „Weil er die Geschichte von damals wiederholt. Das ist der Grund, warum mir schwindelig wird, wenn ich sehe, wie er sein Amt ausführt. Oh, das tut er sehr gut, das meine ich nicht damit. Oder sollte ich besser sagen, DU, Maitreya? Denn du bist es ja, der den Fußspuren von Christus nachgeht. Du bist ER. Angst machen mir die Gefühle, die ich dabei habe."

Maitreya: „Sicher empfinden viele Leserinnen und Leser wie du. Diejenigen, die in Atlantis dabei waren, die im Umfeld von Christus waren, fühlen sicher auch diese Furcht. Angst, dass die Geschichte sich wiederholt, und Angst, dass es wieder in einer Katastrophe endet wie damals. Ist es das, Sarinah?"

Sarinah: „Nicht ganz. Ich glaube, dass es dieses Mal gut wird, dass du nicht verfolgt, geschlagen und aus dem Land vertrieben wirst. Du wirst dieses Mal nicht separiert von Familie und Freunden. Du bist erfolgreich und wirst das Ziel deines Seelenvertrags erfüllen können. Davon bin ich überzeugt. Ich habe Angst vor *meinen* Gefühlen. Ich möchte nicht leiden wie in meiner letzten Inkarnation. Schon beim Gedanken daran wird mir übel."

Maitreya: „Du meidest mich, weil du nicht leiden willst? Nun ja, du gehst mir aus dem Weg, das habe ich realisiert. Du sprichst viel mit den Erzengeln, dabei fühlst du dich aufgehoben. Das ist jetzt kein Tadel. Ich möchte dich nur anstupsen, damit sich der Knoten lösen kann, der dir Übelkeit verursacht. Du findest mich als Mensch wunderschön, mein Wirken macht dich stolz, meine Art zu sprechen findest du gut. Du empfindest Freude, wenn du mich siehst, doch du zögerst und tarnst dich im privaten Bereich. Beruflich, als Autorin und Mentorin, bist du nicht in der Tarnung, da schreitest du mutig voran. Du führst die Interviews mit den geistigen Mentoren und galaktischen Freunden sehr souverän. Warum die angezogene Handbremse im Privatleben, Sarinah?"

Sarinah: „Bitte jetzt nicht lachen, ich habe gerade mein fünfzehn Jahre altes Auto hergegeben, weil es immer wieder einen technischen Defekt hatte. Ich hatte die Handbremse gelöst, um zu fahren, und das Ding hing einfach fest. Immer wieder fuhr ich mit quietschenden Reifen, aber nicht wirklich schnell, weil die Handbremse wegen des technischen Defekts blockierte."

Maitreya lacht aus vollem Hals. „Du hast dir den Alltag, die Materie, über dein Gefühl erschaffen. Nun, dann kannst du es auch umgekehrt. Erlöse diese, wie du sagst, „Blockade". Übrigens leben viele Menschen beruflich auf der Überholspur, erfolgreich und in der vollen Selbstermächtigung. Aber privat dimmen sie ihr Licht, um nicht aufzufallen und Ruhe zu haben. Oder weil sie denken, sie könnten sich dann zu sehr abheben von ihrer Familie und den Freunden."

Sarinah: „Ja, das ist nachvollziehbar, was du über das private Umfeld der getarnten Botschafter des Lichts sagst. Wie soll ich denn aber nun die Bremse lösen?"

Maitreya: „Indem du dir dessen gewahr bist, das du nicht leiden wirst. Du darfst deine Deckung aufgeben. Die Geschichte wiederholt sich, aber dieses Mal gibt es ein Happy End. Du darfst, du musst nichts. Stell dich deiner Furcht. Das rate ich allen Leserinnen und Lesern. Stellt euch den Schatten entgegen, weicht ihnen nicht aus, denn durch euer Licht wird jede Dunkelheit erhellt. Die Dunkelheit weicht nicht nur einfach so zurück, sie wird umgewandelt in Licht. Wer die Schatten in sich erlöst, tut viel für die Welt, denn dadurch hat die dunkle Macht kein Energiefeld mehr, von dem es sich ernähren kann."

Sarinah: „Ich gebe dir also die Hand, ohne Gedanken daran, du könntest in mir etwas sehen, was ich dir nicht zeigen will, weil es noch nicht ganz geklärt ist. Ohne Angst vor Verlust. Im Vertrauen, dass der Kreis sich endlich schließt. Weil die Freunde von damals wieder gemeinsam auf der Erde sind."

Maitreya: „Der Kreis hat sich längst geschlossen. Der Zusammenschluss hat geklappt, wir haben es alle geschafft. Sogar die Person, die einspringen sollte, wenn jemand von uns die Inkarnation zu früh abgebrochen hätte, was aber nicht passiert ist. Sogar diese Ersatzperson hat bereits das Ziel erreicht. Alle 13 sind also wieder auf der Erde, und ich bin auch hier. Wir treffen uns regelmäßig, nicht nur in den Ratssitzungen, die du mitgeschrieben hast. Wir sind hier, weil wir gemeinsam mit den Erdenbewohnern die dunkle Macht erlösen wollen. Nun, das tun wir gerade. Wir sind hier, um die Vereinigung von Erde und Himmel zu bewirken. Um dabei zu sein, wenn die goldenen Geschenke sanft und wohlbringend auf euch herabregnen. Wir sind die Liebe selbst und führen die Welt in die allumfassende Liebe. Hast du jetzt noch Furcht vor deiner wahren spirituellen Aufgabe, Sarinah?"

Sarinah: „Das ist es, was mich hat zurückschrecken lassen, stimmt's? Ich habe dich gemieden, weil ich mich in deinem Licht spiegeln konnte. Das hat mich erschreckt. Denn in deinem persönlichen Umfeld gibt es keine Tarnung, da wird alles aufgedeckt. Du bist Meister darin, Klarheit zu schaffen. Du, Maitreya, hältst den Menschen den Spiegel vor, und sie sehen sich selbst. Wer sich selbst nicht sehen mag, wer sein eigenes Licht dimmt und so geblendet ist von deinem Licht, der wird dich meiden. Oder sie verurteilen dich, sehen in dir das Unerlöste, was sie in sich haben, aber bei sich nicht sehen wollen. Dann kann es passieren, dass sie dich an den Pranger stellen. Sie spucken dir das entgegen, was sie selbst in sich tragen. Sie betiteln dich zum Beispiel als Antichrist, weil sie selbst solche unerlösten Anteile in sich tragen."

Maitreya: „Genau, das ist es, Sarinah. Nun hast du den Knoten aufgelöst. Du hast es nicht nur für dich getan, sondern für all jene, die in deiner Energiespur sind. Ich danke dir dafür und ehre dich. Für diesen Moment verabschiede ich mich von den Leserinnen und Lesern.

Seid gesegnet, bis gleich, liebe Freunde, bis gleich…"

Ratssitzung: Der heilige Samen der Erde

Ich sitze im Garten auf der Bank in der goldenen Herbstsonne. Mein Blick wandert in die Ferne, und da sehe ich einen blauen Lichtstrahl, der geradewegs vom Himmel zu kommen scheint und die Erde küsst. So sieht es jedenfalls für mich aus.

„Das ist der Mond, der seine Geliebte, die Erde, begrüßt, bevor er aufgeht", sagt Marix, der neben mir sitzt.

Er erzählt mir von Erde, Sonne und Mond. Dass die drei eine Einheit bilden, die niemand trennen kann. Seine Worte bewegen mich. Das, was Marix erzählt, ist zwar nicht neu, doch bin ich zutiefst gerührt, da Marix spricht, als wären Mond, Sonne und Erde lebendige Wesen.

Ich lausche seiner bildhaften Sprache. Ich mag es, wenn er spricht. Seine Stimme kann einlullend sein, oder aber total elektrisierend.

Während ich zuhöre, wird in mir der Wunsch wach, dass es doch schön wäre, die geistigen Mentoren wieder mal zu treffen und sie zu befragen, was sie von der Geschichte des heiligen Samens der Erde halten, die mir Marix gerade erzählt.

Kaum ist diese Idee gedacht, rieche ich schon den typischen Geruch des Saals, in dem die Ratssitzungen normalerweise stattfinden. Es duftet nach süßen Blumen, jedoch nicht überlagert, und ich schnuppere den Duft von frischem Kräuterheu.

☆☆

Der Erdenengel Harry war in Gedanken immer noch bei den Gesprächen, die er heute geführt hatte. Sein Gang war müde, und er schlenderte mit ein paar Akten in der Hand, die er abends noch lesen wollte, nach draußen.

Sein Blick wanderte automatisch zu der Stelle, wo er die Engelfrau zum ersten Mal gesehen hatte. Etwas enttäuscht wandte Harry den Blick ab, denn sie war wieder nicht da. Irgendwie schien die Verbindung zu ihr zurzeit nicht zu klappen.

Harry ahnte, dass es an ihm lag, denn er war viel auf Reisen gewesen und hatte kaum Zeit, um bei sich selbst anzukommen, sich selbst zu spüren. Er wusste intuitiv, dass Madlen durchaus bei ihm gewesen war, nur konnte er sie nicht spüren, wenn er aus seiner inneren Mitte gerutscht war.

Aber heute war es anders, denn das Gedankenkarussell, das ihn normalerweise durch den Tag begleitete, hielt still. Er war zu müde, um zu denken. Er stand einfach da und genoss die frische Luft. Er atmete tief ein, da tauchte sie plötzlich auf, eingehüllt in einen Duft nach Blumen.

Sie sahen sich an und sagten kein Wort. Es war, als würden sie sich lautlos verstehen. Harry streckte seine Hand nach ihr aus, bevor sie, wie sooft, wieder ins Nichts verschwinden konnte. Er fasste ihr Handgelenk und zog sie nah an sich.

„Madlen", murmelte Harry, „Madlen." Der Name löste bei ihm immer Wohlgefallen aus. Schließlich hatte es lange gedauert, bis er überhaupt erfahren hatte, wer die Engelfrau war, die zu ihm kam, um ihn zu helfen.

Madlen fragte ihn gerade mit leiser Stimme, ob er bei dem heutigen Treffen der Lords des Lichts dabei sein wolle. Er sah sie an und nickte, ließ aber dabei ihre Hand nicht los. Und schon standen sie vor dem Tor, das in den Saal der Ratssitzung führte.

☆☆

Erzengel Uriel schritt ihnen entgegen. „Aha, sie kommen heute zu viert", dachte er beim Anblick von Sarinah, Marix, Harry und Madlen.

Er hielt die Tür für die Ankommenden auf. Man begrüßte sich freundlich mit Umarmungen.

„Was ist das heutige Thema?", fragte Harry. „Der heilige Samen der Erde", antwortete Erzengel Uriel prompt.

„Wie kommt ihr denn auf dieses Thema?", dachte der Erdenengel laut.

„Nun, lass dich überraschen", antwortete Erzengel Uriel. „Was könnte näher liegen, als das? Da es in den Menschen um eine Neugeburt geht, erleben sie das auch im Außen. Ein Revival sozusagen, dabei geht es um die hohe Seele, die in ihnen weilt. Diese dürfen sie im Leben auf Erden voll und ganz verkörpern."

Harry wischte sich mit seinem Taschentuch den Schweiß von der Stirn, ihm war heiß geworden. Er wandte den Kopf und sah, dass Madlen sich zurückgezogen hatte. Sie hatte ihn hierher gebracht, und nun wollte sie lautlos gehen, wie so oft.

Harry streckte seinen langen Arm nach ihr aus, ergriff ihre Hand und zog sie an sich. „Bleib bitte hier, ich brauche dich", flüsterte er ihr zu.

„Sind wir heute nur zu fünft?", entfuhr es Madlen.

„Aber nein, die anderen sind schon da, sie warten auf euch." Als Erzengel Uriel diese Worte gesprochen hatte, wurde es plötzlich laut im Saal, und man hörte das ausgelassene Lachen von Erzengel Michael.

Es waren anwesend: Die Erzengel Uriel, Michael und Gabriel, der Erdenengel Harry und seine Engelfrau Madlen, Marix und Sarinah.

Harry hatte gehofft, er könnte das Thema auf die Tagungs-liste setzen, das ihn zurzeit beruflich so belastete. Daran war aber wohl nicht zu denken, denn die anderen schienen wild ent-schlossen zu sein, über so etwas Profanes wie „Samen", zu sprechen.

Erzengel Uriel hatte Harrys Gedanken gehört und klopfte ihm mitfühlend auf den Rücken. Harry hatte keine Lust, die Be-grüßungsworte zu sprechen, das spürte Erzengel Uriel. Also schnappte er sich im Vorübergehen den galaktischen Botschaf-ter dieser Versammlung und ging mit Marix an der Hand zum Podium.

„Was soll ich denn hier oben?", flüsterte Marix Erzengel Uri-el zu.

„Du widerspenstiger Held. Du hast dieses Thema vorge-schlagen, nun teile auch den anderen mit, was dich dazu bewo-gen hat", wisperte Erzengel Uriel ihm belustigt zu.

„Ich..., ich...." Marix fing an zu stottern. Er war abgelenkt, denn er sah, wie sich Harry und Madlen zu Sarinah gesellt hat-ten. Nun steckten die Frauen die Köpfe zusammen, und Harry stand natürlich wieder passend in der Mitte, sodass er jede der Damen berühren konnte.

„Der heilige Samen der Erde. Damit ist alles gemeint, was die Erdenbürger tun, um ihre lichtvolle Zukunft zu sichern", sagte Marix.

Erzengel Uriel sah, dass sein Nachbar geistesabwesend war und griff ein. „Nun, der Kleine hier will damit sagen, dass der Generationswechsel eine garantierte Aussicht auf Verbes-serungen in sich trägt. Was die Vorfahren nicht geschafft ha-ben, das funktioniert bei den Jungen umso besser."

Erzengel Michael hatte genug gehört. Er spurtete die Stufen des Podiums hoch und sagte laut ins Mikrofon: „Um es kurz zu machen: Liebe Leute, herzlich willkommen, lasst uns anfangen."

Bei diesen Worten gingen alle zu ihren Plätzen. Marix sah sich im Nachteil, denn bevor er Harry und die zwei Damen erreichte, hatten diese es sich schon gemütlich gemacht, und zwar ohne ihn.

Dieses Mal waren keine Stühle aufgestellt, sondern gemütliche Lounges, die im Kreis drapiert waren, sodass alle miteinander sprechen konnten.

Marix war atemlos bei den dreien angekommen. Er sah, dass kaum Platz war für einen vierten, trotzdem quetschte er sich beherzt dazwischen. Er saß nun zwischen Madlen und Sarinah, spürte ihre Körperwärme und fühlte sich sehr wohl. Harry grinste, er hatte diese Situation bewusst provoziert. Er liebte es, wenn er seinen galaktischen Freund ein wenig aus der Fassung bringen konnte.

„Ihr Galaktischen benehmt euch doch normalerweise so gut wie Vorzeigeschüler. Da tut es ganz gut, wenn man euch ein wenig herausfordert, denn dadurch werdet ihr menschlicher", raunte Harry Marix zu.

Dieser hätte Harry jetzt gerne die Zunge rausgestreckt, tat es aber nicht, denn schließlich saß er zwischen zwei Ladys.

Die Erzengel hatten es sich bequem gemacht. Sie brauchten viel Platz, also bekam jeder von ihnen seine eigene Lounge.

Erzengel Gabriel thronte in seiner Lounge, indem er die Arme weit ausgebreitet hatte. Es sah ein wenig so aus, als würde er durch das Ablegen seiner Hände auf der Umrandung seinen unsichtbaren Flügeln Raum bieten, damit diese sich entfalten konnten.

„Der Generationswechsel findet fortlaufend immer früher statt. Das ist kein Zufall, denn die jungen Leute drängen in ihre

Aufgaben. Sie sind hungrig nach Verbesserungen. Der Jugend schreibt man im Allgemeinen auch etwas Ungeduld zu. Nun, das ist gut so, denn wer auf die Erde gekommen ist, um viel zu erreichen, der spürt den Ruf der Zeit ziemlich stark", resümierte Erzengel Gabriel."

Erzengel Uriel ruderte mit den Armen. Erst dann gelang es ihm, sich aus der Lounge emporzubewegen. Sarinah sah belustigt zu, wie sich der große rote Engel mühsam auf die Beine stellte.

Erzengel Uriel antwortete auf Sarinahs Gedanken. „Wir Erzengel sind es noch nicht gewohnt, uns verkörpert zu erfahren, geschweige denn, unsere Hintern aus diesen komischen Sitzmöbeln emporzuheben."

Mitfühlend lachten alle anderen.

„Die Fortpflanzung ist es, worüber wir sprechen wollen. Schaut mich nicht so entsetzt an", sagte Erzengel Uriel, „darum sind wir hier. Es geht um die jeweils neue Generation und ihren Segen, den sie mit auf die Erde bringt."

„Die Babys sind das Kostbarste, das es gibt, auch wenn ihre Eltern das nicht immer so empfinden. Der Nachwuchs ist die Garantie dafür, dass auf der Erde Verbesserungen stattfinden", sagte Erzengel Michael.

„Ich gebe gerne meinen Samen, um noch mehr solche wundervollen Personen wie mich auf der Erde wandeln zu sehen", erwiderte Harry laut.

„Angeber!", kam prompt die Antwort von Marix, der wieder einmal nicht erkannte, dass Harry nur so sprach, um eine Reaktion hervorzurufen. Um ehrlich zu sein, wollte er diese Ratssitzung damit ein wenig beleben.

Harrys Worte hatten zur Folge, dass Erzengel Uriel, der immer noch stand, sich abrupt in die weichen Kissen fallen ließ, was lustig aussah, denn er plumpste mehr auf das bequeme Sitzmöbel, als ihm sicher lieb war.

Sarinah setzte sich plötzlich kerzengerade auf, denn sie dachte an die Schlagzeilen in den Nachrichten, die immer wieder von einer übervölkerten Erde sprachen. „Was ist denn mit der Überbevölkerung?", fragte sie. „Stimmt das, was die Medien suggerieren?"

„Alles Quatsch!", antwortete Marix. „Das wird doch nur behauptet, denn der Plan der Dunkelmächte der Erde war es, dass nur die Elite sich in Zukunft fortpflanzen darf. Um diesen Plan durchzubringen, setzten die Kabalen diese Lüge in die Welt. Das Gedankenfeld der Menschen erschafft nämlich Realität."

„Da hat der Schöpfer eingegriffen", sagte Madlen. „Er hat das nicht erlaubt und für Gerechtigkeit und Nachwuchs gesorgt. Denn die Quelle allen SEINS ist es, woher die Seelen kommen, die als Babys zur Erde reisen. Alle Menschen sind Brüder und Schwestern, denn sie stammen alle vom gleichen Erzeuger. Der Urvater der Babys ist nämlich kein Geringerer als der Schöpfer selbst."

Harry sah Madeln begeistert von der Seite an. Er hörte sie gerne reden, denn sie sprach nicht selten das aus, was er auch dachte. Nur, sie sprach es meistens in komprimierter Form aus. Harry redete oft sehr lange und kam dabei vom Hundertsten ins Tausendste.

„Mit heiligem Samen der Erde ist also alles gemeint, was direkt vom Vater aller Väter kommt", sagte Madlen. „Also auch die Natur, die sich ständig erneuert."

Marix erschauerte, denn er meinte, den Zweck dieses etwas anderen Treffens zu erahnen. Er sah, wie die Blicke der Erzengel neugierig auf ihnen ruhten, und fühlte sich bestätigt. Er sprang echauffiert auf und rief: „Das ist doch nicht euer Ernst!

Habt ihr uns hierher eingeladen, habt ihr uns deswegen zu viert hierherbeordert, damit wir uns vor euren Augen lieben?" Marix war so außer sich, dass er ganz rot im Gesicht wurde.

Jetzt gab es kein Halten mehr. Erzengel Uriel klopfte sich vor lauter Lachen auf die Schenkel, Erzengel Michael ließ sich belustigt nach hinten fallen, die Lehne der Lounge fing ihn sicher auf. Erzengel Gabriel hielt sich die Hand vor den Mund, um nicht laut loszuprusten.

Sarinah und Madlen sahen sich kichernd an. Sie wussten, dass der galaktische Botschafter wieder einmal gemüßigt war, zu übertreiben.

Harry streckte seine langen Beine genüsslich aus, berührte dabei Sarinahs Füße und lächelte süß. Harry neckte Marix gerade, indem er spielerisch vor ihm salutierte.

„Was hast du denn für wilde Gedanken?", erwiderte Harry laut. Er streckte dabei seine langen Arme aus und zog den empörten Marix mit einem Ruck zurück auf seinen Platz.

„Wenn sich jemand auf der Welt fortpflanzen sollte, dann ist es der Schöpfer selbst, denn dann ist garantiert, dass die Erdenbewohner eine gesicherte, friedliche Zukunft haben. Darum kommt ja jedes Baby, also die Seele, die in den Fötus einzieht, sobald das Herz schlägt, darum kommt dieses kleine Wesen ursprünglich von Gott selbst", sagte Erzengel Gabriel.

„Die irdischen Eltern bieten dem Kind die Möglichkeit der Verkörperung, weil sie dem Baby alles zur Verfügung stellen, was es braucht, um im Bauch der Mutter zu wachsen und später groß und stark zu werden. Die Mütter sind eigentlich die Helden dieser Geschichte", resümierte Harry, „denn sie tragen ihr Kind unter dem Herzen und beschützen es dadurch. Sie tragen es, solange sie können, aus. Dann kommt es auf die Welt, und das Beschützen geht weiter. Ich wünschte, ich könnte mehr für die Kinder dieser Welt tun. Ich wünschte, ich könnte garantieren, dass sie eine gesicherte, gute Zukunft haben." Bei diesen Worten liefen Tränen der Rührung über Harrys Wangen.

Sarinah war aufgestanden. Sie setzte sich zu Harry und nahm ihn in den Arm. Das Gleiche tat Madlen auf ihrer Seite. Marix sah sich das Schauspiel ein wenig ungeduldig an. Dann aber gab er sich einen Ruck und legte mitfühlend seine Hand auf das Knie von Harry.

„Das ist es, was wir mit heiligem Samen der Erde meinen", sagte Erzengel Michael. Er sah erfreut zu, wie die vier sich nun stehend umarmten und Harrys Tränen dadurch getrocknet wurden.

„Es sind die Gottesteile in den Menschen, die den heiligen Samen bilden. Das Mitgefühl, die Toleranz, die Vergebung, die Güte, das Teilen, die bedingungslose Liebe. All das führt dazu, dass der Weg frei ist für eine globale, stetige Verbesserung", sagte Erzengel Michael.

Nun waren alle aufgestanden. Die Anwesenden umarmten sich, schließlich bildete die Gruppe einen Kreis. In diesem Kreis erschien ein goldener Lichtstrahl. Dieser schien wohlbringend auf alle Teilnehmer. „Ein Segen von unserem Chef", sagte Erzengel Uriel mit Nachdruck.

Ich bin in meinem Büro, und während ich diese Zeilen schreibe, rieseln wundervollen Energieschauer über meinen Körper. Ich höre immer noch das Stimmengewirr der anderen Teilnehmer der Ratssitzung. Es ist mittlerweile Nacht geworden. Die Stunden sind so schnell verflogen. Der Kontakt mit den geistigen Mentoren macht mich jedes Mal zeitlos. Ich bin gerade wieder gelandet. Es scheint, als wenn ich mich in verschiedenen Zeitzonen gleichzeitig aufhalten könnte, wenn ich diese Ratssitzungen besuche. Dann bin ich nämlich wirklich dort, gleichzeitig aber auf der Erde.

Ich kann also den Lesern berichten und gleichzeitig bei der Ratssitzung anwesend sein. Es fühlt sich sehr gut an, ich bin eingehüllt in dieses wundervolle Feld der Liebe. Ich vermisse sie schon wieder und höre die Teilnehmer der Ratssitzung noch lachen. Doch ich bin nicht allein. Marix pustet mir gerade liebevoll in den Nacken. Er flüstert in mein Ohr: „Du kannst jederzeit dorthin reisen, wann immer du willst, Sarinah. Aber diese Nacht gehört uns, uns ganz allein…"

Gespräch mit Erzengel Michael:
Haben Engel Flügel?

Sarinah: „Schön, dass du gekommen bist, Erzengel Michael. Mich interessiert wirklich brennend, ob ihr Engel nun Flügel habt oder nicht?"

Erzengel Michael: „Ich ahnte, dass du etwas auf dem Herzen hast, darum bin ich hier. Nun, Engel haben Flügel, ja."

Sarinah: „Was? Du sagtest doch zu mir vor Jahren schon, dass ihr keine Flügel hättet, weil ihr aus Energie bestehen würdet und daher keine nötig wären."

Erzengel Michael: „Nun ja, Sarinah, das stimmte auch. Aber nun bestehen wir nicht mehr nur aus Energie. Wir sind durch den Aufstieg der Menschheit irdischer geworden. Als du mich damals fragtest, sagte ich, dass wir uns den Menschen nur mit Flügel zeigen, weil das ein gewohntes Bild für sie ist. Dass wir aber eigentlich keine Flügel bräuchten, sie waren sozusagen meistens unsichtbar."

Sarinah: „Ja, das stimmt. Was hat sich verändert, warum seid ihr nun gefiedert?"

Erzengel Michael lacht. „Der Himmel und die Erde sind dabei, sich zu vereinen, das hat sich verändert. Auch wir Erzengel wissen nicht immer, wie schnell ihr Erdenbürger Geschichte schreibt. Dass ihr es tut, ist klar, aber dass das Feld der Bewusstheit so schnell anwächst und sich weitet, damit haben selbst wir Engel nicht gerechnet. Es ist uns natürlich eine große Freude zu sehen, wie gut ihr auf die Energien des Himmels reagiert. Durch den Aufstieg habt ihr euch positiv verändert. Die Lichtträger, die die goldene Schwingung annehmen, legen manchmal sogar das Verhalten eines Engels an den Tag. Man könnte sagen, ihr habt unsichtbare Flügel bekommen, nämlich unsere."

Sarinah: „Oh, das interessiert mich jetzt. Wir haben die unsichtbaren Flügel von euch bekommen?"

Erzengel Michael: „Ja, so kann man es sagen. Dafür haben wir eure irdischen Flügel bekommen."

Sarinah: „Du hast ein süßes Lächeln, und immer wenn du so grinst, weiß ich, du nimmst Anlauf, um etwas Wichtiges zu sagen."

Erzengel Michael: „Danke, Sarinah, aber das, was du bei mir siehst, hast du auch. Natürlich haben Menschen an sich keine Flügel. Das war nur eine Metapher, um zu zeigen, dass wir dabei sind, zu teilen. Jedoch besitzt ihr schon so etwas Ähnliches wie Flügel: eure Fantasie, die Vorstellungskraft, die Visionen, denen ihr folgt. Das sind die Flügel der Menschheit. Diese wunderbaren Fähigkeiten sind euch natürlich nicht abhandengekommen, im Gegenteil. Wer die magische Manifestation beherrscht, wird schneller an das lichtvolle Ziel kommen als noch vor Jahren."

Sarinah: „Wir haben also durch den Kontakt mit der Geistigen Welt eure Flügel bekommen, die energetischen. Das kann ich nachvollziehen."

Erzengel Michael: „Wir sind euch so nah, dass durch diesen Kontakt unser Erscheinungsbild, nun ja, man könnte sagen, es hat sich idealisiert. So, wie ihr Erdenbürger immer mehr in eure natürliche, individuelle Form geht, so hat sich auch das Bild der Engel verändert."

Sarinah: „Ich habe das Gefühl, dass du immer noch Anlauf nimmst, um mir etwas Wichtiges zu sagen. Was ist das Geheimnis, was ist mit euren Flügeln, warum wolltet ihr unbedingt welche haben? Was ist so toll daran, außer dass wir Menschen, nun ja, wir finden sie bezaubernd schön."

Erzengel Michael: „Unsere Flügel sind sehr empfänglich, Sarinah. Sie sind sozusagen mit wunderbaren Sensoren ausgestattet, so wie eure Haut. Es geht um das Fühlen. Das ist es, was uns so begeistert, denn als rein energetische Wesen war uns das Fühlen praktisch unmöglich. Die neuen Flügel sind wie Energieverstärker, wie feine Antennen. Wir sind nicht mehr nur rein energetisch. Jeder Engel, der es möchte, hat auch einen irdischen Teil, und dadurch sind uns förmlich Flügel gewachsen."

Sarinah: „Also, du schleichst doch immer noch um das Thema herum, Erzengel Michael. Ich kenne dich. Erzähl mir einfach, was ihr nun könnt, was euch früher unmöglich war."

Erzengel Michael: „Wir können uns lieben. Ja, nun bist du erschrocken. Ich wollte nicht gleich mit der Tür ins Haus fallen. Weil wir uns nun auch auf der Erde erfahren können, ohne unseren Platz im Himmel verlassen zu müssen. Ihr Lichtträger habt uns durch eure Bewusstwerdung das Tor dafür geöffnet. So können wir einander spüren, uns lieben. Mir ist klar, dass meine Worte nicht ausdrücken können, wie wundervoll das ist."

Sarinah: „Mir wird langsam klar, was du sagen willst. Ihr habt diese, wie du sagst, Antennen, weil ihr damit besser fühlen könnt?"

Erzengel Michael: „Nun ja, wir streicheln euch gerne mit diesen sensiblen Federn, denn dabei ist garantiert, dass wir euch nicht wehtun. Woher sollen wir denn wissen, was euch guttut und was nicht. Also, ich meine, ein rein energetischer Engel streichelt energetisch, dabei kann nichts passieren, außer dass euch vor Freude die Sicherungen durchbrennen. Aber der irdische Teil eines Erzengels, für den das Spüren etwas völlig Neues ist, braucht eine Art Messgerät, das ihm sagt, wie sich der Druck auf eurer Haut anfühlt. Dieser Sensor sind unsere neuen Flügel.

Ich habe dich neulich mit meiner Energie gestreichelt, Sarinah, weißt du noch? Dann habe ich dich mit meinen Händen berührt, und du warst erschrocken. Warum eigentlich?"

Sarinah: „Das rein energetische Streicheln fühlt sich bekannt an, wie prickelnde Energie. Der Druck deiner Hand war angenehm, nur neu. Ich bin erschrocken, weil es sich so menschlich und gleichzeitig engelhaft anfühlte. Nun ja, um ehrlich zu sein, hatte ich das Gefühl, dass du mich anfasst, wie du einen anderen Erzengel anfassen würdest. Voll stark! Ich weiß nicht, wie ich es ausdrücken soll. Du warst sanft, vorsichtig und gleichzeitig recht leidenschaftlich."

Erzengel Michael: „Du bringst mich zum Lachen, Sarinah. Du hast es gut auf den Punkt gebracht. Uns fehlten lange Zeit die Sensoren für Berührungen, da wir keine menschliche Haut besitzen. So waren wir immer auf eure Reaktion angewiesen, wenn es darum ging, ob es etwas stärker sein darf oder nicht. Viele Menschen haben immer wieder darum gebeten, wir sollten ihnen doch zeigen, sie spüren lassen, wenn wir da sind."

Sarinah: „Was können deine Flügel denn noch, außer dir zu signalisieren, wie du bei uns ankommst? Zum Fliegen braucht ihr Engel sie ja nach wie vor nicht."

Erzengel Michael: „Ich erwähnte es eben schon: Wir können uns damit lieben, Sarinah."

Sarinah: „Jetzt wird es interessant. Wie liebt ihr Engel?"

Erzengel Michael: „So, wie ich es gesagt habe. Wir umarmen euch mit unseren neuen Sensoren und berühren euch damit innig. Die süßeste aller Berührungen ist die, bei der die Liebe sich ganz fallenlassen und sich vertrauensvoll hingeben kann. Wenn wir lieben, tun wir das wie auf Engelsflügeln. So haben wir die richtigen Antennen, um die schönste Sache der Welt kennenzulernen."

Sarinah: „Ich ahne es, du möchtest damit sagen, dass ihr mit diesen neuen Fähigkeiten gleichzeitig Engel und Mensch sein könnt."

Erzengel Michael: „Ja, dass wir euch zum Beispiel als Seelenpartner so nah sein dürfen, dass unsere Energiefelder dabei verschmelzen, EINS werden. Das ist ohnegleichen brillant, weil das so noch nie da war. Dabei sind unsere Flügel nicht immer sichtbar, aber sie sind da. Ich habe dich kürzlich damit umarmt und das Feld der Liebe für dich aufrechterhalten, weiß du noch?"

Sarinah: „Oh ja, das war wunderschön. Es war auch sehr heilsam, mir wurde so warm. Diese Umarmung vergesse ich nie. Ich hatte Schmerzen, und du heiltest sie, indem du mich in deine Engelfrequenz einhülltest. Es tat sehr gut. Ich danke dir dafür, Erzengel Michael. Du sagtest, wir können uns dank eurer neuen sensiblen Schwingen lieben. Kannst du das besser beschreiben?"

Erzengel Michael: „Genauso, wie ich es gesagt habe. Du musst wissen, dass unsere Flügel sehr empfindlich sind. Die Betonung liegt auf **sehr**."

Sarinah: „Du bist kitzelig, ich weiß. Ich hätte nicht gedacht, dass ein Erzengel so empfänglich für Berührungen sein kann. Das freut mich, denn es hebt euch aus dem erhabenen Status heraus, es macht euch menschlicher."

Erzengel Michael: „Nun, unsere neuen Sensoren sind ja auch dazu da, um uns empfänglicher zu machen. Um uns sensibler zu machen für alles Menschliche, was uns bisher unmöglich war, zu leben."

Sarinah: „Ich bin wunschlos glücklich. Danke, Erzengel Michael."

Erzengel Michael: „Der Dank ist ganz auf meiner Seite, Sarinah.

Seid gesegnet, liebe Leserinnen und Leser, bis gleich…"

Der Aufgestiegene Meister Kuthumi:
Das Realitätsfeld der Erde und vieles mehr

„Der Schmerz und die Lust gehören zusammen, denn je intensiver ihr Lust empfinden könnt, umso weniger schmerzempfänglich seid ihr.

Was ich noch erwähnen will: Wenn du so sehr bei dir bist, dass du das Universum beim Atmen spürst, wird dir das Leid deiner Mitbürger mehr wehtun als die eigenen körperlichen Beschwerden.

Ich bin der Aufgestiegene Meister Kuthumi und melde mich hier zu Wort, um euren Fokus ein wenig mehr auf diejenigen zu lenken, die eure Aufmerksamkeit dringend brauchen.

Mit dem Aufstieg der Erde und ihren Kindern hat sich vieles positiv verändert, doch es wird immer noch gequält und getötet. Jedes Tier, dessen Ehre mit Füßen getreten wird, dazu gehören übrigens auch die Tiere aus der Massenhaltung, jedes so gequälte Individuum ist im Himmel hoch geehrt.

Dabei fragen wir Aufgestiegenen Meister uns oft, wie diese bösen Taten noch möglich sind, denn allein die Luft, die die Übeltäter einatmen, dürfte dazu führen, dass sie ihr Handeln lassen oder wenigstens überdenken. Was das mit der Luft zu tun hat, fragst du dich?

Nun, die Erde schwingt mittlerweile so hoch, dass man sagen kann, ihr befindet euch lebendig im Himmel. Diese goldenen Frequenzen sind überall – im Wasser, in der Luft, auf dem Boden. Jeder Mensch hat es also mit diesen umwandelnden Vibrationen zu tun.

Auch die Dunkelmächte sind nicht immun gegen diese Schöpferfrequenzen. Wenn du also siehst, wie jemand ein Tier oder einen Menschen quält, dann schreite bitte ein und warte nicht, bis ein anderer es tut. Sei dir gewiss, dass diese Quälerei kein Kreislauf ist, der sich immerzu fortsetzen kann.

Das Gesetz der Resonanz sorgt dafür, dass sie genau das ernten, was sie gesät haben. So lebt jeder individuell das, was er ausgesendet hat. Und die Erdenbürger sehen genau das in der Öffentlichkeit, was gemeinschaftlich manifestiert wurde. Also kann jeder Einzelne etwas dafür tun, damit die Brutalität und das Verbrechen von der Erde gehen.

Der Energiepool, der entsteht, wenn ihr konsumiert, ist im Realitätsfeld der Erde vorhanden. Wenn ihr zum Beispiel blutige Krimis, Vampirserien oder Horrorfilme anseht, bleibt das nicht ohne Wirkung, denn ihr füttert damit das Energiereservoir der dunklen Despoten. Ihr tragt also im Großen und Ganzen dazu bei, was im Außen geschieht.

Die Dunkelmächte haben diese blutigen, brutalen Todesserien und Filme in euer Programm genommen, um euch dazu zu bringen, den Energiepool des Hasses und des Tötens damit zu füttern. Wovon ernährt sich das Dunkle? Ja, genau, von der Angst, dem Hass, den Streitereien, der Gleichgültigkeit und dem Pessimismus.

Wenn man sich ansieht, was in den letzten Jahrzehnten Tragisches auf der Welt passiert ist, ist der dunklen Elite genau das gelungen: Sie hielten die Angstenergie bei einem Teil der Bürger aufrecht.

Oh, dabei geht es oft auch um Lust, wenn ihr euch so etwas anseht. Das ist schlau gemacht, oder? Denn wenn man sieht, wie jemand brutal getötet wird und danach heiße Liebe und sexuelle Lust gespielt wird, hat das auf die meisten Menschen einen süchtig machenden Effekt. Sie sehen sich solche Dinge immer wieder an.

Das Verbrechen und der Sex, die Gier, der Hass, die Brutalität usw. sind die Dinge, die euch vorgesetzt werden, die ihr weiter konsumieren sollt, damit ihr den Energiespeicher der dunklen Macht füttert, und zwar mit eurer Aufmerksamkeit. Darum geht es den Medien, um eure Aufmerksamkeit! Sie dimmen euer Mitgefühl, indem sie euch mit diesem Manipulationsprogramm geradezu überfüttern. So sind viele Menschen immer noch die Marionetten der Schattenspieler, ohne es zu merken.

Aber es wachen immer mehr Bürger auf, sie werden bewusst und lassen sich nicht mehr gängeln, weil sie die Zusammenhänge erkennen. Sie lassen sich nicht mehr in die Gleichgültigkeit, die Angst, den Fremdenhass, die Kriegslust führen.

Nebenbei bemerkt, das Zusammenspiel zwischen der Lust und dem Schmerz lernt ihr in der Regel schon in ganz jungen Jahren kennen. Die meisten Babys werden idealerweise mit Lust gezeugt. Bei der Geburt folgt der Schmerz. Aber auch die Babys, die durch den Geburtskanal gehen, können Pein empfinden. Das Gute ist: Auch das Gebären obliegt dem lichtvollen Wandel. Darüber haben wir in Seelenverträge Band 9 mit euch gesprochen.

Du denkst darüber nach, dass Babys, die gerade geboren werden, schon leiden können? Aber ja, die kleinen Erdenbürger spüren das Leid und die Angst ihrer Mütter, und sie fühlen auch Pein während des Geburtsvorgangs. Das ist etwas, worüber kaum berichtet wird, denn man kann das Schmerzempfinden der Babys während der Geburt schwer messen.

Es stimmt also der Grundsatz: Je relaxter eine Frau bei der Geburt ist, umso seliger ist ihr Kind.

Was ist mit der Schmerz-Angsterfahrung bei den Babys, die per Kaiserschnitt zur Welt kommen? Diese Säuglinge haben es in der Tat leichter, sie müssen nicht durch den engen, dunklen Geburtskanal. Sie werden meistens nicht gequetscht und haben kein so hohes Risiko, dass sich die Nabelschnur eng um ihren Hals ziehen könnte. Dass sie sich also selbst strangulieren. Trotzdem gehen auch die Babys, die per Kaiserschnitt geboren werden, durch dieses erste, irdische Läuterungstor. Das geschieht im Allgemeinen zwar sanfter, aber auch sie empfinden Angst – Furcht vor der Trennung von der Mutter und Furcht vor der Trennung von der geistigen Heimat.

Wusstet ihr, dass die Seele des Säuglings schon sehr früh selbst entscheidet, wie sie auf die Welt kommen will? Ja, in der Realität sieht es so aus, als würden Arzt, Hebamme und Mutter gemeinsam darüber abstimmen, ob zum Beispiel ein Kaiserschnitt gemacht wird oder nicht. Aber es ist umgekehrt: Die kleine Seele, die auf die Welt kommen will, beschließt, wann und wie es passiert.

Du warst auch mal ein Baby. Auch du bist durch diese Phase gegangen. Selbst wenn du durch Kaiserschnitt zur Welt gekommen bist, hast du das irdische Tor der ersten Läuterung durchquert.

Warum weinen Babys, wenn sie auf die Welt kommen? Sie fühlen eine physische Trennung von ihrer Mutter, und das führt dazu, dass sie weinen.

Du weißt aus Erfahrung, dass physische Trennungen wehtun können, oder? Hast du schon mal einen lieben Menschen verloren, den du dann nicht mehr umarmen kannst, obwohl du dich so sehr danach sehnst? Diese physische Erfahrung tut im Herzen weh. Und auch der erste Liebeskummer ist ein Beispiel für das Empfinden einer physischen Trennung.

Merkst du etwas? Ja, die Geschichte wiederholt sich. Es scheint, als würdet ihr immer wieder durchleben, was euch so sehr ins Fühlen gebracht hat, dass euer Herz dabei in Gefahr war, zu brechen. Ihr lebt also immer wieder das, was euch dazu gebracht hat, bittere Tränen zu weinen. Warum? Ihr manifestiert, erschafft Realität hauptsächlich mit Emotion. Freude bringt euch meistens nicht so stark ins Fühlen wie Schmerz, Leid, Sorge und Angst.

Ein schrecklicher Zustand, meinst du nicht auch? Denn eigentlich willst du ja beständig glücklich und gesund sein, und du willst Liebe spüren. Du möchtest, dass es deinen Lieben gut geht, dass sie geschützt und glücklich sind, nicht wahr?

Verständlich, darum habe ich mich gemeldet, um mit dir zu sprechen. Ja, dich meine ich, du bist das zauberhafte Wesen, das ich gesucht habe. Und ich bin glücklich, dich hier gefunden zu haben. Ich, Kuthumi, freue mich sehr, dass ich auf diese Weise mit dir sprechen darf.

Wenn du dir gewahr wirst, was du in deinem Leben erschaffen hast und es eigentlich kein Schicksal und Karma mehr gibt, kannst du all das leben, wovon du geträumt hast. Denn du selbst bist es, du hast dein Glück in der Hand. Alles, was du dir wünschst, was mit den Schöpferenergien übereinstimmt, kannst du leben. Und du kannst dafür sorgen, dass andere dieses Glück auch haben können. Hier gibt es keine Grenze nach oben, denn du selbst hast dich lange Zeit begrenzt. Erinnerst du dich?

Ja, ich spreche in der Vergangenheit, denn du hast längst erkannt, dass du deine Visionen leben wirst, wenn du die Fähigkeit hast, diese auch zu fühlen.

Du hast die Angst, den Schmerz, zwar noch nicht ganz aus deinem Leben erlöst, aber schließlich heilst du mit dem immer wiederkehrenden Schmerz nicht nur dich, sondern jeden, der in deiner Energiespur ist.

Ein wunderbarer, ehrenvoller Lichtdienst. Ich bin sehr stolz auf dich, ich liebe dich.

Ich danke dir, dass du mir zugehört hast.

Sei gesegnet,
dein Kuthumi."

Die Erzengel Uriel und Michael, der Erdenengel Harry: Ein ganz besonderer Ort

Das Badewannen-Gespräch

Harry: „Ich dachte, ich bin ein Mann mit Prinzipien, mir sind auch die Regeln meiner Frau durchaus wichtig. Ich will, dass sie glücklich ist, und wenn ich sie schon nicht glücklich machen kann, dann soll sie wenigstens zufrieden sein."

Erzengel Uriel: „Warum denkst du, du kannst deine Frau nicht glücklich machen?"

Harry: „Nun, ich bin traurig deswegen. Es fing so gut an. Wir waren ein liebendes Paar. Heute sind wir Freunde, die sich ab und zu lieb haben. Ja, das ist auch schon etwas. Doch ich will alle um mich herum strahlen sehen. Was soll ich tun, Erzengel Uriel? Was soll ich dagegen machen, dass ich mich so nach Nähe sehne und diese Wärme überall, wo ich mich gerade aufhalte, suche?"

Erzengel Uriel: „Du bist mir vielleicht ein Erdenengel! Es ist doch klar, dass sich jene, die auf der Erde wandeln und aus dem Himmel kommen, nach Nähe sehnen. Ein Engel lebt von Liebe. Wir ernähren uns ja sogar von Licht und Liebe."

Harry: „Ich liebe meine Frau und die Kinder. Ich bin ein guter Ehemann und Vater, und trotzdem fehlt in der Paarbeziehung das Feuer. Wie schaffe ich es, dieses Feuer von früher zurückzuholen? Wir hatten dieses Feuer einmal, Leidenschaft, sogar in den Gesprächen."

Erzengel Uriel: „Du sprichst von Feuer und meinst eigentlich die Intensität deiner Gefühle. Es geht erst einmal um dich dabei. Erst wenn du diese intensive Liebe wieder zu dir selbst spürst, kannst du diese anderen schenken. Wenn du vor Glück strahlst, tust du viel dafür, dass deine Familie auch glücklich ist."

Harry: „Gib mir bitte einen praktischen Tipp, Uriel. Wie komme ich in diesen SEINS-Zustand der absoluten Losgelöstheit, den ich aus der Jugend kenne?"

Erzengel Uriel: „Ich schlage vor, du kommst mit mir, lieber Freund. Ich bringe dich an einen Ort, an dem es dir leichtfällt, zu dir zu kommen. Hab keine Angst, du stehst unter meinen Schutz, wie du weißt, es wird dir nichts passieren."

Harry: „Wo gehen wir hin?"

Erzengel Uriel: „Es ist ein kleiner Ausflug mit einem bezaubernden Ziel. Erzengel Michael erwartet uns dort. Komm, du trauriger Erdenengel, gib mir deine Hand und mach die Augen zu, entspanne dich. Und jetzt sag mir, was du siehst…"

Harry: „Wow, da ist eine Treppe, die direkt zu einem Vorplatz führt. Dieser ist mit Wassergeräuschen beschallt. Ich fühle mich irgendwie zu Hause und weiß nicht, warum. Es entspannt mich, dem Geräusch von plätscherndem Wasser zuzuhören. Da ist eine Tür, die öffnet sich nun von allein…"

Als Harry diese Worte ausgesprochen hatte, wurde ihm bewusst, dass er immer noch die Hand von Erzengel Uriel festhielt. Der Erdenengel war neugierig, er sah aus den Augenwinkeln, dass Erzengel Michael nun neben Uriel stand. „Keine Ahnung wo der so schnell herkommt", dachte Harry laut, „aber ich bin es ja gewohnt. Die Freunde aus dem Himmel kommen und gehen, wie es ihnen passt. Ich wollte, ich könnte das auch", murmelte Harry.

Er war neugierig und schritt langsam durch die große Tür, die sich automatisch für ihn öffnete. Was er dann sah, verschlug ihm den Atem, denn das war nicht der Ort der Ratssitzungen, der wunderschöne Saal, den er erwartet hatte. Er betrat gerade eine Suite, die aussah, als wäre sie eigens für ihn eingerichtet worden. Damit hatte er nun wirklich nicht gerechnet. Ein privater Raum! Zu dieser Tageszeit hielt er sich eher in Konferenzräumen auf, daher war ihm die kleine Pause sehr angenehm.

Harry sah sich um, seine beiden Erzengel Freunde waren ihm gefolgt. Sie lächelten ihn an. Harry lächelte selig zurück, denn sein Blick fiel nun auf den Kamin, in dem ein behagliches Feuer loderte. Und davor befand sich eine gemütliche Couch, und auf dem kleinen Tisch wartete ein Glas frisch gezapftes Bier auf ihn.

Der Erdenengel ließ sich seufzend nieder. Er nahm das Glas in die Hand und legte sogleich seine müden Füße auf das Tischchen. Sein Blick ging schuldbewusst zu den beiden Erzengeln, diese deuteten jedoch an, dass sie sich für einen Moment zurückziehen würden.

„Auch gut", flüsterte Harry zu sich selbst und betrachtete das Glas Bier, indem er es bedächtig gegen das Licht hob. Das Getränk hatte eine leuchtende Bernsteinfarbe. Er nahm einen Schluck ... mh. Harry stöhnte leise vor Wohlbehagen. Dann lehnte er sich zurück und schloss genüsslich die Augen.

Er erwachte mit einem Ruck, entspannte sich aber sofort wieder, denn die zwei Engelfreunde saßen nun neben ihm. Harry sah, dass sich die Suite irgendwie verändert hatte. Alles war nun in ein warmes, goldenes Licht getaucht, sogar das Weiß der Wände war nun weicher, wie flüssiges Gold.

Er begrüßte Erzengel Michael artig, der nun neben ihm saß. Dieser klopfte ihm sanft auf den Rücken und sagte: „Schon gut, mein Freund, sei locker, wir sind hier ganz privat."

Für einen Moment hatte Harry das Gefühl, die teure Couch würde vibrieren. Das ganze Zimmer schien in Bewegung zu sein. Er schloss die Augen und hörte seinen Erzengel-Freunden zu, wie sie sich unterhielten.

„Die meisten Menschen suchen nach Intensivität, sie wollen das Schöne so lange wie möglich auskosten. Dabei wird es nur Realität, wenn man in sich selbst wohnt, sich selbst intensiv erleben, spüren kann", sagte Erzengel Uriel.

Erzengel Michael erwiderte: „Hier spielt die Sinnlichkeit eine große Rolle, sie ist der Grundstein, um zu sich zu kommen. Oder, besser gesagt, die Sinnlichkeit ist eine gute Möglichkeit für intensives Spüren. Die Menschen haben verlernt, sich selbst zu fühlen, sind oft nicht mit sich zufrieden. Daher kommt es zu Spiegelungen, und der Partner ist ebenfalls unzufrieden. Wer sich selbst nicht lebt, wird es schwer haben, sich und andere glücklich zu machen. Da fällt man immer wieder auf die Nase, so lange, bis der dabei entstehende Schmerz das „Sich-Spüren" zurückbringt."

„Der Schmerz ist zwar nicht gerade der angenehmste Weg, um sich selbst wieder wahrzunehmen. Doch genau diesen Weg gehen viele Lichtträger", antwortete Erzengel Uriel.

Harry wäre fast wieder eingeschlafen, so gelöst war er. Er wurde wach, weil ihm beinahe das Glas aus der Hand gefallen wäre. Er blickte sich um: teure Gemälde an den Wänden, wunderschöne Beleuchtung. Die ganze Suite war im mediterranen Stil eingerichtet, was dem Erdenengel sehr gut gefiel. Da erblickte er ein Bett, das sehr einladend aussah. Die Decke war zurückgeschlagen, die Kissen frisch aufgeschüttelt. Es schien fast so, als würde das Bett auf ihn warten. Er hörte, wie Erzengel Michael sagte:

„Ich habe tiefes Verständnis dafür, dass du müde bist, Harry. Du arbeitest hart und bist in jeder freien Minute für deine

Familie da." Er deutete mit dem Kopf in Richtung des Schlaf-
möbels. „Komm, ruh dich aus, wir zwei Erzengel unterhalten
uns inzwischen ein wenig, und ich denke, wir tun das in dieser
herrlichen, riesigen Badewanne."

Harry traute seinen Ohren nicht. Seine beiden Erzengel-
Freunde wollten ohne ihn baden gehen? Nein, das konnte sich
Harry nicht entgehen lassen. Wann sieht man schon mal Erzengel, die sich freiwillig nass machen, wo die doch eher als
wasserscheu gelten.

Erzengel Michael stand auf, nahm Uriel bei der Hand, und
beide schritten sie in den Wellness-Bereich, in dem die runde
Badewanne stand.

Harry blickte ihnen müde nach. „Was für ein besonderer
Ort", dachte er. Die Lampen wechselten die Farbe je nach Stimmung. So war der Raum nun gedimmt beleuchtet. Die Möbel
passten sich der Körperstruktur an, wenn man darauf sitzt oder
liegt. Die Suite schien einen reinen, frischen, natürlichen Duft
zu versprühen. Dieser Duft war dem jeweiligen Befinden des
Gastes angepasst. So konnte sich Harry sekundenschnell entspannen. Der Raum war behaglich warm, das Holz knisterte
leise im Feuer des Kamins. Selbst das Bier, das er trank, schien
individuell auf seinen Geschmack abgestimmt zu sein. Es hatte
und hielt sogar die Temperatur, die er bevorzugte.

Harry sah sehnsüchtig zum Bett, stand auf und leerte schnell
noch sein Glas. Dann legte er sich samt Schuhen auf das Bett,
das sanft im Takt seines Herzschlags hin und herschwang. Er
fühlte sich geborgen, so sehr, dass er seine Frage vergaß, die
er auf den Lippen hatte. „Wo bin ich hier? Was ist das für ein
besonderer Ort?", murmelte Harry, bevor er einschlief. Schon
war er eingenickt, und im Halbschlaf hörte er, wie sich seine
Engelfreunde unterhielten.

„Ich finde, wir sollten öfter baden", sagte Uriel gerade. „Es ist angenehm im warmen Wasser. Ich kann gut verstehen, wenn jemand am liebsten gleich nach der Arbeit seine müden Glieder im Badezuber ausstrecken möchte."

Erzengel Michael saß im blauen Nass und blies seinem Engelfreund schelmisch den Badeschaum ins Gesicht. Michael kicherte und sagte: „Oh, das kitzelt, die kleinen Bläschen des Schaums kitzeln mich an der Hand." Seine Stimme war etwas heller als sonst. Durch seine Heiterkeit und Ausgelassenheit hörte er sich an wie ein Kind. Der große Engel sah erstaunt auf seine Hand, die rosa aus dem Wasser auftauchte.

„Weißt du, Uriel, die Probleme, die unser Freund Harry hat, nun, er empfindet sie als Probleme, weil er ein schlechtes Gewissen hat", murmelte Michael.

„Ja", sprach Erzengel Uriel, „wohl hat er ein schlechtes Gewissen, die Frage ist nur, was er wieder angestellt hat? Ich bin noch nicht dazu gekommen nachzusehen, was unser Erdenengel in letzter Zeit so getrieben hat außer arbeiten."

Bei dem Wort Erdenengel wurde Harry plötzlich wach. Er hatte leicht geschnarcht, wie immer, wenn er auf dem Rücken lag.

Harry stand auf, streckte sich genüsslich, und schon schritt er in die Richtung, aus der die Stimmen kamen. Er traute seinen Augen nicht: „Ich muss unbedingt ein Foto von euch machen", rief er laut. „Es sieht cool aus. Zwei riesige Erzengel in der Wanne, und die Flügel hängen über dem Wannenrand, dass sie ja nicht nass werden."

Michael und Uriel sahen dabei so unschuldig aus, als würden sie so etwas jeden Tag machen. Harry zog seine Schuhe und Socken aus und stieg flink aus seiner Kleidung. Natürlich ohne diese zu falten und ordentlich abzulegen, was seine Frau immer bemängelte.

Er ließ sich mit einem lauten Platsch und viel Wellengang ins Wasser gleiten. Erst dann erinnerte er sich an seine Frage: „Badet ihr etwa nackt?"

„Nein, du siehst doch, wir tragen unsere Flügel", erwiderte Uriel, ohne eine Miene zu verziehen.

Die drei sahen sich an und begannen lauthals zu lachen.

Dann sagte Harry: „Ich habe kein schlechtes Gewissen, warum auch? Ich bin nur auf der Suche nach etwas, was meine Frau glücklicher macht. Ich sehne mich selbst nach Entspannung mit viel Intensität."

„Das ist eine ehrliche Antwort", sprach Erzengel Michael. „Ich schlage vor, du hörst uns am besten erst einmal zu."

Erzengel Uriel begann darüber zu sprechen, dass die Kälte in den Herzen mancher Menschen die Ursache dafür sei, dass sie leidend waren.

„Woher kommt diese Kälte? Nun, Kälte ist vielleicht das falsche Wort, ich würde es Emotionslosigkeit nennen", sprach Uriel.

Erzengel Michael richtete sich auf und sah, dass Harry nachdenklich und mit gesenktem Kopf im Wasser saß. Er stupste den Erdenengel liebevoll an, dann erwiderte er: „Die Menschen sind so sehr mit ihren täglichen Pflichten beschäftigt. Verständlich, denn wer Geld verdienen muss, um die Familie zu ernähren und überleben zu können.Nun ja, da wird das Fühlen, das „Sich-selbst-Finden" oft auf das Wochenende und den Urlaub verlegt. Dann ist das Wochenende oder der Urlaub da, und es passiert nichts. Das Programm, das Sich-selbst-Fühlen und Erfahren, bleibt leer. Das Leben kann sein wie ein Überlebenskampf, das ist ein unbefriedigender Zustand. Aber sich im Feld der Liebe aufzuhalten und zu sich selbst zu finden ist etwas, was man nicht auf Knopfdruck herbeiführen kann."

„Die Annahme kann sehr heilend sein, die Lebenssituation und sich selbst erst einmal anzunehmen. Der ewige Kampf mit sich macht nur müde und schwer, verändert aber die Gegenwart kein bisschen." Als Erzengel Michael diese Worte gesprochen hatte, richtete sich Harry plötzlich kerzengerade auf.

„Ich weiß nun die Lösung für das Kältethema: Liebe, Berührung und Nähe! Ich werde meine Frau so nehmen, wie sie ist. Wenn sie mich nicht mehr lieben kann, ok. Ich liebe sie von ganzem Herzen. Ich verbanne die Kälte, die Arroganz aus meinem Handeln, Denken und Fühlen. Außerdem muss ich mir wohl erst einmal selbst verzeihen. Ich habe mir die Schuld gegeben, darum hat man mich im Außen auch immer beschuldigt."

Erzengel Uriel nickte und antwortete: „Du hast dein Glück in deinen Händen! Du lernst schnell, also sprich mit deiner Holden über deine neuen Erkenntnisse." Uriel war nun abgelenkt, denn er hatte den Hebel für den Blubber-Effekt gefunden.

Die drei lehnten sich mit geschlossenen Augen zurück, warmes Wasser, vermischt mit Sauerstoff, umspülte die Körper der drei Freunde. Ein leises Summen begleitete das Blubbern des Wassers.

Harry streckte genüsslich seine langen Beine aus, er dachte gerade laut: „Ich will hier nicht mehr weg!" Er schielte zu seinen beiden Engelfreunden und sah, dass diese völlig losgelöst und relaxt wirkten.

Ein Bild für die Götter, denn wer hat schon mal Erzengel und einen Erdenengel gemeinsam baden sehen? Der Schaum war mittlerweile so hoch, dass er über den Rand tropfte. Es sah aus wie Milch, die überkocht und schäumend über den Rand schwappt.

„Unsere Flügel!", rief Erzengel Michael auf einmal laut, stand auf, und Uriel tat es ihm gleich. Nun standen sie in der riesigen runden Wanne und sahen bezaubernd aus. Der weiße Schaum tropfte an ihnen herunter, und durch das goldene Licht, das den Raum erhellte, sahen sie aus wie wunderschöne glitzernde Statuen.

Harry nahm sich vor, dieses Bild nie zu vergessen. Er schmunzelte, als er daran dachte, wie würdevoll und gleichzeitig lässig seine Engelfreunde ausgesehen hatten. Er konnte sich an jedes Wort erinnern, das in dieser Suite gesprochen worden war. Harry wusste intuitiv, dass er heute in einer Kristallstadt gewesen war. Er hatte zwar erst einmal nur diese Suite gesehen, doch es wartete sicher noch viel mehr auf ihn.

„Ich habe den Schlüssel in der Hand", murmelte der Erdenengel zu sich selbst. „Wenn ich die Themen bei mir sehe, fühle und erlöse, hilft das auch meiner Familie. Die Intensität des Lebens werde ich erfahren, wenn ich mir selbst erlaube, intensiv zu SEIN."

Erzengel Gabriel: Die heiligen Seelenaspekte und ihre Träger

„Der Seelenaspekt ist der Teil deiner Seele, der dich mit all deinen früheren Leben lebendig verbindet. Wenn du in einer Inkarnation zum Beispiel Maria Magdalena warst, kannst du durch diesen wundervollen Seelenaspekt die außergewöhnlichen Fähigkeiten und Persönlichkeitsanteile wieder in dir wecken, die du einst hattest.

Die Absicherung für den gelungenen Aufstieg der Menschheit, so beschlossen es einst die Lords des Lichts, also die Garantie dafür, dass das Licht gewinnt, war, dass sich die erfolgreichsten Lichtträger, also diejenigen, die der Dunkelheit in ihren Inkarnationen widerstanden haben, die heiligen Aspekte wieder auf die Erde tragen, indem sie das zum Leben erwecken, was so überwältigend schön ist, dass mir hier die Worte fehlen, um es zu beschreiben.

Ich bin Erzengel Gabriel, und es ist mir eine Ehre, auf diese Weise mit euch sprechen zu dürfen. Ich werde oft gefragt: „Ich dachte, ich allein bin Maria Magdalena? Es gibt aber viele Menschen, die das behaupten. Was ist denn nun wahr? Ich bin etwas Besonderes, das spüre ich."

Ihr Lieben, ihr seid alle etwas Besonderes, und es ist verständlich, dass ihr „das Original" sein wollt. Doch glaubt mir, diese Persönlichkeit ganz und gar zu sein, würde euch in jedem Fall zur Bürde werden, denn dieser Dienst am Licht kann sehr hart und aufopferungswürdig sein. Ich mag das Wort Opfer eigentlich nicht, doch es drückt aus, was eine Aufgestiegene Meisterin wie Maria Magdalena oder der Aufgestiegene Meister Christus (Maitreya) sich vorgenommen haben, auf der Erde zu tun. Nämlich sehr viel, und das alles im Sinne der bedingungslosen Liebe.

Das kann nur gelingen, wenn nicht nur *ein* Mensch diese heiligen Seelenaspekte in sich trägt, um sie dann irgendwann zu leben. Wenn man die hingebungsvollen und lichtvollen Aufgaben auf vielen Schultern verteilt statt auf einer, dann ist das ein Garant für den Erfolg, meint ihr nicht auch?

Ich, Erzengel Gabriel, drücke mich nicht gerne in Zahlen aus, denn das fördert nur das lineare Denken. Und das ist eher erschwerend, was den Kontakt zur Geistigen Welt anbelangt. Um beim Thema zu bleiben: Es gibt unter anderem auch den Seelenteil von Christus sehr oft auf der Welt. Wie gesagt, ich spreche jetzt nicht von dem Original-Christus (Maitreya), sondern von den vielen gleichnamigen Seelenaspekten. Ich sprach davon, dass diese hochgeehrten Seelenaspekte in euch weiterleben, indem ihr jenes Lichtteilchen in euch beherbergt. Es obliegt dem freien Willen der Menschen, ob sie dieses wundervolle Licht annehmen oder nicht.

Wir haben auch unter anderem immer wieder Maitreya erwähnt, der wieder auf der Erde ist und im früheren Leben Christus war. So wie er haben sich viele Aufgestiegene Meister wieder ins Leben gewagt, indem diese heiligen Seelen sich komplett, also vollkommen, in jeweils einen irdischen Körper manifestiert haben. Sie haben sich nicht nur als Teil des jeweiligen Aufgestiegenen Meisters inkarniert, sondern sind es ganz und gar.

Wie du erkennst, welche Seele durch dich lebt? Nun, du erkennst es nicht an dem, was du sein möchtest, sondern daran, was du bereits tust, bist, lebst.

Diese Sätze sollen keine Wertung oder gar eine Zurechtweisung sein. Ich, Erzengel Gabriel, möchte dir sagen, dass du wundervoll und gesegnet bist. Du bist einzigartig und liegst uns sehr am Herzen. Wenn du heilige Seelenaspekte in dir trägst oder die heilige Seele selbst bist, dann sei dir sicher: Du wirst auf jeden Fall unermesslich geliebt.

Ihr seid alle ein Teil von Gott, und darum ist eure Vielfalt nicht begrenzt. Und einzigartig seid ihr ohnehin, wenn man nur mal an eure DNA denkt, die bei jedem anders ist. Du kannst also die Verbindung zu einer heiligen Substanz haben, lebst aber in dieser Inkarnation modern. Du bist nicht dazu gemüßigt, den alten, oft sehr beschwerlichen Lebenspart des Aufgestiegenen Meisters zu wiederholen.

Wir haben in Band 8 vom Jesuseffekt gesprochen. Und tatsächlich übernehmen manche Boten des Lichts die Stationen des früheren Lebens von jenen, die heute als weihevoll gelten. Jene, die in ihrer damaligen Inkarnation aber so gedemütigt, verraten oder gar gesteinigt wurden, dass es sogar uns, euren geistigen Mentoren, schwerfällt, zuzusehen, wie ihr das Martyrium in eurem heutigen Dasein wiederholt. Das ist unglaublich tapfer, und wir ehren euch sehr dafür, aber ihr müsst es nicht tun. Manchmal bleibt sogar uns die Luft weg, wenn wir voller Rührung sehen, wie schwer der Rucksack ist, den ihr euch aufgeladen habt.

Der Weg aber ist nicht die Isolation, indem man sich ganz mit der Geschichte von zum Beispiel Maria Magdalena identifiziert. Oder indem man auf andere herabsieht, weil man sich selbst als erhabener und wertvoller fühlt. Es ist vielmehr so, dass ihr diesem weihevollen, wundervollen Licht einfach erlauben solltet, sich mit eurer Persönlichkeit zu verbinden. So wird es auf der Erde verankert. Das hebt die Schwingung von Mutter Erde enorm, und genau das findet schon seit Jahrzehnten statt. Ich spreche hier von dem überdimensionalen Licht, der goldenen Flutung des Blauen Planeten, denn die heiligen Aspekte tragen sehr viele Menschen in sich.

Die Vorstellung vom Leben als Maria Magdalena im heutigen Dasein in Bezug auf die Wiedervereinigung mit Christus ist sicher sehr romantisch, doch das hohe Wirken der beiden und ihre Seelenpartnerschaft sind nicht nur von schönen Momenten geprägt. Und sie leben sicher nicht immer romantisch, sondern ihr Sein ist geprägt von besonders viel Verzicht, da sie „den Dienst am Nächsten" wortwörtlich nehmen.

Es ist unwichtig, welchen Titel du trägst, es ist nur wichtig, was du Lichtvolles bewirkst und lebst. Du kannst andere nicht dazu zwingen, dein Seelenlicht zu ehren, aber du kannst dafür sorgen, dass du jemand bist, den man ehren und würdigen kann.

Das dogmatische Denken funktioniert im Goldenen Zeitalter nicht mehr. Manche Lichtarbeiter möchten gerne elitär sein, doch das hält die Trennung aufrecht. Das abgehobene Denken, wie zum Beispiel: „Ich bin besser, auserwählter als andere", macht sicher nicht glücklich. Elitär spirituell zu sein macht Lichtarbeiter nicht zu etwas Besonderem, sondern machtlos.

Wer im Außen Macht haben möchte, wird auch die Erfahrung machen dürfen, im Inneren Machtlosigkeit zu verspüren. Wer dagegen im Inneren machtvoll ist, muss nicht mit Mechanismen wie Machtmissbrauch, Lügen, Unterdrückung, abgehobener Selbstdarstellung, Erpressung und Dogmen arbeiten. „Ich nehme das Göttliche in mir an" ist eure magische Kraft.

Es geht um das Innere. Das äußere Bild verändert sich nur, wenn ihr tief in euch das integriert habt, was man im Allgemeinen als „die Liebe selbst sein" nennt. Außerdem sehe ich bisweilen, dass Menschen sich gegenseitig angreifen. Sie verletzen sich mit dem, was sie sagen, sie zeigen mit dem Finger auf andere und sagen: „Du bist schuld an meinem Dilemma!"

Aber das „Um-sich-Schlagen mit Worten, mit Aggression und Wut ist ein Hilfeschrei der Seele, die sagt: „Hilfe, ich darf mich nicht so leben, wie ich will." Um es einfach auszudrücken: Es ist ein Schrei nach Liebe. Es geht dabei vielfach um die Liebe zu sich selbst, zum Inneren Kind.

Wer sich gefühlsmäßig nicht als geliebt empfindet, fühlt sich nicht berührt, nicht angenommen, und gibt womöglich anderen die Schuld für das erlittene Ungemach. Doch diese heiligen Seelenteile, von denen wir sprachen, in sich zum Leben zu erwecken, ist zu vergleichen mit „den Himmel auf die Erde holen".

Vorher aber wird alles, was nicht mit den hohen Energien konform geht, entweder bewusst umgewandelt, oder das, was transformiert werden soll, tritt an die Oberfläche, wird also gelebt und dann lichtvoll umgewandelt. Es ist durchaus ermüdend und gefährlich, wenn diese Auflösungen irdisch gelebt werden, denn es kann zu Beschwerlichkeiten, Krankheiten, Fehden, Krieg und Trennungen führen.

Ich möchte damit nur zeigen, dass es kein Zuckerschlecken ist, den Fußspuren der Aufgestiegenen Meister auf Erden voll und ganz nachzugehen, denn ihre Lebenspläne sind meistens gespickt mit sehr viel Verzicht und reichlich sozialem Engagement. Das kann dazu führen, dass man immer wieder Phasen der persönlichen Antriebslosigkeit hat und an die eigenen Grenzen kommt.

Die Vibrationen der Geistigen Welt sind wunderbar. Sie sind allerdings auch sehr transformierend. Die Auflösungen zu leben wird oft als Strafe empfunden. Wenn aber das hohe Licht erst einmal bewusst angenommen wurde, wird jede Auflösung zur Spielerei. Das Leben wird leicht, außer ihr wollt die alten Energien noch eine Weile länger im Körper halten und leben.

Um die Partnerschaft anzusprechen: Diese bietet die Möglichkeit, sich auf dem schnellsten Weg weiterzuentwickeln, weil man seinen Spiegel direkt vor der Nase hat. Das kann wunderbar sein, wenn dir das Spiegelbild gefällt, aber auch fürchterlich, wenn du wütend in Resonanz gehst zu dem, was dir dein Partner gerade reflektiert.

Dann gibt es noch die Paarbeziehungen der abhängigen Liebe. „Ich brauche dich, du gehörst mir, ich fühle mich ohne dich wertlos", also das Eifersucht-Spiel. Das ist sicher beschwerlich, denn dabei kommst du in Berührung mit dem Verlust. Warum? Das, was du krampfhaft festhältst, als bedingt ansiehst, verlierst du wieder. Was du in allumfassender Liebe loslässt, kommt, auf welchem Weg auch immer, zu dir zurück.

Vielen Dank für dein Vertrauen.
Sei gesegnet, dein Erzengel Gabriel."

Ratssitzung: Die Traurigkeit, die Trennung

Selbstverwirklichung oder Egotrip?

Erzengel Michael: „Die Trennung vom Partner, von den Kindern, der Familie oder den Freunden ist sicher etwas, was die meisten Leser nachdenklich stimmt.

„Warum ist denn nichts mehr für ewig?" Diese Frage wird uns geistigen Mentoren oft gestellt. Doch eigentlich geht es dabei nur um das Training des Loslassens, denn durch deine Bewusstwerdung gelten auch die kosmischen Gesetze eins zu eins für dich. Im Himmel gibt es keine Trennung, wir geistigen Mentoren kennen keinen Abschied, und auch Spaltung leben wir nicht.

Wenn dein Partner nicht mehr mit dir zusammenleben will, wird das oft als Abschied empfunden. Das ist verständlich, denn wenn sich Paare scheiden lassen, geht das nicht selten mit heftigen Streitereien einher. Wenn man sich nicht mehr liebt und versteht, ist eine räumliche Trennung sicher sinnvoll."

Marix war unterwegs zu einer Ratssitzung, die spontan einberufen worden war. Er hatte es nicht eilig, er saß nachdenklich im Taxi, sein Herz war schwer, er fühlte Traurigkeit.

„Ich bin so berührt von der Entscheidung einer Freundin, sie will den Kurs der Selbstverwirklichung einschlagen", sagte Marix zu sich selbst. Er überlegte hin und her, aber es fiel ihm schwer, den Grund herauszufinden, warum er so traurig war, wenn er an diese Freundin dachte.

„Sie geht einen Läuterungsweg, das spüre ich, und wir können ihr nicht helfen. Uns bleibt nur, für sie da zu sein, wenn sie uns braucht." Marix lehnte sich zurück und betrachtete die Landschaft aus dem fahrenden Taxi.

Er war so damit beschäftig, auf sein Herz zu hören, dass er erst gar nicht realisierte, was los war, als er ein lautes „Peng" hörte. Ein Stein war gegen die Windschutzscheibe geflogen. Doch durch den lauten Knall wurde ihm plötzlich bewusst: „Trennungen gehen bisweilen mit einem lauten Knall einher, weil die Menschen dann aufwachen", flüsterte Marix leise.

„Ich sah dich noch nie schlafen", sagte eine ruhige Stimme neben ihm.

„Wie bist du denn in das Taxi gekommen?", rief Marix überrascht.

Harry thronte neben Marix, als wäre es das Selbstverständlichste der Welt. Er hatte es sich bequem gemacht, seine Füße genüsslich ausgestreckt und blinzelte Marix an.

„Sarinah hat mir gezeigt, wie teleportieren geht", erwiderte Harry lässig.

Bei dem Namen richtete sich Marix plötzlich kerzengerade auf, sein Herz pochte vor Sehnsucht. Doch Harry ahnte, was in ihm vorging und sagte: „Keine Sorge, lieber Freund, deine Süße ist dieses Mal schon vor dir da. Sie erwartet uns sicher schon."

Das Fahrzeug hielt, und die beiden Freunde stiegen aus. Harry legte dem nachdenklichen Marix seine flache Hand sanft zwischen die Schulterblätter. Das tat er intuitiv, wenn er spürte, dass seine Gesprächspartner etwas aus der Fassung geraten waren.

Nun standen sie da und sahen mit Ehrfurcht, wie eine Kristallstadt vor ihnen auftauchte. Harry erinnerte sich daran, dass es das Gefühl war, das als Eintrittskarte für diesen wundervollen Ort fungierte.

„Autsch!", war aus der Richtung des Eingangs zu hören. Die beiden Männer gingen dem Geräusch nach und sahen Sarinah, die aufgesprungen war. Sie hatte auf der Treppe sitzend gewartet und sich durch Unachtsamkeit den brühend heißen Tee über den Schoß geschüttet.

Harry und Marix waren so voller Mitgefühl, dass das Tor zur Kristallstadt plötzlich aufging. Zu dritt schritten sie nun durch das goldene Tor. Die Eingangshalle war eine Art Freiluftarena, und hier fand die Tagung statt.

Die drei standen da und staunten, sodass sogar Marix vergaß, nach dem Befinden seiner Partnerin zu fragen.

„Was ist denn passiert, man hörte dein Rufen bis hierher?", fragte Erzengel Michael, der plötzlich aufgetaucht war.

Sarinah sah, das wieder einmal alle Augen auf sie gerichtet waren, und es war ihr etwas peinlich. Alle anderen waren nämlich schon da. Jetzt bemerkte Erzengel Michael das Malheur, er nahm Sarinah bei der Hand, und sie beruhigte sich.

„Die Selbstverwirklichung", sagte Erzengel Uriel gerade, „wird nicht selten zur Falle und endet als Egotrip."

Die Neuankömmlinge grüßten freundlich in die Runde und nahmen dann ihre Plätze ein.

„Wer in diese Egofalle tappt, findet schwer wieder heraus, denn sich selbst zu leben ist gespickt mit viel Freude, aber wenig Pflicht und Aufopferung", resümierte Uriel.

„Das verstehe ich jetzt nicht, wieso soll denn das Pflichtbewusstsein den rechten Weg weisen?", entfuhr es Sarinah.

„Das bequeme Leben ist es, was die Lichtträger ab und an aus der Bahn wirft. Sie verfangen sich in den Fallstricken der Selbstverwirklichung, weil sie denken, sie leben im Sinne der Schöpferquelle. Wer alles Unbequeme um sich herum wegschiebt, weil nur noch Leichtigkeit erfahren werden möchte, verletzt schon mal andere. Die Resonanz, die dabei erzeugt wird, ist sicher nicht angenehm, denn wer die Würde anderer missachtet, wird selbst Missachtung erfahren müssen. Da schlagen die Wellen der Transformation schon mal über dem Kopf zusammen. Wer soll da noch Luft bekommen?", antwortete Kuthumi mit klaren Worten.

„Eigentlich müsste es so etwas wie einen Benimmkurs für die Menschen geben, die das volle Bewusstsein anstreben", sprach der Erdenengel Harry laut.

Die Sitzung fand unter freien Himmel statt, die Sonne schien warm auf die Anwesenden. Sarinah strich nachdenklich über die Stelle, die sie sich vorher verbrüht hatte. „Diese Sonne hat Heilkräfte", flüsterte Harry ihr zu. Er hatte bemerkt, wie sich die Laune seiner Sitznachbarin besserte, weil ihre Haut nicht mehr brannte.

Es waren anwesend: die Erzengel Michael und Uriel, die Aufgestiegenen Meister Kuthumi, Saint Germain und Lady Portia sowie der Erdenengel Harry, Sarinah und der Sprecher des Erstkontakt-Teams, der Galaktischen Föderation des Lichts, Marix.

Marix war aufgesprungen und rief laut: „Genau, einen Benimm-Kode für alle, ich bin dafür."

Nun war leises Raunen zu hören, denn die Teilnehmer der Ratssitzung erinnerten sich nur zu gut daran, dass der galaktische Freund gerne mal ein wenig aus der Fassung geriet. Dieser bezaubernde Ort allerding strahlte so eine behagliche Stimmung der Ruhe aus, dass Marix nicht einmal daran dachte, einen seiner unterhaltsamen Ausraster zu bekommen.

„Sie lieben und sie treten sich. So könnte man beschreiben, wie die Menschen manchmal miteinander umgehen. Auch in spirituellen Kreisen kommt dieses „mit Worten um sich schlagen, als wenn es kein Morgen gäbe" leider immer noch vor. Denn sie wissen nicht, was sie tun! Durch die ansteigende, goldene Vibration erschlägt sie die Resonanz der selbsterzeugten Wellen ja förmlich.

Das würde ja sogar uns zu Fall bringen. Wie halten die Erdenbürger das bloß aus? Ich meine den Wind, den sie erzeugen, denn dieser ist oft nur allzu rau und kalt. Das muss ja gefühlslos machen. Oh, natürlich verstehe ich das, denn der tägliche Überlebenskampf ist sicher ermüdend und deprimierend, da verliert man schon mal die Contenance." Lady Portia hatte sich warmgeredet und hielt nur inne, weil sie bemerkte, dass Sarinah eine Frage dazu hatte.

„Soll das heißen, dass wer sich selbst nicht mehr fühlen kann, in Gefahr ist, depressiv zu werden? Und wie erkennt man, dass man sich bei der Selbstfindung im Nebel der Egoschatten verfangen hat?"

Harry hatte, während Sarinah die Fragen stellte, die Hände auf seine Oberschenkel gelegt, und zwar so, dass sein Ellbogen den Arm seiner Nachbarin berührte. Er lächelte süß, denn er liebte dieses Spiel der Nähe, nicht weil er die Würde des anderen nicht achtete, nein, Harry suchte Berührung und Nähe überall, wo er sich gerade aufhielt. Er war geradezu süchtig nach menschlicher Wärme. Doch nach dem Badewannengespräch mit seinen Erzengelfreunden war ihm bewusst, dass er eigentlich nach Intensivität suchte, weil er sich selbst nicht mehr intensiv spüren und lieben konnte.

„Ja, Gefühlskälte ist einer der Gründe für eine depressive Phase", antwortete jetzt Saint Germain. „Aber wer sich selbst nicht mehr spüren und nicht mehr emotional reagieren kann, hat diesen Zustand nicht herbeigewünscht, vielmehr schlittern die meisten nach und nach in das Tal der Traurigkeit. Ich, Saint Germain, kenne das Leben auf der Erde und die menschlichen Probleme. Ich kenne die Stolperfallen und Verstrickungen auf dem Weg zur Einheit. Darum kann ich nachfühlen, wie es euch geht. Eine meiner Aufgaben ist es, den Lichtträgern aus den emotionalen Verwicklungen herauszuhelfen. Ich transformierte in meinen Inkarnationen den physischen Körper und dehnte dabei mein Bewusstsein so weit aus, dass mein Körper „Licht" wurde. Genau diesen Weg gehen die Erdenbürger nun auch.

Wenn die Spiegelungen, die du von deinen Mitmenschen erhältst, unangenehm, egoistisch und distanzierend auf dich wirken und du das Gefühl hast, dass dein Aufstieg eher stoppt als vorangeht, nun, Sarinah, das sind Zeichen für eine Egoverwirklichung statt einer Selbstverwirklichung."

Erzengel Michael sah, wie Sarinah mit gesenktem Haupt auf ihren Platz saß. Es schien, als würde sie, tief versunken in sich selbst, beten. Aber Erzengel Michael wusste, dass sie weinte und ihre Tränen verbergen wollte.

„Ich weiß, wie es um dein Herz bestellt ist, Sarinah. Ich weiß, wie es dir geht. Ich weiß es." Bei diesen Worten stand der große blaue Engel auf und ging zu ihr. Dann kniete er sich hin, nahm ihre Hände und sagte: „Sieh mich an, ich möchte, dass du den Kopf hebst. Schau mir in die Augen und sag mir, was du siehst."

Der Erdenengel Harry war so ergriffen, dass ihm sogleich dicke Tränen der Rührung über die Wangen liefen. Marix rutschte unruhig auf seinem Stuhl hin und her, er war etwas unsicher, denn eigentlich war es seine Aufgabe, seine Frau zu trösten.

Sarinah hob den Kopf und sah, dass alles um sie herum nur so flirrte vor goldenem Licht, alles schien zu vibrieren. In den Augen von Erzengel Michael spiegelte sich dieses herrliche Gold.

„Damit helft ihr uns, nicht wahr? Ihr hebt die Schwingung an, sodass man sich ganz leicht in das Feld der Liebe begeben kann, wenn man es will. Ihr transformiert für uns, ihr heilt uns mit dem warmen, goldenen Licht", murmelte sie schniefend.

Bei diesen Worten wurde es Harry ganz heiß. Er fasste in seine Hosentasche und zog ein Stofftaschentuch heraus. Damit wischte er sich den Schweiß und die Tränen ab.

„Diese Transformationshitze ist es, nicht wahr? Damit kocht ihr uns weich", murmelte Harry. Erzengel Michael zwinkerte dem Erdenengel zu.

Nun war Erzengel Uriels Mitgefühl geweckt. Er stand auf und wedelte mit den Armen, und sofort war ein angenehm kühler Wind zu spüren. Uriel hatte einen solchen Spaß bei seiner Darbietung, dass er ganz übersah, dass der Wind mittlerweile fast ein Sturm geworden war. Die Ladys hatten Mühe, ihre Kleider in Ordnung zu halten, und auf dem vorbereiteten Büffet fingen die Gläser an zu klirren.

Erzengel Michael war ebenfalls aufgestanden und schritt lässig zu Uriel. Dieser bemerkte ihn aber erst, als Michael bereits mit in die Hüfte gespreizten Händen vor ihm stand. Erzengel Uriel legte seinem Engelfreund beschwichtigend den Arm um die Taille und ging mit ihm zu ihren Plätzen. Dann setzte er sich kerzengerade hin und begann zu sprechen:

„Ich habe oft gesehen, dass menschliche Tragödien stattfinden, wenn sich die Menschen trennen, vor allem, wenn einer von ihnen vorhat, nur noch das zu leben was ihm/ihr in den Kram passt. Ja, ich weiß, sie leben ihre Seelenverträge, doch beim Umsetzen weichen sie schon mal etwas vom Plan ab. Es ist nichts gegen das „Ich tue, was mir passt" einzuwenden, aber dabei verheddert man sich schon mal im Wirrwarr einer großen Auflösung und tritt womöglich denen auf die Füße, die man lieb hat. Warum?

Nun, wer das hohe Bewusstsein in sich trägt, kann nur noch Selbstverwirklichung zum Wohl aller Beteiligten betreiben.

Da gibt es nicht mehr: „Hauptsache mir geht es gut, die anderen sind mir egal. Ich will ein schönes Leben, auch auf Kosten anderer. Im vollen Gewahr-SEIN, im Leben des Lichts der göttlichen Quelle, geht es vielmehr um das „WIR".

Wer die Egoverwirklichung in den Vordergrund stellt, wird auch das Morgen so erleben, wie das Gestern war. Niemand will ständig die gleichen, immer wiederkehrenden Transformationen leben, nicht wahr? Die Erdenbürger geben sich manchmal selbst die Schuld für Geschehnisse, die in ihrer Vergangenheit passiert sind. Aber die Crux an der Sache ist, dass sie dadurch in den alten Gefühlsstrudel der damaligen Geschehnisse eintauchen. Ja, das sind Auflösungen, doch irgendwann ist es doch mal gut mit diesem Transformations-Marathon."

Als Erzengel Uriel fertig war mit seiner Rede, sprang Marix auf und verkündete: „Ich will tanzen, ihr seid mir heute zu ernst."

Wie gesagt, so getan. Marix ergriff die Hand von Sarinah und führte sie in den inneren Kreis, der nun als Tanzfläche fungierte. Erzengel Uriel schnippte eilig mit den Fingern, und schon ertönte Musik. Dann ergriff er flugs seine Chance und forderte mit einer eleganten Verbeugung Lady Portia zum Tanzen auf.

Sarinah sah, wie der Aufgestiegene Meister Kuthumi versuchte, sich aus der Affäre zu ziehen, denn er hastete zum Ausgang, wurde aber gerade noch rechtzeitig von Erzengel Michael aufgehalten. Dieser stellte sich vor ihm auf, lächelte ihn schelmisch an und sagte: „Du wirst doch jetzt kein Spielverderber sein. Komm, Kuthumi, tanze mit uns."

Also kehrte Kuthumi zurück, nicht ohne ein paar unflätige leise Worte vor sich hinzumurmeln. „Für diese Spielereien habe ich eigentlich keine Zeit, es gibt so viel zu tun", zeterte er. Doch schließlich tanzten Kuthumi, Erzengel Michael und Saint Germain zu dritt, indem sie sich um die Taille fassten.

Marix bemerkte erst jetzt den peinlichen Fauxpas, sie hatten den Erdenengel Harry vergessen. Dieser saß da, wie bestellt und nicht abgeholt. Also gab sich der galaktische Freund einen Ruck, nahm Harry bei der Hand und zog ihn auf die Tanzfläche. Nun bewegten auch sie sich zu dritt im Takt der Musik.

Ein spaßiger Anblick, da Harry, Marix und Sarinah so eng miteinander tanzten, dass es fast so wirkte, als würden sie innig miteinander kuscheln. Lady Portia und Erzengel Uriel bewegten sich ebenfalls engumschlungen und langsam zum Takt der Musik. Es sah nicht nur so aus, sie waren alle in tiefer Liebe verbunden. Kuthumi, Saint Germain und Erzengel Michael hielten sich nun an den Händen und drehten sich dabei im Kreis, was eher lustig rüberkam, so, als wären die drei auf einem Kindergeburtstag.

☆☆

Sarinah:

Wenn ich heute an diese Ratssitzung zurückdenke, erinnere ich mich an jedes Wort, das gesprochen wurde. Ich sehe vor allem die Anwesenden vor mir, als wäre es gestern gewesen. Die Emotion, die ich bei jedem dieser Treffen hatte, ist es, die es mir leichter macht, das „gesagte Wort" ins Gedächtnis zu rufen und im Leben umzusetzen. Ich höre immer noch, wie Harry mir und Marix beim Wiegen zur Musik zuflüsterte: „Auf ewige Freundschaft, lasst uns den Rest des Weges gemeinsam gehen."

Gespräch mit Maitreya: Du bist mein Spiegel, ich erkenne mich in dir

Auf der Liebeswelle surfen

Auf der Liebeswelle surfen. So fühlt es sich jedenfalls für mich an. Ein wunderbares Gefühl. Ich spüre die allumfassende Liebe der Quelle in mir. Seit kurzem kann ich diese Energie auch sehen. Es sieht aus, als wenn der Raum, in dem ich mich befinde, vom goldenen Licht bestäubt ist und als ob alles, was in dem Licht ist, vibrieren würde.

Alles um mich herum ist dann in durchscheinende, aber intensive, kristalline Farben getaucht, wobei zum Beispiel die Farbe Gelb zu einem wunderbaren Goldorange wird. Das Blau wird zu einem Saphirblau, das Rot erscheint in Rubinrot usw.

Sobald ich mich in diesem Feld der Liebe befinde, fängt alles herum an, vor Liebe zu beben. Das ist interessant, und wenn ich unterwegs bin, sind die Menschen, die ich treffe, genauso in der Frequenz der Schöpferliebe wie ich. Gespräche von Herz zu Herz sind in meiner Erinnerung, die mir sogar im Nachhinein noch ein Lächeln aufs Gesicht zaubern. Ich hoffe, oh nein, ich weiß, dass die Menschen, denen ich begegnet bin, dieses Licht gespürt und darauf reagiert haben.

Trotzdem möchte ich dich heute fragen, wieso dieser Wandel bei einigen Lichtträgern erst einmal eine Reinigung auf allen Ebenen auslöst?

Das ist heftig, ich bin tief berührt von diesem Kampf ums Überleben. Ja, Kampf, so kann man es sagen, denn die Menschen scheinen hin und hergeworfen zu werden, wie Blätter im Wind. Sie wirken so haltlos, immer volles Risiko und ohne Zeit, sich auszuruhen. Mir ist aufgefallen, dass ich persönlich nicht an die Menschen herankomme, die sich so sehr in der Transformation befinden, dass sie nicht anders können, als sich in sich selbst zurückzuziehen. Mein Herz bricht, wenn ich sehe, wie sich die Menschen in meinem Umfeld quälen, indem sie sich ihr Leid immer wieder zurückholen.

Oder scheint das nur so? Ich kann ihnen nicht helfen, komme nicht an sie ran. Sie hören mir zu, und sie hören mich auch wieder nicht. Es fühlt sich an, als wenn ich mit ihnen durch eine Milchglasscheibe reden würde. Maitreya, du weißt, dass ich diese Lichtträger manchmal, „die mit den Schatten tanzen" nenne…

☆☆

Sarinah: „Ich danke dir, dass du gekommen bist. Hallo Maitreya."

Maitreya: „Ich danke dir für deine Einladung, Sarinah. Warum bist du denn auf einmal so traurig? Du hast so schön beschrieben, wie es ist, auf der Welle der Liebe zu surfen. Doch du spürst dieses Auf und Ab, nicht wahr? Aber das ist es nicht, warum du Tränen in den Augen hast. Erzähl es mir, was ist los?"

Sarinah: „Ich versuche, es in Worte zu fassen. Eigentlich weißt du ganz genau, warum ich weine. Du bist lebendig hier auf der Erde. Ich kann dich sehen, und ich fühle, wie du dich selbst geißelst. Warum tust du das, Maitreya? Warum läuterst du dich, und die Lichtträger machen es dir nach. Warum?"

Maitreya: „Ich läutere mich nicht selbst, Sarinah. Das scheint nur so, ich transformiere für die Welt, für meine Kinder, meine Familie, ich tue das auch für dich."

Sarinah: „Also, ich hoffe du verzeihst mir das, aber ich glaube dir nicht ganz."

Maitreya lacht und antwortet dann mit tiefer, beruhigender Stimme: „Das ist die Crux an der Sache. Ich kenne dich, du bohrst so lange, bis du an den Knackpunkt gekommen bist. Aber hast du schon einmal daran gedacht, dass es manchmal nicht darum geht, zu verstehen, sondern einfach zu fühlen, zu sein? Ich bin dir nicht böse, denn ich bin es gewohnt, dass man mir auf den Zahn fühlt. Das war in meiner Inkarnation als Christus schon so. Die Geschichte wiederholt sich, doch mit dem Unterschied, dass es dieses Mal ein Happy End gibt."

Sarinah: „Du sprichst von „Crux" an der Sache und meinst das Kreuz, das du wieder trägst. Die Last, die Bürde, die du wieder für andere trägst, und es ist wieder so wie damals, als du Christus warst. Du steckst manchmal in Situationen, die verzwickt, ja, fast ausweglos erscheinen. Wieder scheint es so, als hätte man dich mit dem Rücken an die Wand gestellt. Es ist augenscheinlich so, als würdest du wieder die verlieren, die du am meisten liebst: deine Frau, deine Kinder, deine Familie. Von deinen Anhängern will ich gar nicht sprechen. Einige von ihnen sind wohl deine Feinde geworden. Warum?"

Maitreya: „Liebes, du bist aufgeregt, möchtest du eine Pause machen? Oh, ich habe verstanden, du magst Pausen nicht, wenn sie erzwungen erscheinen. Du möchtest reden. Ok, hier ist meine Antwort:

Ich bin voll und ganz im Licht der Schöpfung. So, wie du auch und alle, die diese Zeilen lesen. Da gibt es keine Läuterung mehr, das, was wie Kummer aussieht, ist eine großflächige Transformation. Man könnte es auch Ablösung nennen, es dient der Nächstenliebe, denn die Menschen, die davon profitieren, und das können tausende sein, bleiben von diesem Schattenkampf verschont. Nun ja, der freie Wille des Menschen ist unantastbar. Es gibt Lichtträger, die selbst auflösen wollen, um möglichst viel dadurch zu lernen und auf den Weg ihrer Berufung zu gelangen. Sie tun es aus Liebe, nicht etwa, weil sie weniger bewusst oder gar unfähig wären. Sie tun es aus Liebe."

Sarinah: „Aber, ich habe in deinen Augen gesehen, das es dir nicht gut gegangen ist, ich spüre jetzt noch dein gebrochenes Herz."

Maitreya: „Du siehst dich selbst im mir, Sarinah. Du hast ein gebrochenes Herz, du bist die, die traurig ist. Weißt du, ich verstehe dich, kann nachfühlen, wie es dir geht. Doch du darfst loslassen, du darfst die Menschen loslassen, denen du erst einmal nicht helfen kannst. Worte hallen nach, das weißt du ja. Doch es geht dir nicht um das Privileg der Heilung oder dass du es bist, die ihnen hilft. Du siehst, was auf sie zukommt und kannst sie nicht davor bewahren. Das ist es, was dich so berührt, stimmt's? Du möchtest, dass die, „die mit den Schatten tanzen", ein glückliches, gesundes Leben mit all der Fülle haben, so, wie andere auch. Du warst vorhin so echauffiert, weil du dich in mir erkannt hast, nicht wahr?"

Sarinah: „Ja, da hast du wohl Recht. Trotzdem, dieser lichtvolle Wandel scheint nicht allen Erdenbürgern gutzutun. Manche schlagen noch mehr um sich, als sie es je getan haben. Da scheint das Licht ordentlich mit der Dunkelheit zu kämpfen. Aber du sagtest ja im Vorfeld schon zu mir, dass das Licht gewonnen hat und das „Böse" eigentlich nur da ist, um zu transformieren. Du hast erwähnt, dass die Lichtqualität, die göttliche Schwingung auf der Erde, immens zugenommen hat. Dadurch erscheint die Finsternis manchmal noch bedrohlicher. Sind wir Boten des Lichts mittlerweile verwöhnt?"

Maitreya lächelt in sich hinein: „Verwöhnt würde ich es nicht nennen. Aber wer in diesem Feld der Liebe zu Hause ist, wer es sich dort wohnlich eingerichtet hat, ist sicherlich entsetzt, wenn die Stürme im Außen alles wegfegen, was sich dem Getöse in den Weg stellt. Doch alles, was du in der unendlichen Liebe loslässt, kannst du nicht verlieren. Du verlierst nur, was du festhältst. Ob es die Lieben um dich herum sind, der Lebenszyklus, den du nicht loslassen kannst, oder die Angst. Beim Klammern ist Verlust vorprogrammiert. Oder, besser gesagt, das Gefühl von Stagnation entsteht durch den Mangel, durch das Unvermögen, etwas loszulassen. Ich hoffe, das ist nicht zu hart ausgedrückt. Ich weiß, was die Lichtarbeiter durchmachen. Ich bin so ergriffen, wenn ich sehe, wie ihr euch immer wieder in schwere Lernaufgaben stürzt. Ich weiß, dass es nicht selten so erscheint, als würdet ihr straucheln. Das ist jedoch kein Straucheln, sondern ein Sich-neu-Ausrichten."

Sarinah: „Jetzt sprichst du von dir."

Maitreya: „Ja, du denkst, ich würde fallen, du siehst mich in der Öffentlichkeit und fühlst, wie ich von Zeit zu Zeit leide. Doch ich richte mich nur neu aus. Das tue ich nicht nur für mich, sondern für alle, die in meiner Energiepulsung sind. Kraft sammeln, sich zentrieren könnte man es auch nennen."

Sarinah: „Mmh…was ist mit deinem Herzen? Warum leidet dein Körper? Warum lässt du das zu?"

Maitreya: „Nun, das Gleiche könnte ich dich auch fragen, Sarinah. Du bist im goldenen Licht, und doch lässt du es zu, dass dein Leib von den Wellen der Schöpferenergie hin und hergeworfen wird. Da wird es deinen zuständigen Engeln beim Zusehen schon schwindelig. Warum stellst du dich manchmal frontal in die Lichtströmung statt dich treiben zu lassen? Warum bestrafst du dich damit? Warum bleibt dir manchmal die Luft weg, sodass dein Herz reagiert?"

Sarinah: „Ich liebe das Spiel mit dem höchsten Licht, so fühle ich es intensiv. Das habe ich schon immer gern getan, nach Intensität suchen, meine ich damit. Ich liebe auch das Spiel mit dem Feuer, den Schatten. Das ist nicht böse gemeint oder egozentrisch…vielleicht teste ich mich selbst?"

Maitreya: „Liebes, du testest dich nicht selbst, sondern möchtest spüren, wie licht du schon bist. Du stellst dich manchmal frontal in die stärkste Lichtflutung, wie ein Surfer, der die Wellen intensiv spüren möchte. Es geht dir dabei um die gespürte Intensität, um das Erdenengel-Dasein mit all der Sinnlichkeit, die du zur Verfügung hast. An dein Herz denkst du dabei aber nicht. Jetzt sehe ich, wie *du* erstaunt bist.

Sicher erkennt sich bei meinen Worten so manche Leserin/ mancher Leser wieder. Das Herz ist die Eintrittspforte für die Energien, die euch bewusst machen. Der Urgrund des menschlichen Bewusstseins ist das Herz, nicht das Gehirn oder gar der Verstand. Die Chakren spielen natürlich auch eine wichtige Rolle, wenn es darum geht, das Bewusstsein so auszudehnen, dass der lebendige Leib zu Licht wird. Das Herzchakra aber ist verbunden mit all euren Chakren.

Daher meine Bitte: Seid achtsam und nehmt euch selbst in den Arm, seid lieb und zärtlich zu euch. Nehmt euch Zeit, lasst euch treiben statt wie wild zu strampeln, weil es euch nicht schnell genug geht. Seid bitte vorsichtig mit „ich muss aber", das erschafft Druck, und der wiederum kollidiert mit der wundervollen Frequenz der Liebe. Ich meine damit nicht, dass ihr bequem oder gar lethargisch werden sollt, sondern ich bitte nur um Annahme. Vertraut der göttlichen Führung und euch selbst, verurteilt weder euch noch andere. Und, vor allem, das ist sehr wichtig, ihr Lieben: **Bitte atmet stetig tief und bewusst!** Achtet auf eure Atmung, denn die Vibration der Quelle kann leichter durch euch fließen, wenn ihr bewusst und tief atmet. Seid die Liebe selbst und atmet Liebe.

Ich danke euch und verabschiede mich für diesen Moment, seid gesegnet."

Sarinah: „Ich danke dir für das Gespräch. Bis zum nächsten Mal, Maitreya."

Der Erdenengel Harry: Das irdische und himmlische Küchenkabinett

Die Kristallstadt – ein wohlbringender Ort für alle, die das möchten

Sarinah:

Dies ist aus den Aufzeichnungen von Erzengel Michael. Er gab mir diesen Einblick, damit ich es an die Leser weitergeben kann. Manchmal öffnen die Engel ihr Buch der Liebe. Darin sind alle unsere Abenteuer enthalten und wie wir von unseren geistigen Freunden begleitet werden.

Er hatte es sich im Sessel bequem gemacht und die Füße hochgelegt, doch der Tisch war eigentlich nicht dafür geeignet. Er war zu hoch, der Sessel zu niedrig, darum sah es sehr lässig aus, wie der Erdenengel so dasaß.

Harry hatte sich in Schale geworfen, er trug einen neuen dunkelblauen Anzug, das schönste weiße Hemd, das er finden konnte, und eine edle Krawatte. Außerdem roch er betörend gut. Heute war der Tag, an dem er sein himmlisches Küchenkabinett, also die wundervollen Mentoren, persönlich kennenlernen durfte. Harry war ein wenig aufgeregt, und trotz seiner lässigen Ausstrahlung pochte sein Herz bis zum Hals.

Er legte den Kopf zurück und schloss die Augen. Bilder aus seiner Kindheit tauchten auf. Harry sah sich selbst, wie er versuchte, der Strenge seiner Mutter auszuweichen. Diese starb sehr früh. Das ahnte Harry allerdings nicht. Damals, als er ein Kind war, dachte er, er hätte seine Mama ewig um sich.

„Hätte ich mich doch ihr gegenüber ein wenig besser benommen." Das waren jetzt seine Gedanken. Er sah sich selbst, wie er am Tisch saß, und er sah seine todmüde Mutter, die von der vielen Arbeit ganz ausgelaugt war. Er sah, wie er das gesunde Essen verweigerte, das sie mühsam für ihn gekocht hatte. Harry waren seine frechen Antworten heute peinlich. Nicht nur das, er wünschte, er hätte seine Mama nicht so in Rage gebracht, bis ihr die Hand ausrutschte. Er gab sich die Schuld für das Dilemma. „Alles wegen dieser blöden roten Rüben", murmelte der erwachsene Erdenengel in sich hinein.

Er schwelge in seinen Gedanken, um sich die Zeit zu vertreiben, bis das Küchenkabinett zu tagen anfing. Nun ja, um ehrlich zu sein, war das, was der Erdenengel gerade dachte, mehr als selbstbestrafend.

„Wir warten auf dich, kommst du mit mir?" Harry richtete sich abrupt auf. „Oh, hallo, wo warst du denn so lange, ich habe auf dich gewartet", sagte er zu Erzengel Michael.

Erzengel Michael stand dicht vor dem Erdenengel, der nun versuchte, seine Kleidung ein wenig in Ordnung zu bringen. Michael schmunzelte in sich hinein, er fand, dass es bezaubernd aussah, wenn die Menschen sich nach dem Ausruhen schnell noch zurechtmachten. Der Erzengel hatte oft beobachtet, wie seine Schützlinge sich durch das Haar strichen, obwohl da alles ok war. Er wusste, dass den Menschen Rituale wie Hose hochziehen, die Nase pudern, Brille zurechtrücken, nochmal schnell auf die Toilette gehen, auf das Smartphone sehen Sicherheit und Ruhe gaben. Das spürte der große Engel und war doch jedes Mal berührt, wenn er zusah, wie immer wieder die gleichen Handgriffe ausgeführt wurden.

Nun hatte Erzengel Michael aber genug gesehen, er nahm Harry in den Arm und drückte ihn liebevoll an seine Brust. Dieser war erst ein wenig überrascht, ließ es dann aber nur allzu gern zu. Harry machte die Augen zu, er liebte es, das seidige weiße Hemd von Erzengel Michael an seiner Wange zu spüren. Der Erdenengel erschauerte vor Wohlbehagen, als die Hand von Erzengel Michael langsam seinen Rücken streichelte.

Jetzt war es Michael, der die Umarmung unterbrach. „Wir sind da, du kannst die Augen aufmachen", sagte er.

„Wie hast du denn das nun wieder gemacht, das ist ja eine magische Reise? Wo sind die anderen?", entfuhr es Harry.

Sein Engelfreund nahm ihn wortlos an die Hand und führte ihn in einen Empfangsraum, den Harry noch nie gesehen hatte. „Wir sind wieder in dieser wundervollen Kristallstadt, nicht wahr?", flüsterte Harry.

Das, was er jetzt sah, verschlug ihm den Atem, denn er hatte einen Konferenzraum erwartet, nicht das hier. Außerdem wollten sie über wichtige Dinge tagen. „Da kann ich doch nirgendwo meine Rede halten", waren die Gedanken des Erdenengels.

„Wir sind hier, um zu bewirken, dass dieser heilende Ort jedem Menschen, der das möchte, zugänglich wird. Und das natürlich, ohne dafür Geld zu bezahlen", sagte Erzengel Uriel, der gerade aufgetaucht war.

„In eine Kristallstadt? Wie wollt ihr denn all die Menschen hier hineinbekommen?" Harry war so erstaunt über das, was er sah, dass er sogar vergaß, Erzengel Uriel zu begrüßen.

Das hier war kein sachliches, kühles Meeting in einem Tagungsraum, sondern Harry stand am Eingang eines riesigen Freiluft-Wellness-Bereichs. So etwas Schönes hatte er noch nie gesehen. Es gab Massagedüsen, einen Salzsee, einen See der Heilung und Lichtduschen. Ein Gemach der Heilung, das im farbigen Licht nur so erstrahlte. Verschiedene Saunen und den dazugehörigen See zum Abkühlen und vieles mehr. Das blaue Wasser glitzerte so einladend, dass er es fast nicht abwarten konnte, kopfüber hineinzuspringen.

Der Erdenengel blickte sehnsüchtig zum Whirlpool… ach, wie wäre es schön, sich dort jetzt einfach hineinplumpsen zu lassen. Harry befürchtete ein wenig, dass es dieses Mal auch wieder so sein würde wie bei seinen beruflichen Reisen. Er hatte zwar wundervolle Orte besucht, war aber nicht wirklich dazu gekommen, die Sehenswürdigkeiten zu genießen oder gar am Strand im Meer zu baden.

Die Erzengel Uriel und Michael nahmen den Erdenengel in die Mitte und führten ihn zu den anderen.

„Ist das mein himmlisches Küchenkabinett?", fragte Harry verwundert. „Die kenne ich ja schon alle von den Ratssitzungen", waren seine Gedanken.

Er schüttelte brav alle Hände, die sich ihm entgegenstreckten. Harry freute sich so sehr, dass er sogar ein wenig die Contenance verlor, als er sah, dass auch Madlen unter ihnen war.

Madlen nahm den Erdenengel an die Hand und führte ihn zu einem offenen Fenster, durch das er jetzt blickte. Eine sanfte, laue Brise umwehte sein Gesicht, er fühlte, wie sich seine feinen Haare an den Armen vor Wonne aufstellten. Der Erdenengel schnupperte Blumenduft und war verzückt. „Hier ist dein irdisches Küchenkabinett, Harry", flüsterte Madlen ihm zu. Sie wusste, dass er erst mal seine Fassung wiedererlangen musste, bevor sie alle in das Nass eintauchen konnten.

„Ich sehe dich, ich bin so fasziniert, nie im Leben hätte ich damit gerechnet, dass du zum irdischen Küchenkabinett gehörst. Oder, besser gesagt, dass du auch ein Erdenengel bist, genau wie ich. Ja, ich meine dich, der/die du das jetzt liest. Ich kenne dich von den Erzählungen unserer Erzengelfreunde. Erzengel Michael sagte schon vor einiger Zeit zu mir, dass die geistigen Mentoren längst mit den irdischen Lichtträgern zusammenwirken.

Ich bin überrascht, wahrscheinlich genauso wie du. Oh, du hast durch das Lesen der Seelenverträge ein Fenster geöffnet? Nicht nur, dass du in die Geistige Welt eintauchen kannst, auch die himmlische Heimat kann durch dieses offene Fenster mit dir sein. Hand in Hand mit den himmlischen Freunden, genauso, wie es in diesen Büchern beschrieben wurde. Ich bin so voller Freude, dass der Zusammenschluss geklappt hat, dass ich nun vollkommen sprachlos bin", sprach der Erdenengel.

Madlen, sein weiblicher Schutzengel, war so gerührt von dieser persönlichen Begrüßung, dass sie beinahe vergaß, die Frage zu stellen, die ihr schon die ganze Zeit auf der Seele brannte. „Wer ist denn nun eigentlich ein Lichtträger, Lichtbewahrer?", fragte sie in die Runde.

Erzengel Uriel antwortete: „Lichtträger, Lichtbewahrer, sind alle Menschen, nicht nur einige wenige. Die Leser, die nun vor diesen Zeilen zurückschrecken und sagen: „Nein, ich bin nicht damit gemeint, ich bin noch nicht so weit, andere sind lichtvoller als ich", diese Leser sind besonders geehrte Lichtträger, denn sie verweilen in ihrem oft wirklich schweren, komplexen Dasein, um für andere da zu sein und aufzulösen. Das wird oft als göttliche Bestrafung empfunden, ist jedoch Teil der Seelenabsprache."

Madlen bedankte sich bei Uriel mit einem Kopfnicken und zupfte Erzengel Michael, der neben ihr stand, am Ärmel. Dieser verstand das Zeichen sofort und öffnete ein zweites Fenster, sodass es zu einem Durchgang wurde.

Erzengel Michael flüstert jetzt zärtlich:

„Komm, gib mir deine Hand, ich möchte dich berühren, du liebe Güte, bist du schön. Wie schön, deine warme Hand in meiner zu spüren. Ich möchte dich umarmen, darf ich? Du bist es, ich habe mich so nach dir gesehnt. Komm bitte in meine Arme, ich möchte dich so gern an meiner Brust fühlen. Fühlst du meine Energie? Ich bin der, der dich vor Schlimmerem bewahrt hat, damals, als du in Gefahr warst, dich selbst aufzugeben. Deine geistigen Mentoren haben dich zu den Seelenverträgen geführt. Ja, ich kenne dich, ich weiß, wer du bist, ich weiß, wer diese Zeilen liest, ich weiß es."

Die Anwesenden waren so fasziniert vom Anblick der vielen Lichtträger, die nun durch das Tor der Kristallstadt wanderten. Es war ein erhebender und berührender Augenblick, denn die Hände der himmlischen und irdischen Engel berührten sich. Dadurch gingen überall in der Stadt die goldenen Lichter an.

Harry stand da und badete in der Menge, er hatte den Kopf in den Nacken gelegt und die Augen geschlossen. „Ich bin nicht allein", rief er erleichtert, „ich wusste, ich bin nicht allein."

Jeder der Ankommenden wurde von seinen persönlichen geistigen Mentoren begrüßt und an die Heilungsstätte oder in den Raum der persönlichen Wahl geleitet. Trotz der vielen Menschen blieb es erstaunlich ruhig. „Die Kristallstadt ist riesig, da wird jeder das finden, was sein Körper-, Geist- und Seelesystem braucht", sagte Madlen zu Harry.

Am Ende dieses ereignisreichen Tages saßen die Erzengel Uriel und Michael, Madlen und Harry endlich im Whirlpool. Der Erdenengel war müde, aber glücklich. Er schloss die Augen, lehnte seinen Kopf zurück und genoss das entspannende Sauerstoffbad. Er hörte, wie seine Freunde sich unterhielten…

„Wie geht es weiter?", fragte Madlen. „Ich bin ein Engel, der sich auch auf der Erde manifestieren kann. Meine Heimat ist jedoch der Himmel, dort fühle ich mich sehr wohl. Doch wie wollt ihr den Menschen helfen, die zu all dem keinen Zugang haben, weil sie es für Science-Fiction halten? Oder wie wollt ihr jenen helfen, die so sehr mit irdischen Dingen beschäftigt sind, dass ihnen die Zeit fehlt, um den Blick zu heben?"

Erzengel Uriel antwortete nachdenklich: „Die meisten Menschen ahnen nicht, wie sehr sie sich mit ihren Glaubenssätzen die Zukunft kreieren. Die individuelle Zukunft, denn wer glaubt, dass diese Kristallstädte eine Fantasie sind, wird es schwer haben, reell in die Heilungszentren einzutauchen. Wir können zwar die Tore öffnen, doch hineingehen dürfen die Lichtträger selbst.

Der Glaube erschafft Realität, nicht der Wille!

Wer glaubt, dass auf der Welt immer irgendwo Krieg herrschen wird, wird das im persönlichen Umfeld erleben, indem das Dasein wie ein einziger Kampf sein kann. Alle Erdenbürger sind wundervoll, denn sie tragen auch dazu bei, dass die Transformationen der dunklen Anteile geschehen können. Und die Lichtträger bewirken, dass die Lichteinströmung auf Gaia immer intensiver wird. Es gibt zum Glück auch sehr viele Boten des Lichts, die dafür sorgen, dass der Weltfrieden kommen kann.

Sie tun das, indem sie ihr Licht mit denen teilen, die es am dringendsten brauchen. Kein leichtes Wirken, denn es wird nicht selten eine hohe Schöpfervibration frei. Das muss ein Mensch erst einmal aushalten, ohne zu verglühen", sagte Erzengel Uriel.

Sie ruhten zu viert im warmen Wasser, die zwei Erzengel hatten wieder sehr sorgfältig ihre großen Flügel über den Rand des Whirlpools gelegt. Madlen blickte zu Harry, dieser hatte die Augen geschlossen, es sah so aus, als würde er schlafen. In Wahrheit hörte er aber ganz genau zu.

„Der Erdenengel hier hat es nicht leicht", resümierte Erzengel Michael. Michael stupste sanft das Wasser in Harrys Richtung, er wusste, dass dieser nicht schlief. „Es geht vielen Leuten wie Harry. Sie arbeiten, sie versuchen, ihr Überleben zu sichern, ihre Kinder zu ernähren, den Standard zu halten. Dabei leben sie nicht mal im Luxus, sondern haben die großen Dinge wie Küche, Auto, Haus usw. von der Bank finanzieren lassen.

Ich öffne manchmal das Buch der Liebe für Sarinah, damit sie den Leserinnen und Lesern Einblick geben kann, wie wir aus dem Himmel unsere Schützlinge begleiten. Damit sie Beispiele haben, um das Spirituelle besser nachleben zu können. Habe ich euch schon die Geschichte aus dem Buch der Liebe erzählt, von dem Mädchen, das nachts aus dem Internat verbannt wurde und dabei beinahe erfroren wäre?"

Bei diesen Worten richtete sich der Erdenengel plötzlich auf. „Was? Das sollte man mal mit meinen Kindern versuchen. Ich würde die Internatsleitung verklagen!", rief er aufgeregt. Dann sah er Erzengel Michael mit seinen dunklen Augen ernst an. „Was ist mit dem Mädchen passiert, wie geht es ihm heute?"

„Nun", Erzengel Michael begann zu sprechen. Er tat das aber so bedacht und leise, dass sich die anderen vorbeugen mussten, um ja kein Wort zu verpassen.

„Ich habe ein Mädchen beschützt, ich tue es noch immer. Aber nun ist es erwachsen und längst in seiner Kraft. Also, ich hörte ihr Rufen eines Nachts, also richtete ich meinen Fokus auf Hermine. Diese hatte ihre Eltern früh verloren und war im Heim aufgewachsen. Da sie studieren wollte und es nicht abwarten konnte, bis sie endlich erwachsen und unabhängig ihrer Wege gehen konnte, nun ja, fing sie früh an, in einer Band zu singen, um Geld zu verdienen. Hermine hatte immer schon eine wundervolle Stimme. Aber damals wäre ihr das beinahe zum Verhängnis geworden, weil sie wegen ihres Talents aus dem Internat flog. Das geschah vor 20 Jahren, heute wäre das sicher kein so großes Problem mehr."

„Wieso sperrte man Hermine wegen ihres Talents aus?", fragte Harry erzürnt.

„Hermine informierte sogar die Oberschwester, dass sie in einer Band singen wollte", antwortete Erzengel Michael. „Diese reagierte jedoch nicht auf das Anliegen des Mädchens, was Hermine, sie war damals vierzehn Jahre alt, denken ließ, sie könnte tun und lassen, was sie wollte, weil sie den Klosterschwestern egal war. Es fühlte sich für das Mädchen so an, als hätten die Erwachsenen mit ihm abgeschlossen, als hätten die Klosterschwestern genug von ihm. Hermine sagte also zu und sang in der Band, in der sie das jüngste Mitglied war. Die Band war erfolgreich, spielte auf Hochzeiten und anderen Events. Daher wurde es oft spät, und Hermine schaffte es nicht immer, zum Zapfenstreich zu Hause zu sein. Sie bemühte sich jedoch redlich und fehlte in dieser Zeit keine einzige Stunde in der Schule.

Aber an diesem schicksalhaften Abend im Dezember kam sie viel zu spät. Die Schwestern hatten die Haustür natürlich schon verschlossen, und das Fenster, durch das Hermine sonst geschlüpft war, nun ja, der Schlafsaal der Mitschülerinnen war leer. Die Scheiben waren von innen beschlagen und das Fenster fest verriegelt. Hermine ahnte sofort, dass das eine Bestrafungsaktion der Oberschwester war.

Das Mädchen hatte leichte Schuhe und dünne Kleidung an. Der Bandkollege, der sie zum Internat chauffiert hatte, war längst weggefahren. Um es kurz zu machen: Alle Stallungen auf dem Gelände des Internats waren fest verschlossen. So blieb Hermine nichts anderes übrig, wenn sie nicht erfrieren wollte, den langen Weg bis zum nächsten Nachbarn zurückzulaufen. Die Nacht war sternenklar, der Weg lang, und es war bitterkalt. Hermine war noch so jung, sie ahnte nicht, wie nah sie dem Tod durch Erfrieren war.

Ich begleitete also das Mädchen und wärmte es, so gut ich es vermochte. Und ich sorgte dafür, dass Hermine, müde wie sie war, sich nicht im Schnee ausruhte. Sonst wäre sie erfroren. Ich, Erzengel Michael, schritt eine Hälfte des Weges neben dem Mädchen, und wir redeten die ganze Zeit. Na ja, ich glaube nicht, dass es das bewusst wahrnahm, ich redete vielmehr mit seiner Seele. Die andere Hälfte des Weges trug ich sie. Hermine war todmüde, hungrig, und ihr kleiner Körper war schon ganz steif durch die Kälte. Ohne mich hätte sie es sicher nicht bis zum Haus des Nachbarn geschafft."

Der Erdenengel hatte Erzengel Michael mit offenem Mund zugehört.

„Wie, du hast Hermine getragen? Wie hast du das gemacht? Was ist mit Hermine geschehen? Diese Strafaktion der

Internatsleitung finde ich unmöglich. Ich habe selbst Kinder, und deine Geschichte treibt mir die Tränen in die Augen", murmelte Harry.

Erzengel Uriel stand plötzlich auf, das Wasser perlte von ihm ab, aber es war genügend Schaum im Whirlpool, sodass dieser jetzt die prägnante Stelle des Erzengels verdeckte. Alle anderen hatten den Kopf in den Nacken gelegt und sahen zu Uriel hoch. Sie betrachteten ihn durchaus sehr wohlwollend, er sah nämlich so schön aus wie eine dieser griechischen Statuen.

„Ich unterbreche euch ja nur ungern, aber wir sollten hier raus. Du kannst ja deine Erzählung aus dem Buch der Liebe ein anderes Mal fortsetzen", rief Erzengel Uriel. Er beugte sich zu Erzengel Michael herunter und deutete mit dem Finger auf ihn.

Der Erdenengel grinste in sich hinein. Er musste sich zusammenreißen, um ja nicht die Hand auszustrecken, denn der Po von Erzengel Uriel sah so süß und sexy aus. Halb bedeckt mit dem glitzerigen Badeschaum, war der Po von Uriel ein Anblick für Götter.

„Kommt, lasst uns die Sitzung beenden, es ist mittlerweile 3.00 Uhr nachts, und Sarinah, die das alles aufschreibt, ist müde. Vergesst unsere holde Autorin nicht", kicherte Uriel.

☆☆

Sarinah:
Bei diesen Sätzen wird mir ganz warm, ich nehme diese wundervolle, liebevolle Energie wahr. Ich sitze am Computer, und während ich diese Zeilen tippe, fühle ich, wie mich die Liebeswelle zärtlich einhüllt. Also höre ich auf meine Engelfreunde und gehe zu Bett. Im Bett liegend, bemerke ich immer noch das sanfte, mitfühlende und dankbare Streicheln von de-

nen, über die ich gerade berichtet habe. Es fühlt sich so unbeschreiblich schön an, dass mir die Worte fehlen, um es zu
beschreiben. Ich schlafe selig ein und höre im Traum, wie Harry
zu Madlen sagt: „Bitte begleite mich nach Hause, bleib wenigstens bei mir, bis ich eingeschlafen bin, bitte, ich brauche dich
heute Nacht."

Erzengel Michael: Das Samenkorn in deiner Hand

„Sich einen Lebenstraum zu erfüllen, der Stimme seines Herzens zu folgen, das kostet sicher Mut. Manchmal erscheint der bequemere Weg als die einfachere Lösung. Doch das täuscht, weil du ja auch die alten Schuhe nicht mehr anziehen kannst. Sie sind dir viel zu klein. Im übertragenen Sinn heißt das: Wer sich auf dem Pfad der Bewusstwerdung befindet, kann die einstigen schweren Lasten wie Abhängigkeit, Mangel usw. nur noch schwer ertragen.

„Aber was tun die Menschen, denen man etwas aufzwingt, was sie gar nicht wollen? Die sich nicht alleine befreien können, weil ihnen dazu die Kraft fehlt?" Diese Frage stellte mir Sarinah heute.

Ich, Erzengel Michael, bin jedes Mal tief berührt, wenn ich sehe, wie ihr in eurem Erdendasein malträtiert werdet. Gerade die, die sehr viel Licht in sich tragen, werden oft hart von ihren Mitmenschen angegangen.

Natürlich hat jeder Lichtträger auch eine Schutzzone. Diese wirkt wie ein Puffer und hält alles fern, was euch ins Straucheln bringen könnte. Doch es scheint, als wäre die Schutzzone manchmal durchlässig. Warum?

Bei einem gemeinsamen Meeting mit euren geistigen Mentoren ist uns aufgefallen, dass dies hin und wieder passiert, wenn ihr versucht, diejenigen mit Licht zu versorgen, die noch viel Dualität in sich tragen. Das ist sehr löblich und fürsorglich, denn die Lichtarbeit ist sehr vielfältig, und gerade dort, wo es noch viele Schatten gibt, wird euer Licht gebraucht.

Aber es darf für euch nicht ermüdend sein oder gar gefährlich, denn ihr spendet euer Licht einfach so, ohne groß darüber nachzudenken. Es treibt mir, Erzengel Michael, die Tränen in die Augen, wenn ich sehe, wie ermüdend und ausufernd der Dienst am Licht manchmal für euch ist.

Es gibt sicher spirituelle Berater, die sagen, das wäre die Schuld jedes Einzelnen, weil er sich die Schwierigkeiten ja selbst kreiert. Das wäre zu einfach erklärt, denn es gibt auf Erden keine Schuld, Zufälle oder gar Fehler. Was ihr sät, das erntet ihr auch, aber ihr seid nicht verantwortlich für das Samenkorn in eurer Hand. Das Samenkorn ist ein Produkt der gesamten Menschheit, nicht eines einzelnen Menschen.

Ich will damit sagen, dass der enorme Transformationswind, der auf der Erde wütet, zwar gut ist, weil das Reinigung und Erneuerung bedeutet, jedoch entsteht dadurch Druck, denn der Sturm bläst alles weg, was nicht mit den lichtvollen Frequenzen übereinstimmt. Diese Reinigung geschieht sehr schnell, in der Regel auch bisweilen unverhofft, selbst für uns nicht planbar. Dadurch entsteht Leere, die wieder ausgefüllt werden muss.

Ein altes, ungerechtes, politisches System kracht in sich zusammen. Das geschieht mit viel Wirbel und Aufmerksamkeit der Öffentlichkeit. Dadurch kann eine Art Leere entstehen, weil die Bevölkerung es ist, die entscheiden muss, wem sie in Zukunft vertraut und welche politische Grundrichtung für sie stimmig ist. Diese Entscheidungen können mit Umstürzen und Gewalt einhergehen, gerade dann, wenn die Vorstellungen und Meinungen der Wähler unterschiedlich sind.

Das ist ein Beispiel für das große Saatgut im Außen, und das spiegelt sich natürlich auch in eurem Privatleben wider. Jedoch gehen die Umwälzungen, wie ihr wisst, immer vom inneren Kern aus und setzen sich im Außen fort.

Nehmen wir als Beispiel die Apartheid. Leider war es lange Zeit verpönt, dass sich farbige und weiße Menschen in einer Ehe verbinden. Dass sie Kinder bekommen, gemeinsam arbeiten usw. Ja, das ist Vergangenheit, doch es steckt immer noch ein Rest von Wertung, Rassismus und Ungerechtigkeit in den Köpfen einiger Bürger. Dieser Kampf wird in der Öffentlichkeit sichtbar, wodurch es zu Auseinandersetzungen zwischen farbigen und weißen Menschen kommt.

Das ist auch ein Samenkorn, das du in der Hand hältst. Weil du Lichtträger bist, wirst du versuchen, dieses Korn in deiner Hand lichtvoll umzuwandeln. Du lebst statt Ungerechtigkeit Gerechtigkeit und setzt dich für den Frieden ein. Du bist gegen Diskriminierung, nicht nur bei dir, sondern auch bei anderen. Dein Herz tut dir weh, wenn du siehst, wie schlecht deine Mitmenschen manchmal behandelt werden, und das nur, weil sie aus einem anderen Land stammen, eine andere Hautfarbe haben, einer anderen Religion angehören usw. Du veränderst, indem du mit hohem Bewusstsein denkst, sagst und fühlst und, vor allem, indem du lichtvoll handelst.

Das aber kann dein Leben schwer machen, denn du setzt dich womöglich mit Themen auseinander, die bei deinen Mitmenschen nicht populär sind. Das Thema des Schutzes und der erstrebten Leichtigkeit des Seins für alle, die es wünschen. Das war der Grund für das Treffen mit euren geistigen Mentoren."

Erzengel Uriel: „Die Lichtträger sind ohnehin geschützt, mein Freund. Das spüren sie sicher individuell. Aber uns Erzengeln wurde gesagt, dass sich dieses Vakuum oft anfühlt, als ob man abgeschottet wäre. Das mag sein, aber ich habe auch gehört, dass sich viele Lichtträger in diesem Vakuum manchmal selbst nicht mehr spüren, sich einsam fühlen. Ich bin nicht dafür, dass wir diesen Schutz noch verstärken. Wir würden das aushalten, aber vergiss nicht, dass viele Menschen es noch nicht gewohnt sind, in einer hohen Schwingung zu leben."

Erzengel Michael: „Ja, ich stimme dir zu, und darum haben wir ja gemeinschaftlich beschlossen, dass die jeweiligen geistigen Mentoren es persönlich sind, die ihre Schützlinge an die Hand nehmen, um mit ihnen Seite an Seite durchs Leben zu gehen. Der Aufstieg der Menschheit macht das möglich. Natürlich ist der freie Wille der Lichtträger dabei entscheidend. Hand in Hand mit einem geistigen Mentor, wie das genau geht? Sarinah kann euch davon berichten.

So sei es.
In Liebe, eure Erzengel Michael und Uriel."

☆☆

Sarinah:
Bei mir ist es die Meditation, das Schreiben an den Seelenverträgen und der Aufenthalt in der Natur. So komme ich gut in das Feld der Liebe. Das alles hilft mir, die himmlischen Freunde wahrzunehmen.

Zu den Erzengeln und Aufgestiegenen Meistern habe ich eine besonders innige Verbindung. Bestimmt geht es vielen Leserinnen und Lesern genauso. Andere Lichtträger fühlen sich unter anderem zu indianischen Göttern, Propheten, indischen oder chinesischen Gottheiten hingezogen. Es ist alles in Ordnung, solange man sich darüber im Klaren ist, dass sich dabei ein Tor öffnet, durch das normalerweise nur unsere Verstorbenen gereist sind.

Ich spreche in dem Fall von der Vergangenheit, denn längst können die Lichtträger lebendig zu unseren himmlischen Helfern reisen. Oder, besser gesagt, mit ihnen leben.

Aber trotzdem bewegt sich zum Beispiel Erzengel Michael in ganz anderen Sphären als ich. Seine Schwingung ist um ein Vielfaches höher als meine. Auch wenn ich täglich spüre, dass meine lichtvolle Vibration sich erhöht, besteht ein Unterschied zwischen ihm und mir. Das ist gut so, denn so können uns Erzengel Michael und die anderen geistigen Mentoren besser helfen. Uns beschützen und vor Unheil bewahren, und, vor allem, sie können uns in Windeseile heilen.

Nun ja, ich bin immer noch ungeduldig und ergreife jede Möglichkeit, um mein Bewusstsein zu klären. Doch mir ist klar, dass die Erde uns sowieso hochträgt in die jeweils nächsthöhere Dimension.

Die nötige Balance zwischen spiritueller Weiterentwicklung und den alltäglichen Aufgaben zu finden, ist eine unserer Aufgaben. Diese Balance ist sehr wichtig, denn sonst sorgen die Mitmenschen, der eigene Körper oder die Psyche dafür, dass wir wieder ins Lot kommen. Diese Ausrichtung erdet enorm, kann allerdings auch sehr wehtun, denn wir haben mittlerweile einen Punkt in unserer medialen Ausrichtung erreicht, an dem man sich fühlen kann wie bestellt und nicht abgeholt. Das kann zu einer Zerreißprobe werden, da man ja nicht immer in sich ruhen kann. Also werden wir oft herumgewirbelt wie ein Blatt im Wind, was unser Körper-, Geist- und Seelensystem belastet. Und speziell vor einer Erhöhung der Erdschwingung wird uns viel abverlangt.

Erdung, innere Ruhe, Zentriertheit, eine Atemtechnik, die uns mit dem Besten versorgt, was die Erdatmosphäre zu bieten hat – das alles ist sehr hilfreich. Doch nicht immer ist es möglich, die Tipps der geistigen Mentoren umzusetzen. Manchmal schlagen die Wellen der Neuausrichtung über unseren Köpfen zusammen statt uns zu tragen. Stress, negative Gedanken, neidische Gefühle, Müdigkeit, Streit, Hass, Kummer, Geldmangel, Krankheiten, Schmerzen, Depression – all das kann dazu beitragen, dass wir abgelenkt sind, und statt oben zu bleiben von der Druckwelle der Energieerhöhung herumgewirbelt werden, sodass es scheint, als würden wir den Boden unter den Füßen verlieren.

Ich greife dann nach der Hand von Erzengel Michael, ich rufe ihn, und er ist blitzschnell da. Eigentlich sind die Engel nie weit weg, sie sind immer in Rufbereitschaft, und das 24 Stunden am Tag. Doch im Fall der Fälle, wenn gerade alles auf einen einzustürzen droht, ist die innige Verbindung zu einem geistigen Mentor Gold wert.

Um dieses „Hand in Hand" mit dem Himmel leben zu können, bin auch ich den Weg der Läuterung gegangen. Das tun die meisten Menschen, sie gehen, wie damals Jesus, den Pfad der Selbstprüfung, um schließlich irgendwann lebendig ins Nirwana eintreten zu können.

Der Aufstieg ist nicht immer leicht, doch die Belohnung für all die Mühe ist das sich weitende Bewusstsein, sodass der Körper dadurch langsam licht wird. Ich betone, dass unser physisches Gefährt so etwas noch nie erfahren hat. In unseren früheren Inkarnationen mussten wir den Leib durch den Sterbevorgang verlassen. Erst dann war die Seele frei, und durch den Eintritt in den Himmel erfolgte meistens eine große Bewusstseinsklärung der Seele. Entschieden wir uns dann nach einer angemessenen Verweildauer im Himmel, neu zu inkarnieren, war der neue Erdenkörper um ein Vielfaches lichter als der im letzten Leben. Das ist der herkömmliche Weg. So haben wir es gelernt, gesehen und in früheren Inkarnationen gelebt.

Wie mir Erzengel Michael erklärte, sind in unserem System Körpermarker vorhanden, die sich noch an die oben beschriebene Möglichkeit der lichtvollen Klärung durch den Tod erinnern. Er sagte: „Diese Körpermarker müssen erst umgeschrieben werden, damit du ohne Angst vor dem Tod weiter aufsteigen kannst."

Dieses Umschreiben der Körpererinnerungen kann zwar auch im Schlaf stattfinden, doch manchmal müssen wir im Wachzustand in eine Emotion eintauchen, damit alte Muster, Dogmen und Glaubenssätze gelöscht und durch neue „Dateien" ersetzt werden können.

Das Herz ist laut Erzengel Michael das Zentrum der Körpermarkierungen. Durch das Feedback der Leserinnen und Leser weiß ich, dass viele tatsächlich in den heißen Phasen der Schwingungserhöhung einen schnelleren Pulsschlag haben, obwohl sie organisch völlig gesund sind. Sie empfinden das Anheben ihrer Seinsdichte in eine kristalline Verkörperung phasenweise als sehr belastend.

Unser Pulsschlag, also das Herz, ist jedoch auch der Dreh und Angelpunkt, wenn es darum geht, Hand in Hand mit einem Wesen aus dem Himmel zu leben. Kein Wunder, dass es bis zum Hals klopft. Meinst du nicht auch?

Ich rufe die geistigen Mentoren mit dem Herzen, nicht mit meiner Stimme oder gar mit dem Verstand. Das haben wir alle im Bauch unserer Mütter schon gekonnt. Wir haben nach ihr gerufen, indem wir in ihrem Bauch rumzappelten. Schon damals haben wir über unseren Herzschlag lautlos mit ihr kommuniziert. Und im besten Fall hat unsere Mutter uns wahrgenommen und geantwortet.

So einfach ist es also, und doch manchmal so schwer, in den persönlichen, innigen Kontakt mit einem himmlischen Wesen zu kommen. Schwer, weil wir durch unseren Verstand, durch materielle Dinge und Egoschatten abgelenkt sind. Wir haben verlernt, wie man ohne sichtbaren Kontakt und ohne Internet Nähe herstellt. Den anderen fühlen, allein indem man seiner Intuition vertraut, das Herz sprechen lässt. Ja, stimmt, Mütter fühlen in der Regel, wie es ihrem Kind geht, und frisch verliebte Paare können es auch, sie sind im Training. ☺

Dass wir zum Beispiel Energiesäulen und Orbs sehen und fotografieren können, ist klar, doch ich meine das reelle Sehen eines Erzengels, der sich durch den innigen Kontakt mit uns eine kristalline Ausdrucksform erschaffen hat.

Sie bestehen nicht mehr nur allein aus Licht und Energie. Das hat Erzengel Michael gemeint, als er sagte, sie hätten Flügel. Durch diese „Flügel" können unsere Engel empfinden wie wir mit unserer menschlichen Haut, und sie können das Beisammensein sinnlich wahrnehmen, so, wie wir es auch tun.

Hand in Hand mit einem Erzengel bedeutet nichts anderes, als dass vorher eine allumfassende Herzheilung, Körperheilung, stattfinden muss. Ja, alles darf, nichts muss, den Zeitpunkt, wann und ob etwas geschieht, bestimmen wir selbst.

Alles, was das Herz beschwert, traurig und krank macht, was emotionalen Druck bedeutet oder das Herz einst hat brechen lassen, kann also wieder hochkommen. Entweder indem wir uns bewusst damit beschäftigen oder von einem Mitmenschen in diese notwendige Erfahrung geschickt werden. Sie tun uns weh, aber dadurch heilen sie uns. Das sind die Klopapiergeschenke, man würde sie gerne wieder an den Absender zurückgeben, nicht wahr?

Diese Geschenke (Resonanzverhalten, das uns aufregt, wehtut) sind aber die wertvollsten. Die Menschen, die den Zugangskode zu deinem Herzen haben und dich durch ihr Verhalten in den Schmerz führen, sind sehr wertvoll, denn sie sind die Garantie dafür, dass du lernst, was du laut Seelenplanung vereinbart hattest. Schließlich nehmen diejenigen, die dir den Spiegel vorhalten, in Kauf, dass du dich von ihnen abwenden könntest. Sie nehmen das Risiko auf sich, dass du sie hassen und den Kontakt für immer abbrechen könntest, weil sie dich in das Leid, in die Wut und in die Traurigkeit geführt haben.

Der Frieden mit sich selbst und natürlich mit den Menschen im Außen. Die Liebe selbst sein. Das geistige Sein, also die Seele leben, nicht etwa den Egoverstand. Den göttlichen Spirit auf Erden leben, ohne die Erdung zu verlieren, und eine hohe eigene Schwingung. Die kosmischen Gesetze nicht nur kennen, sondern auch leben. Das alles ermöglicht es dir, mit einem deiner geistigen Mentoren zu leben.

Und wahrlich, ich kann es bestätigen: Transformationen können am Anfang sehr schwer sein, in der Mitte chaotisch, aber am Ziel wundervoll erhebend.

Vielen Dank für euer Vertrauen und viel Freude beim Weiterlesen.

Sarinah

Dein Schutzengel wartet auf dich

Der Erdenengel Harry lehnte sich zurück und lauschte den Ausführungen seiner Kollegen. Wieder einmal ging es in diesem Meeting um Splitterteile, so könnte man die vielen Tagungspunkte nennen, die auf der Liste standen. Es wäre ihm lieber gewesen, wenn es endlich um das Handeln gegangen wäre. Nicht um Reden und Planen, sondern um Handeln!

Die Gedanken des Erdenengels drifteten ab, er musste lächeln, denn nun fiel ihm wieder ein, dass er letzte Nacht Besuch gehabt hatte.

„Was für ein Glück, das du mich gestern gerufen hast", flüsterte Madlen jetzt in sein Ohr.

Grinsend drehte er leicht den Kopf, doch er wusste intuitiv, dass Madlen gerade nicht zu sehen war.

„Wir Engel können uns sichtbar oder eben unsichtbar zeigen. Ja, man könnte sagen dass ich dein Schutzengel bin. Ich möchte so gerne, dass alle Menschen, die es gerne möchten, solche persönlichen Schutzengelbesuche in Anspruch nehmen können", wisperte Madlen.

Bei diesen Worten musste Harry schmunzeln. „Ist euch Schutzgeistern langweilig?", waren seine Gedanken, die wie ein gesprochenes Wort bei Madlen ankamen.

Bei dem Wort „Geist" fuhr Madlen zusammen. Harry wusste, dass sie jedes Mal echauffiert reagierte, wenn er das Wort „Geist" statt „Engel" benutzte. Und er ärgerte sie manchmal extra ein wenig, denn er fand, dann war Madlen so schön menschlich.

Nun war plötzlich Stille im Raum, alle Augen waren auf Harry gerichtet, der sich schnell aufrecht hinsetzte und seine vorbereitete Rede hielt. Dabei tauchten in seiner Erinnerung gleichzeitig Bilder auf, es erschien ihm so, als wenn er bei dieser Sitzung anwesend wäre, und auch nicht.

Multidimensionales Wesen, diesen Begriff hatte er von Erzengel Michael gehört. Erneut tauchte er in die Erinnerung von gestern Nacht ein. Er hatte plötzlich wieder diese heftigen Schmerzen bekommen. Dieses Mal waren die Qualen aber so stark, das er intuitiv nach seiner verstorbenen Mutter gerufen hatte.

„Dich habe ich nicht gerufen", pflaumte er Madlen an, als diese dann bei ihm auftauchte.

„Deine Mutter ist auch hier, du kannst sie nur nicht sehen." Madlen nahm es ihm nicht übel, dass sein Benehmen gerade dann, wenn es ihm schlecht ging, nicht immer das beste war. Diesen Charakterzug kannte sie inzwischen von ihm.

Harrys Socken und Schuhe lagen im Zimmer verstreut, er lag mit seinem weißen Hemd und Anzughose im Bett und stöhnte vor Schmerzen. Madlen war berührt und legte ihm ihre Hand beruhigend auf die Stirn. Und dann fing sie mit der Heilungszeremonie an. So heilte sie ihn in Minutenschnelle, und Harry entspannte sich.

Harry fing an, mit seiner Mutter zu plaudern. Er erzählte ihr von seinen Ängsten vor Verlust, Krankheit und dem Tod. Er redete und redete, dabei fiel ihm gar nicht auf, dass er die Antworten seiner Mutter nicht hören konnte.

Diese lächelte weise und strich ihrem Sohn über die Haare. Sie küsste ihn auf die Stirn, indem sie sein Gesicht in die Hände nahm, so, wie sie es zu Lebzeiten immer getan hatte. All das spürte der Erdenengel genau, er brauchte keine Beweise. Er wusste intuitiv, dass die Verstorbenen aus dem Licht zur Erde kommen, wenn man sie ruft. Dieser Glaube war für ihn unerschütterlich.

Harry wurde tieftraurig, er vermisste seine Mutter sehr, das wurde ihm nun bewusst. Auch wenn er sie oft um sich spürte, konnte er doch nicht mehr mit ihr leben, da sie ja keinen Körper mehr besaß. So dachte wenigstens der Erdenengel. Doch Madlen hatte ihm schon des Öfteren erklärt, dass dies ein Glaubenssatz war, der seine Wirkung längst verloren hatte.

Der Erdenengel konzentrierte sich wieder auf das Jetzt. Er hatte nun die leidliche Sitzung beendet und war auf den Weg zu seinem Büro. Plötzlich hielt er inne, denn ihm fiel ein, dass er gestern ziemlich barsch zu Madlen gewesen war.

„Sie muss mich wirklich bedingungslos lieben, sonst wäre sie nicht wiedergekommen. Ich habe mich gestern nicht gerade mit Ruhm bekleckert", flüsterte Harry.

„Du solltest Phönix heißen und nicht Harry", witzelte Madlen, die wieder neben ihm aufgetaucht war.

„Du bist wie Phönix aus der Asche, du scheinst im Schmerz richtig zu vergehen, in dich zusammenzubrechen. Ist das jedoch geschehen, fließt die Heilung ungehindert, und du erhebst dich richtig verjüngt."

Harry genoss es, dass sie nun sichtbar war, er sah in ihre Augen und hörte ihr zu.

„Ja, man könnte sagen, dass ich dein Schutzengel bin. Ich möchte, dass viele Menschen in den Genuss dieses wunderbaren, heilenden, klärenden Kontakts kommen können. Kannst du mir helfen?", fragte Madlen den erstaunten Erdenengel.

„Was kann ich für dich tun?" Harry war so froh, sich erkenntlich zeigen zu können, dass er ganz vergessen hatte, ohne Laut zu sprechen. Seine Stimme hallte laut durch den Raum. „Ich tue alles für dich und versuche mein Möglichstes, das verspreche ich dir. Du hast mir schon so oft geholfen, Madlen. Nun sage mir, was ich für euch tun kann, meine gefiederten, himmlischen Freunde?"

Bei dem Wort *gefiedert* schnaufte Madlen entrüstet, sie fing sich allerdings schnell wieder und begann zu sprechen. Es sollte eine lange Ansprache werden.

Der Erdenengel hatte sich auf seinen bequemen Chefstuhl gesetzt. Er lehnte sich zurück und sah mit verschränkten Händen im Nacken zu, wie Madlen auf und abwanderte. So hatte er sie noch nie erlebt, normalerweise war er es, der so viel sprach.

„Wie? Du willst die Leser mit ihren Schutzengeln zusammenführen? Wie willst du das machen?", fragte Harry seine Schutzengelfrau erstaunt. „Du kannst den Menschen zwar das Tor öffnen, aber durchgehen müssen sie selbst. Und außerdem hat nicht jeder ein Gespür für die Anwesenheit von Engeln. Also, wie lautet dein Plan?"

„Ja, du hast Recht Harry, die Umsetzung ist immer Sache jedes einzelnen Lichtträgers. Jedoch, mein Plan bist du. Ich mache dieses Energietor nämlich nicht auf, das ist dein Job, aber ich unterstütze dich dabei", erwiderte Madlen.

„Aha, du weißt aber schon, dass ich von spirituellen Dingen wenig Ahnung habe. Wie soll das gehen?", fragte Harry.

Madlen ging zu ihm und beugte sich vor, um ihm ihre Idee ins Ohr zu flüstern, doch ehe sie sich versah, saß sie schon auf seinem Schoß.

Harry grinste frech, er schwelgte gerade im Glück, umfasste Madlen mit seinen langen Armen und hielt sie sanft fest. Seinem Schutzengel so nahe zu sein, wer würde das nicht wollen?

Möchtest, du liebe Leserin, lieber Leser, von deinem Schutzengel umarmt werden? Möchtest du seine Liebe zu dir spüren? Möchtest du diese wundervolle Heilenergie spüren, bist du so weit?

☆☆

Der Erdenengel Harry und sein Schutzengel-Dienst

„Wir kennen uns ja schon eine Weile, du kennst mich womöglich schon als Harry, den Erdenengel, aus Band 9. Du kennst meine Energie, und vielleicht weißt du sogar, wer ich wirklich bin. Ja, ich meine dich, der/die du diese Zeilen nun liest.

Wenn du skeptisch bist und eher nicht von mir zu deinem Engel geführt werden möchtest, das kann übrigens auch ein lieber Mensch sein, den du gut kanntest, der verstorben ist, nun ja, wenn du abwarten willst, ist das völlig ok. Nichts muss, alles darf.

Du liebe Güte, nun spüre ich Sarinah und Erzengel Michael im Rücken, die uns zusehen. Ich werde mein Bestes geben, sonst fürchte ich, fliege ich aus diesem Buch.

Du möchtest zu deinem Engel? Du bist neugierig, was nun geschieht? Nun, dann wohlan, los geht's.

Du hast so schöne Augen, ich mag deine Augenfarbe sehr. Huch, nun kommst du mir aber ganz schön nah. Du riechst aber gut. Magst du Blumen? Deine sinnlichen Lippen machen mich ganz verrückt. Ich mag dich dauernd ansehen, dabei wollten wir doch…

Jetzt höre ich Sarinahs Stimme, die ermahnend „Harry" ruft. Ja, ich halte mein Versprechen, ja, ich tue es.

Lehne dich bitte zurück und entspanne dich, die Reise geht los. Komm, gib mir deine Hand. Ich führe dich durch diese Zeilen zu deinem Engel, der am Strand auf dich wartet.

Es ist Abend, die Wellen des Meeres plätschern leise, die Luft riecht nach Salz. Wir schlendern gemeinsam, Seite an Seite, durch den weichen Sand.

Nun bitte ich dich, etwas Außergewöhnliches zu tun: Reiche mir bitte deine Hand und erlaube mir, diese an mein Herz zu legen. Spürst du meinen Herzschlag, die Wärme meiner Haut, meine Energie, bin ich dir bekannt? Aber ja, du kennst mich, und ich kenne dich. Du fühlst womöglich ein Kribbeln auf deiner Haut, oder die Hand fühlt sich heiß oder kalt an, mag sein, dass du nichts fühlst. Es ist ok, alles darf, nichts muss.

Du hebst den Blick und siehst deinen Schutzengel langsam auf dich zukommen. Du erkennst ihn an der Art, wie er lächelt… Ups, nun springt er zur Seite, er weicht einer Welle aus, Schutzengel mögen keine nassen Füße. Dein Engel ist aufgeregt, er freut sich so auf dich, spürst du das?

Ich führe euch hiermit zusammen. Meine Hand liegt sanft und warm auf deinem Rücken, während du deine Hände in die deines Engels legst. Nun umgibt euch die Schwingung der allumfassenden Liebe. In den Armen deines Engels wird dir bewusst, dass du ihn schon oft gefühlt hast, er war schon oft bei dir. Du spürst diesen wundervollen inneren Frieden.

Nun lasse ich euch zwei allein. Und damit ihr ungestört seid, bettet euch Erzengel Michael in das Feld der Liebe. Ich danke dir, bis gleich.

In Liebe, dein Erdenengel Harry."

Erzengel Michael: Schutzengel sind ganz nah

„Mit meinem Schutzengel so zu leben, als wenn er ein guter Freund von mir wäre, ist das möglich?", fragen sich sicher einige Leser. Ja, es ist alles möglich, der bewusste Mensch kennt keine Grenzen, außer, er begrenzt sich selbst.

Ich, Erzengel Michael, möchte noch erwähnen, dass wir der Einfachheit halber oft die männliche Ausdrucksform wählen. Doch natürlich gibt es auch Schutzengelfrauen. Madlen ist euch ja nun bekannt, sie ist ein weiblicher Schutzengel.

Doch auch eure Lieben, die sich im Licht des Himmels aufhalten, können Schutzengel für euch sein. Es ist wie ein Geschenk, wenn zum Beispiel deine verstorbene Mutter auf dich aufpasst, das ist durchaus Gold wert. Denn wer könnte besser vorausahnen, welchen Schritt du als Nächstes gehst, als deine eigene Mutter?

So ist eine Trennung durch den Tod eigentlich nur eine scheinbare Trennung, denn du bist dank deines sich weitenden Bewusstseins in die Himmelssphären eingetaucht. Das heißt, dass du bei deiner Lichtwerdung irgendwann sowieso auf deine verstorbenen Vorfahren treffen wirst. Natürlich nur, wenn du das möchtest.

Dann kannst du auch wieder mit ihnen sein, du musst also nicht warten, bis du selbst gestorben bist. Die Zusammenführung von Himmel und Erde ist bereits in vollem Gange. „Wie soll ich mit jemandem leben, der keinen Körper mehr hat?", fragst du dich gerade?

Nun, die Wesen im Himmel können sich alles erschaffen, auch eine lichte Ausdrucksform, die man sehen kann, so, wie auch du dir alles erschaffen kannst. Kraft deines sich ständig weitenden Bewusstseins wird dein Körper sowieso irgendwann licht werden. So ist ein Zusammenleben mit den Wesen der Geistigen Welt möglich.

Das mag sich jetzt noch anfühlen wie Science-Fiction, doch die Erdenbewohner machen große Fortschritte in Sachen Klärung des Geistes und des Körpers durch das Licht.

Mag sein, dass es für manche jetzt noch Zukunftsmusik ist. Sicher gibt es aber Lichtträger, die das Vereinen mit einer Seele aus dem Himmelreich längst fühlen können. Und was du fühlen kannst, kannst du auch leben.

Du kannst dir Fülle erschaffen, indem du dich reich fühlst. Du kannst dir Gesundheit manifestieren, indem du dich ständig gesund fühlst. Für dich, mein liebes Kind, gibt es keine Grenzen, außer, du begrenzt dich selbst. So sei liebevoll eingehüllt in den Energiestrahl von Erzengel Michael."

Erzengel Metatron: Tut die Klärung des Bewusstseins weh?!

„Immer wiederkehrende Körperbeschwerden können bei einem Menschen zum Beispiel aus einem Kindheitstrauma stammen. Manches, ihr Lieben, kann nur heilen, wenn ihr eure liebevolle Aufmerksamkeit darauf richtet. Nicht selten könnt ihr euch aber an das erlittene Trauma im Kleinkindalter nicht erinnern. Das ist ein Schutz der Psyche vor Überlastung. Jedoch wird durch den Aufstieg jedes Detail an die Oberfläche gespült, weil es heilen soll.

Wann legst du besonders viel Augenmerk auf dich und dein irdisches Vehikel aus Fleisch und Blut? Ja, genau, wenn etwas nicht in Ordnung ist, wenn die Psyche weint oder der Körper wehtut.

Schmerz ist also kein Thema, dem ihr ausweichen könnt, doch ihr könnt förmlich im Schnelldurchgang Heilung erlangen. Die Liebe ist die stärkste Heilenergie, die es auf Erden gibt. Je bedingungsloser geliebt wird, umso heilsamer ist es auch.

Wenn du also zu denen gehörst, die immer wieder von Zipperlein geplagt werden, möchte ich dir sagen, dass du nichts falsch gemacht hast. Gib dir bitte nicht die Schuld, verurteile dich nicht. Das hält die Qualen nur noch länger im Dasein. Wenn du dich selbst nicht verurteilst, dann urteilst du vielleicht über die, die böse zu dir waren. Du sagst, du hast schon verziehen? Nun, verzeihen heißt nicht verdrängen.

Manche Lichtträger legen ihr Deckelchen über die Schmach, die sie erlitten haben. Und sie schieben sie erst mal weg, um nicht hineinspüren zu müssen, wo es wehtut. Das ist verständlich, aber erst durch das Aussöhnen, durch das Verzeihen, nimmt man das Urteil raus. Das Urteil über den Menschen rausnehmen, der dich verletzt hat, bedeutet nicht, es ist gut, dass man dir wehgetan hat, sondern das Urteil ist wie eine verborgene Wunde im Körper, und diese eitert richtig. Im spirituellen Sinn bedeutet das, die Wunde breitet sich aus und kann nicht heilen. Es geht darum, das zu fühlen, was man nicht mehr fühlen wollte, wie Trauer, Angst, Wut, Schmerz usw. Es geht um die Annahme.

Die schmerzende Stelle braucht deine liebevolle Aufmerksamkeit. Dabei ist es nur wichtig, dass du annimmst, was du fühlst. Alles, was du ablehnst, kehrt wie in einem Ewigkeitskreislauf immer wieder zu dir zurück. Die Qualen möchten bejahend gefühlt werden, erst dann kann sich Heilung ergeben. Erst dann wird sich das dazugehörige Gefühl transformieren können.

Ihr lebt mittlerweile in einer Energie, die zwar sehr wohltuend ist, aber auch alles an die Oberfläche spült, was nicht gespürt werden will. Was nach Liebe verlangt. So kommt ihr aber auch an das heran, was ihr nicht fühlen wolltet, weil der Schmerz zu groß war. Der Schmerz ist der Widerstand in dir, das Unverständnis dir gegenüber, die Verneinung. Die Ablehnung dessen, was du dir unbewusst kreiert hast.

Ihr Lieben, ihr leidet immer wieder an euren Gedanken. Aber wer leidvoll, negativ, verletzend und missachtend denkt, wird durch die Ansammlung von negativen Gedanken, Glaubenssätzen und alten, selbstverletzenden Verhaltensmustern irgendwann buchstäblich in die Knie gezwungen.

Dann bricht nicht selten der Körper oder die Psyche zusammen. Es kann noch dazukommen, dass die Arbeit wegbricht, die Kinder nichts mehr mit dir zu tun haben wollen, Familie und Freunde, denen du so sehr geholfen hast, dich in der Not im Stich lassen. Du denkst womöglich, du bist das Opfer, krank und mittelos, betrogen, ausgenutzt? Nein, das bist du keineswegs.

Das Leben an sich wird über die Gedanken, die Gefühle und die Sprache Realität. Diese Aussendungen bringen dich ins Handeln und nicht umgekehrt.

Oder, anders ausgedrückt: Der Glaube erschafft deine Realität, nicht der Wille. Selbstreflexion sollte lichtvoll und positiv sein, und zwar ständig, nicht nur während der Meditation.

Ihr habt euch entschieden, irdisch zu leben, und ihr wolltet unter anderem spüren und Schmerz leben, damit ihr daraus lernt. Würden die Engel euch sofort davon erlösen und heilen, würden sie in euren freien Willen eingreifen. Der freie Wille ist heilig.

Lebendig in andere Dimensionen abzudriften ist kein Fluchtweg, weil ihr mit einem Körper auf der Erde seid. Und die Erfahrungen, die ihr machen wolltet, bringen euch weiter.

Die Flucht davor, zu sich SELBST zu kommen, ist durchaus gefährlich. Manche Menschen fliehen vor der Bewusstwerdung, indem sie Drogen nehmen. Sie fliehen vor sich selbst, indem sie Ablenkung suchen durch Dauerbeschallung wie Spiele, TV, Shopping, extremen Sport usw. Das alles kann die Illusion erschaffen, dass die Ablenkung das wahre, erstrebenswerte Leben ist. Freizeitgestaltung ist sicher etwas Wunderbares, kann aber auch wie eine Flucht sein. Aber jede Flucht hat einmal ein Ende, weil sie tief in euch selbst endet.

Erwachsen-Sein, da steckt schon das Wort *Erwachen* drin, nicht wahr?

Das, was dich an anderen aufregt, was du ihnen ankreidest, was dich emotional belastet, dieses Thema will liebevoll von dir befühlt und betrachtet werden. Die Angst vor dem Verlassen-Werden hat unter anderem tiefe Wurzeln in der Kindheit. Das spiegelt sich später in der Partnerschaft, indem man sich verlassen fühlt. Und es gipfelt womöglich in dem Wunsch, perfekt, schön, schlank zu sein. Immer Recht zu haben und bei anderen gut anzukommen. Und das alles nur, damit man den Verlust nicht mehr erleiden muss.

Aber trotzdem geschieht es immer wieder, weil das Gefühl „Verlassen-Sein" Trennung bedeutet. In dem Wort *verlassen* ist das Wort *lassen* enthalten – ich lasse den anderen seinen Weg gehen, ich lasse los.

Durch die Angst, Verlust zu erleiden, werden deine Chakren enger und weniger durchlässig für das hohe Licht. Die Energie der Erde steigt stündlich, im Idealfall bedeutet das auch, dass deine Seinsfrequenz stündlich ansteigt, außer du schiebst eine Milchglasscheibe zwischen dich und diese wundervolle Energie, indem du deine Aufmerksamkeit auf das Verlassen-Sein, den Verlust, die Ängste, die Trennung und das Leid richtest. So wirst du immer wieder genau das erleben, was du fühlst, denkst und sagst.

Warum der Schöpfer allen Seins das zulässt? Warum wir euch nicht einfach diese Milchglasscheibe, den Schmerz, die Trennung usw. wegnehmen? Nun, das könnten wir mit einem Fingerschnipsen, das ist richtig. Dabei müssten wir allerdings euren freien Willen und den Seelenplan außer Kraft setzen. Und, wie ihr wisst, ist beides absolut heilig, unabdingbar.

Wenn du zurückdenkst, hast du dann nicht das Gefühl, dass du durch scheinbare Fehler und schwierige Lebensphasen am meisten gelernt hast?

Ich fühle mit euch, denn ich weiß, wie schwer das Erdenleben sein kann. Meine Hochachtung, liebe Leserinnen und Leser, ihr seid die wahren Helden der Geschichte. Ja, das seid ihr! Ohne euch wäre dieser Zusammenschluss von Himmel und Erde niemals möglich gewesen. Chapeau, das Erdenleben ist ein wahrlich großer Lichtdienst, liebe Freunde.

Es ist mir, Erzengel Metatron, bewusst, dass manche Sätze bei einigen sofort in Resonanz gehen. Das irdische erlernte Verhaltensmuster dabei ist, dass man die bestraft, die man mit den einsetzenden Auflösungen in Verbindung bringt. Aber ist das die perfekte Lösung? Mag sein, dass es kurzzeitig Genugtuung bringt, doch am Ende macht das Bestrafen weder glücklich, noch bringt es euch weiter. Und es fördert sicher nicht die erwünschte Heilung, da ihr ja immer das erntet, was ihr selbst gesät habt.

Die Resonanz des Gegenübers ist wichtig, gerade dann, wenn in dir etwas hochkocht, denn dadurch bist du in der Lage, noch höher zu schwingen. Das geschieht mit einer Wellenbewegung, oder, man könnte auch sagen: Dein nie endender verkörperter Aufstieg in die himmlischen Dimensionen gleicht einer spiralförmigen Bewegung. Das bedeutet aber zum Glück auch, dass es durch die Bewegung der Talfahrt, des Abschwungs, immer zu einer Gegenbewegung kommt, nämlich dem persönlichen Aufschwung, der Weiterentwicklung.

Es liegt mir fern, zu urteilen oder gar auf dich herabzusehen, denn ich weiß, wie schwer dein Weg manchmal war, ich weiß es. Was bist du doch für ein wundervolles Wesen, das inkarniert ist, um genau da zu sein, wo es jetzt ist. Du wolltest genau das erfahren, was du gelebt hast und zurzeit lebst. Wie sehr wir aus der geistigen Heimat dich respektieren, dich ehren und lieben, wie sehr…

Sei gesegnet.

Es dankt und verabschiedet sich,
Erzengel Metatron."

Saint Germain: Fürchte dich nicht

„Ich, Saint Germain, bin daran gewöhnt, dass die Transformationen einen Schub der Superlative auslösen können. Die violette Flamme, so wird mein Strahl der Auflösung oft genannt. Die Flamme, ja, der Ausdruck ist passend, denn für viele Erdenbürger fühlt sich der Wandel hin zum hohen Bewusstsein an, als würden sie lebendig durchs Feuer gehen. Alles, was dir nicht mehr dienlich ist, wirst du irgendwann nicht mehr leben können, das Programm ist vollkommen leer.

Dann kommt der Part, der für die Menschen wohl am schmerzhaftesten ist: das Loslassen der Menschen, die ihren Weg alleine weitergehen möchten. Das kann im Leben durchaus leidvoll, turbulent und dramatisch sein, da Loslassen auf der irdischen Ebene als Trennung empfunden wird.

Was du fühlst, das lebst du auch. Das Unterbewusstsein ist so manchem Lichtarbeiter schon zur Falle geworden. Warum? Nun, wenn ein Kollege böse zu dir ist, wirst du sicher spontan sagen: Das hat aber nichts mit mir zu tun. Das ist sein Problem. Mag sein, dass der Kollege Probleme hat, aber sein Verhalten dir gegenüber, gerade dann, wenn es dich echauffiert, hat mit dir zu tun. Solange der innere Frieden in dir noch nicht vollends eingekehrt ist, gibt es auch etwas zu klären. Das Benehmen der anderen, so, wie sie dich behandeln, zeigt dir, was du versehentlich unbewusst und kraft deiner Gedanken manifestiert hast. Also ist das Resonanzverhalten Gold wert, meinst du nicht auch? Es kann zwar schmerzhaft sein, doch indem du dort „hineinfühlst", wo es wehtut, gehen sofort mehrere alte Denk-, Gefühls- und Verhaltensmuster in die Auflösung.

Lichtarbeiter haben die Angewohnheit, alles genau zu hinterleuchten. Sie wollen genau wissen, was das für ein Scherbenhaufen war, der bei ihnen weggekehrt wurde. Sie arbeiten dabei aber meistens mit dem Verstand. Dabei genügt es, wenn du „fühlst", so du dir erlaubst hinzuspüren, wenn dir jemand wehgetan hat. Fühle den Druck, die Wut, den Schmerz, der dabei entsteht, dadurch unterstützt du die einsetzende Transformation, und es kann leichter aus deinem System abfließen. Der Verstand ist verbunden mit dem Ego, das Gefühl ist vernetzt mit dem rein geistigen, lichtvollen SELBST.

Du hast meine Bewunderung, und ich bin tief berührt, ich bebe vor Liebe, wenn ich in dein Herz sehe. Ich weiß von all deinen Tränen, ja, ich weiß es. Ich, Saint Germain, war bei deiner Geburt anwesend. Weißt du, deine kleine Seele wollte eigentlich nicht schon wieder in einen Körper inkarnieren. Du wolltest bei deinen kosmischen Eltern und himmlischen Freunden bleiben. Du hattest viel Spaß in der Gruppe der Aufgestiegenen Meister, diese waren und sind deine Freunde. Aber dann waren die Lust und die erneute Neugierde auf das Leben so groß, dass du schließlich im Pulk deiner Seelenfamilie zur Erde gereist bist.

Deine irdischen Eltern haben schon nicht mehr daran geglaubt, dass sie ein Baby bekommen würden. Und dann kamst du. Hurra, die Engel im Himmel haben deine Geburt mit Posaunen begleitet, denn dein Part hier auf Erden ist sehr wichtig. Auch wenn du dich manchmal klein und ersetzbar gesehen, gefühlt hast, bist du das keineswegs.

Warum ich diese Zeilen für dich schreibe? Weil du nun an einen wichtigen Punkt deiner Seelenplanung gekommen bist: der persönliche Kontakt mit deinen Freunden aus der Geistigen

Welt. Das führt automatisch zur vollständigen Integration des göttlichen Lichts. In einfachen Worten ausgedrückt: Die himmlischen Drinks mit Engelfreunden in der goldenen Wanne der Göttlichkeit. Alles, was du einst im Himmel so genossen hast, öffnet sich nun wieder für dich.

Das hast du dir so sehr gewünscht, und trotzdem spüre ich Bedenken bei dir. Darum bin ich hier. Um dir zu helfen und mit dir darüber zu sprechen. Um dich daran zu erinnern, was du vor deiner Inkarnation laut Seelenabsprache geplant hast.

Du hast die Angst zugedeckt mit dem Gedankenkarussell, das nie stillzustehen scheint, außer du schläfst. Im Schlaf bist du voll in deinem Sein, und das Körper-, Geist- und Seelensystem kann sich gut erholen.

Wovor fürchtest du dich? Gerade Boten des Lichts neigen dazu zu sagen: „Ich fürchte mich vor gar nichts!", aber das stimmt in den meisten Fällen nicht.

Die Angst ist ein Bedürfnis der Menschen, so könnte man sagen. Das Grauen der Nacht zum Beispiel, wenn der Albtraum nach dir greift, obwohl du diesen Geist nicht gerufen hast. Das Grauen der Nacht dient der Reinigung der Seele. Die Angst kann wie ein Puffer sein, weil sie euch vor dem Höhenkoller schützt. Dieses Phänomen des Höhenkollers kann durchaus auch die erwischen, die normalerweise mit beiden Beinen fest auf dem Boden stehen. Die verkörpert aufsteigen in die himmlischen Dimensionen.

Angst kann sehr belastend sein, wenn die Psyche und der Leib unter ihr fast zusammenbrechen. Was ich eigentlich sagen will, ist: Bestimmt hast du manchmal das Empfinden, als würden gerade die Menschen in deiner Umgebung wegbleiben, die dir wichtig sind. Die dir geholfen haben, mit denen du gelebt hast, die du liebst. Die Realität kann so aussehen. Doch die

Leere, die du dabei empfindest, dient der Wegfindung, der Zentrierung. Durch den „einsamen Raum", der nach einem Verlust entsteht, hast du nämlich Zeit, ohne Ablenkung zu dir zu kommen, in dein wahres Sein zu schlüpfen.

Du fühlst dich manchmal selbst nicht mehr und hast ab und zu den Eindruck, als würdest du in einen luftleeren Raum eintreten? Wobei du ja nicht wissen kannst, ob es dir gelingt, darin zu überleben, zu atmen, Glück zu empfinden. Wahrlich, ich kann dich verstehen, Leere oder auch Einsamkeit können sich sehr erdrückend anfühlen.

Woher sollst du auch im Zustand der Verkörperung wissen, wie das Leben im Himmel sein wird? Das war so noch nie da, diese Seiten der Akasha-Chronik sind noch ohne jeglichen Eintrag und werden von dir und dem Rest der Menschheit gerade beschrieben, mit Erlebnissen gefüllt.

Daher kann ich deine Furcht gut nachvollziehen. Die Klärung des Geistes, der lebendige Aufstieg in die Himmelsdimensionen, ist zu vergleichen mit der Besteigung eines hohen Berges. Dabei kann irgendwann der Sauerstoff ausgehen, und man ist gezwungen, den Atem des Berges in sich aufzunehmen. Du nimmst also das Mundstück ab, da der Sauerstofftank sowieso leer ist, und wagst einen vorsichtigen Atemzug, in der Hoffnung, dass dein System diesen Höhenunterschied aushalten, ausgleichen kann. Da kann es schon mal vorkommen, dass du kurzzeitig einen schnelleren Herzschlag hast, Angst bekommst, zu ersticken, oder gar Todesangst spürst.

Das Abnehmen der Sauerstoffmaske symbolisiert das Loslassen deines alten Lebens. Das Loslassen der Lebensumstände, die dich nicht mehr ausreichend mit Zufriedenheit und somit Licht erfüllen können. Sowie die Bereitschaft, alte Verhaltensmuster, die dir oder anderen wehtun, heilen zu lassen.

Außerdem wird der Bergsteiger Momente der Einsamkeit haben, denn er kann nur das mittragen, was er wirklich braucht. Jeder materielle Ballast, sowohl die psychische und physische Bürde, bringt ihn in Gefahr, zu straucheln. Also sollte er versuchen, diesen Ballast rechtzeitig abzuwerfen oder im Idealfall gar nicht erst zur Tour mitnehmen. Das ist eine Metapher für die Bewusstwerdung der Menschen, denn auch dabei geht es um das beschwerliche Kreuz, das man sich bisweilen selbst auferlegt hat. Nach einer Klärung des Geistes erfolgt immer eine persönliche Schwingungserhöhung, und das Erreichen des Gipfels ist die Belohnung.

Dann kommt möglicherweise der Moment, in dem du aufwachst und merkst, dass du die früheren Lebensumstände – Beruf, Partnerschaft, die Mühseligkeit an sich – nicht mehr ertragen kannst. Zu diesem Zeitpunkt hast du dich meistens schon losgesagt von allem, was dir einmal wichtig war und dich nun nicht mehr mit Zufriedenheit erfüllt. Ja, du hast das alles schon hinter dir, ich weiß, und ich, Saint Germain, bin sehr stolz auf dich.

So gilt es jetzt einzuatmen und zu vertrauen, dass du nicht im „Nichts" gelandet bist, sondern sich die Lücke, die du womöglich empfindest, wieder schließt. Das kann geschehen, indem du zum Beispiel neue Freunde kennenlernst, die Liebe deines Lebens triffst oder dein Glück in einer Lebensaufgabe findest, die dich erfüllt.

Ja, ganz schön sprunghaft, im wahrsten Sinne des Wortes, aber so warst du schon, als du im Bauch deiner Mutter angekommen bist. Bereit, Brücken und Barrieren zu überqueren und auf diesem Weg, fast wie im Vorübergehen, den Pfad für andere zu ebnen. Bereit, die scheinbare Verzögerung wieder aufzuholen, indem du wahrlich Bewusstseinssprünge gemacht hast.

Die Bedenken holen dich immer dann ein, wenn der Sprung schon hinter dir liegt. Das ist auch ein Seelenmerkmal von dir. Und wohlgemerkt: Es ist ein Seelenmerkmal, das dich noch sympathischer macht, als du ohnehin schon bist.

Beim Eintritt in die jeweilige nächsthöhere Dimension warst du ja in früheren Leben nicht mehr im Körper, aber heute bist du es. Verstehst du, was ich sagen will? Ja, das ist eine Herausforderung, denn dazu kommt noch das ganz normale Leben.

Das ist der Grund, warum ich heute deine Aufmerksamkeit gesucht habe. Ja, ich meine dich...

Ich, Saint Germain, Aufgestiegener Meister, Hüter der violetten Flamme, Meister der Transformation, bin jetzt hier bei dir, um dir beim Einatmen deines neuen Lebens zu helfen. Ich bin da, um mit dir Hand in Hand durch diese stürmische Zeit zu gehen, denn auch Transformationen ändern sich. Das, was früher ein Orkan war, ist jetzt nur noch ein kurzer Sturm. Das ist eine weitere Metapher, um zu verdeutlichen, wie sehr sich die Dinge zum Guten wenden.

Die Angst vor dem eigenen göttlichen Sein ist tief verwurzelt in der Geschichte der Menschheit, und oft waren es gerade die „Randgruppen", die den wahren Spirit gefunden hatten und lebten.

Diese wundervollen Bürger wurden nicht selten von denen verfolgt, die das „Anders-Sein an den Pranger stellten. Die, die sich als Oberschicht ansahen, verletzten andere, um ihre eigene Macht zu untermauern und ihre „dunklen" Ideale durchzusetzen. Sie unterdrückten und drangsalierten, um einzuschüchtern. Damit hielten sie die Trennung und somit Mangel, Unterdrückung und kriegerische Auseinandersetzungen auf der Welt aufrecht. Aber das ist längst Geschichte, meinst du nicht auch?

Ich möchte nur, dass du dich in dem Licht siehst, das dir gebührt. Ich möchte, dass du deiner selbst voll und ganz gewahr wirst und es auch bleibst.

Ich bin nicht gekommen, um deine Bedenken zu zerstreuen, deine Thesen mit meinen zu überlagern. Nein, ich bin hier, damit du dir bewusst wirst, worüber du nachgedacht hast. Wohlgemerkt: nachdem du gesprungen bist. Denn durch das Karussell der Gedanken kann so mancher nicht mehr erkennen, worin genau die praktische Lösung für die jeweilige Situation besteht.

Woher ich das weiß? Nun, ich bin an deiner Seite, zusammen mit deinen geistigen Mentoren, und das schon seit geraumer Zeit.

Also wohlan, wenn du möchtest und bereit bist, dann atme dein neues lichtvolles Sein ein, fühle es und fülle es mit Leben.

Du brauchst keine Angst zu haben, dass es heftige Transformationen auslöst oder gar einen Zusammenbruch. Oder dass du noch mehr loslassen musst. Du bist schon gesprungen, das liegt schon hinter dir.

Liebe Erdenseele, hole tief Luft und atme. Ich, Saint Germain, bin an deiner Seite, um dich mit dem zu erfüllen, was du für deine nächste Aufgabe brauchst.

Ich verbinde dich hiermit leibhaftig, so, wie du nun bist, mit denen, die du damals, bevor du im Bauch deiner Mutter angekommen bist, verlassen hast, um das Buch deines Lebens aufzuschlagen.

Ja, wir sind da, wir waren niemals mehr als nur einige Atemzüge von dir entfernt, wir sind und waren immer an deiner Seite.

So sei in Liebe verbunden mit dir selbst und der Quelle allen Seins.

Sei gesegnet, hab Dank für deine Aufmerksamkeit und dein Vertrauen.

In ewiger Liebe,
Saint Germain, der Freund aus deiner Himmelszeit."

Ratssitzung: Ein Traum wird Wirklichkeit

Sarinah:

Es ist drei Uhr morgens, ich bin mit einem Ruck aufgewacht. Nun versuche ich, den wundervollen Klartraum, den ich hatte, festzuhalten. Ich habe das Empfinden, als wäre ich wirklich dort gewesen, und ich weiß, dass es auch so ist. Während der Computer hochfährt und ich mich schnell noch in eine Decke hülle, tippe ich schon im Geist, um ja nichts von dem bezaubernden Treffen mit den geistigen Mentoren zu vergessen.

Während ich dies schreibe, trete ich schon wieder durch das Tor der Ratssitzung. Ich spüre die prickelnden Energieschauer über meine Haut rieseln, dann höre ich die Stimme von Erzengel Michael, der sagt: „Da bist du ja wieder, Sarinah. Wir sind entzückt, dich zu sehen. Komm, setz dich."

☆☆

Der Erdenengel Harry hat die Unterbrechung genutzt, um sich einen heißen Tee zu holen. Er sitzt nun wieder an seinem Platz und zwinkert in Sarinahs Richtung.

Ich sehe mich um und bemerke, dass die Runde sich verändert hat. „Irgendetwas ist hier anders als in meinem Traum", murmele ich vor mich hin.

Die Aufgestiegene Meisterin Lady Maria ist in eine Robe gekleidet, die nur so funkelt. Und die anderen Gäste haben sich auch so glänzend herausgeputzt.

Ich sehe an mir herunter und bemerkte zu meinem Entsetzen, dass ich nicht dazu passe, denn die Schlafdecke, die ich eilig um die Taille geschlungen habe, ist wohl nicht gerade passend für das, was die geistigen Freunde vorhaben.

„Du brauchst dich nicht zu schämen, Sarinah", sagt Erzengel Uriel mit Nachdruck. Er hat meine Gedanken gelesen, und um Solidarität zu zeigen, wickelt er sich auch in ein flauschiges Plaid.

Die anderen tun es im gleich. Es sieht lustig aus, denn die Anwesenden haben fast alle schicke Ausgehkleidung an. Die Damen feine Abendkleider und die Herren Anzüge. Das ist ein arger Kontrast zu den bunten, flauschigen Plaids, in die sie sich jetzt gehüllt haben. Ein Anblick für die Götter. Wie sie jetzt huldvoll dasitzen, die Mitglieder der Ratssitzung, sehen sie aus wie gemalt.

„Du bist gerade rechtzeitig zurückgekommen", flüstert Marix. „Schau, was jetzt passiert." Dabei nickt er Sarinah zu.

Es sind anwesend: die Erzengel Michael und Uriel, die Aufgestiegene Meisterin Lady Maria, der Erdenengel Harry, Sarinah und Marix.

Harry hat sich bequem zurückgelehnt, er hätte gerne seine langen Beine auf das Tischchen vor ihm gelegt, doch er widersteht diesem Drang und richtet seine Aufmerksamkeit stattdessen auf den Lichtstrahl. Der Strahl taucht, von der Deckenmitte des Saals ausgehend, nun langsam, fast zärtlich den ganzen Raum in ein wunderbares goldoranges Licht. Es sieht aus, als würde die Sonne aufgehen.

Harry schnuppert entzückt, denn es liegt ein Duft von frischen Blumen und Kräuterheu in der Luft. Seine Hände hat er um die noch immer heiße Tasse gefaltet. Mit langsamen Bewegungen trinkt er bedächtig hin und wieder einen Schluck. Auf seinem Gesicht liegt ein seliges Lächeln.

Ich beobachte den Erdenengel und das Szenario ganz genau und versuche herauszufinden, was dieses wundervolle Licht zu bedeuten hat.

Im Zentrum dieses goldenen Strahls erscheint nun eine Miniaturstadt, die in eine funkelnde Luftblase eingehüllt ist. Diese wiederum sieht aus wie ein Diamant-Lichtschiff.

Harry bemerkt die Blicke seiner Sitznachbarin. Er zwinkert wieder, beugt sich ein wenig zu ihr und sagt: „Du wirst schon sehen, wir passen da alle hinein."

Erzengel Uriel steht auf und breitet die Arme aus, und während er das tut, wird auch das Lichtschiff größer. Dieses scheint nun noch mehr Raum einzunehmen, es ist überall, sodass man den Eindruck hat, es würde mit den Anwesenden eine vollkommene Einheit bilden. So ist auch der Weg frei in die Kristallstadt. Diese ist nun nicht mehr in Miniatur, sondern in Originalgröße.

Ich höre diesen faszinierenden, tiefen Ton, den ich schon oft wahrgenommen habe. Es ist, als würden wir dadurch willkommen geheißen.

Nun schreiten alle auf den Tempel zu, der vor ihnen auftaucht. Die Tore sind einladend geöffnet, und so schlendern die Teilnehmer der Ratssitzung in den Tempel, in dem eine heilige Stimmung herrscht.

Innen sieht es aus wie in einer Moschee, die so schön beleuchtet ist, dass sofort ein heimeliges Gefühl entsteht.

Erzengel Michael ist es gewohnt, dass dieser Ort auf die Besucher erst einmal Erstaunen hervorruft. Er wartet ein wenig, bis sich alle um ihn versammelt haben, dann fängt er mit sanfter Stimme zu sprechen an:

„Wir sind an diesem besonderen Ort versammelt, weil er ein Heilzentrum ist, eine heilige Stätte für jeden Menschen, der diese Hilfe annehmen möchte. Das heilige Herz ist die Eintrittspforte in diese Kristallstadt, in der jeder das finden kann, was sein Körper-, Geist- und Seelensystem braucht.

Wir befinden uns jetzt im Tempel der Weisheit. Jeder, der diesen Ort besucht, kann eine Bewusstseinsanhebung erfahren. Darauf folgt allerdings auf Erden meistens eine Transformationswelle, die stark oder sanft sein kann, je nachdem, was die jeweilige Person noch zu klären hat. Doch wer diese Stadt besucht, wird von der sanften Transformationswelle wie reingewaschen sein."

Bei diesen Worten beugt sich Lady Maria zu Erzengel Michael, zupft an seinem Ärmel und flüstert ihm etwas ins Ohr.

Ich bemerke, dass ich wie die anderen nun ebenfalls ein wunderschönes Abendkleid trage. Wir sind alle barfuß, doch die antiken Steinfließen des Tempels sind schön warm.

Ich spüre, dass mein Körper die wundervolle Energie dieser heiligen Stätte förmlich aufsaugt wie ein Schwamm. Es ist wie Balsam für mein Körper-, Geist- und Seelensystem. Diese göttliche Frequenz wirkt auf mich sehr beruhigend.

Langsam werden meine Augen schwer. Lady Maria kommt auf mich zu, sie hat meine Gedanken gelesen. Wieder sehe ich, dass alle Blicke auf mir ruhen, denn ich kann nicht aufhören zu weinen, ich weine vor Glück.

„Komm, Sarinah, du bist müde, wir machen es uns jetzt bequem", sagt Lady Maria zu mir und führt mich zum eigentlichen Zentrum des Tempels. Ich blinzele, und um sicher zu sein, dass ich nicht träume, zwicke ich mich sogar in den Arm. „Autsch!" Ich bin hellwach! Im Schein dieses wunderschönen goldorangenen Lichts, das von der Kuppel der heiligen Stätte herabstrahlt, sehe ich bequeme Liegen stehen, die weiß gepolstert und im Kreis angeordnet sind.

Als ich es Lady Maria gleichtue und mich darauf austrecke, fühle ich, dass die Ruhemöbel beheizt sind. Außerdem wärmt uns das bezaubernde Licht von oben, und das auf eine sehr wohltuende, heilende Weise.

Die anderen sind in ein Gespräch vertieft und schlendern langsam auf uns zu. Als die Erzengel Michael und Uriel, der Erdenengel Harry und Marix bei uns angekommen sind, breitet das Licht seine Arme aus und weitet sich immer mehr, sodass es den ganzen Raum erfüllt. Meine Freunde lachen entspannt, begeben sich ebenfalls zu den Liegen und machen es sich darauf bequem.

All das nehme ich in mich auf, und ich genieße es sehr, in diesem wundervollen Tempel der Weisheit zu sein.

Lady Maria streckt ihren Arm aus, ergreift meine Hand und fängt an zu sprechen. Sie hat eine sehr schöne Stimme, wohltuend, und ihr zuzuhören ist, als würde man einem klangvollen Windspiel lauschen. Ich neige meinen Kopf in ihre Richtung und höre ihr vollkommen entspannt zu.

„Du denkst an die vielen Menschen, die die Hilfe der Geistigen Welt, die Heilung brauchen. Ich weiß, Sarinah, ich habe deine Gedanken gelesen", wispert Lady Maria mir zu.

Ich sehe ihr in die Augen und antworte: „Die Menschen sind so beschäftigt mit ihrem Beruf und Alltag, manche sind richtig in dieser Mühle gefangen. Sie tun, was sie können, um ihr Bewusstsein zu klären. Aber wenn sich erst einmal ein mühseliges Lebensmuster festgesetzt hat, ist es nicht so einfach, das Gelesene in die Tat umzusetzen. Ich möchte, dass die Menschen es leichter haben. Mein Wunsch ist es, dass dieser Ort jedem Lichtträger, der das möchte, zugänglich ist. Ich möchte allumfassende Heilung für alle Menschen", erwidere ich ihr.

Lady Maria lächelt mich weise an und spricht: „Genau das ist unser Plan, wir öffnen die Tore der Lichtstadt für jeden, der kommen mag. Es ist lieb von dir, dass du es den Menschen einfacher machen willst, jedoch, Sarinah, vergiss nicht, dass du nicht für andere leben kannst. Trotz aller Hilfe, die wir den Lichtträgern zukommen lassen, dürfen selbst wir aus der Geistigen Welt euch das Leben nicht abnehmen."

„Das ist auch gut so, denn wenn ihr uns mit einem Fingerschnipsen von allen schweren Dingen erlösen würdet, wären wir ja wie Marionetten ohne Eigenverantwortung. Dabei lernt man nichts. Aber wie sollen die Menschen dahinkommen, sie sehen diese Kristallstätte ja erst, wenn sie drin sind?"

Kaum habe ich diesen Satz ausgesprochen, sehe ich, dass der Lichtstrahl, der nun direkt vom Himmel zu kommen scheint, in Bewegung geraten ist. Fasziniert beobachte ich, wie der Strahl sich dreht. Durch die Drehung fällt es mir leicht, konzentriert auf das Licht zu schauen. Es ist, als würde ich durch den entstehenden Sog in den göttlichen Strahl gezogen. Es fühlt sich sehr gut an, beruhigend, warm, friedlich, heimelig und heilend.

„Nun, der Zugang ist das heilige Herz und die Energie der Quelle allen Seins", antwortet mir Erzengel Uriel.

„Ich verstehe das nicht. Was soll man tun, um hierher zu gelangen? Und wie heißt diese Lichtstadt eigentlich, wo befinden wir uns?", frage ich in die Runde.

„Was Erzengel Uriel sagen will ist, dass das Tor zu diesem wundervollen Ort im eigenen Herzen zu finden ist. Jeder, der bei diesen Schilderungen etwas „fühlt", hat schon einen Fuß im Reich der goldenen Lichtstadt, dessen Tempel wir heute besucht haben." Während Erzengel Michael diese Worte spricht, spüre ich, wie sich eine warme Hand auf meine Schulter legt.

„Du bist zu Hause", sagt Harry, der neben mir liegt. „Deine Wirklichkeit hat sich mit der des Himmels vereint, du bist lebendig im Paradies." Während Harry spricht, gleitet seine Hand langsam meinen Arm herab, er umfasst sanft mein Handgelenk und drückt es ein wenig. „Spürst du das, Sarinah? Das ist doch reell, oder nicht?", flüstert mir Harry zu.

„Ja, ist es", antworte ich dem Erdenengel. Dabei blicke ich ihm direkt in die Augen. Die Tränen, die über seine Wangen laufen, bezaubern mich. Sie faszinieren mich nicht, weil ich nicht gerne alleine weine, sondern weil der Erdenengel fühlt wie ich. Das weiß ich.

„Jetzt ist es aber genug!", höre ich Marix im Hintergrund wettern. Er steht schnell auf und kommt geradewegs auf uns zu. Marix setzt sich ohne zu zögern auf meine Liege, und ich rutsche, um ihm Platz zu machen. Er streckt sich genüsslich neben mir aus, und ich fühle seine Körperwärme.

Harry hat dieses Mal blitzschnell reagiert. Er wusste, was passiert, und als er Marix auf uns zukommen sieht, steht er flugs auf und schiebt seine Liege ganz nah an meine. So haben wir also jetzt zu dritt bequem auf zwei Ruhemöbeln Platz.

„Es ist so schön warm, in der Mitte zu liegen, ist echt angenehm", wispere ich.

Meine Nachbarn lachen. Dann höre ich, wie Marix sagt: „Sicher gelingt es nicht jedem Leser sofort, in das Reich der goldenen Mitte zu kommen, aber den Schlüssel dazu hat jeder. Auch die Zeit ist jeder Mensch selbst, du kannst also heute schon hierherkommen, oder morgen, oder übermorgen, oder über-übermorgen…"

Marix' Stimme wird immer leiser, denn ich schlafe langsam und glücklich ein. Während ich hinübergleite in den Traum, empfinde ich eine wohltuende Wärme in meinem Körper. Wir werden genauso geliebt, wie wir sind. Das ist so unbeschreiblich schön, dass mir bewusst ist, dass Worte nicht ausreichen, um die Liebe zu beschreiben, die ich dabei empfinde.

„So fühlt sich also die allumfassende Heilung der Quelle an", murmele ich selig. Dann gleite ich in einen tiefen, erholsamen Schlaf.

Erzengel Michael: Wie schön, dich hier zu treffen

„Sicherlich haben es sich viele Leser einfacher vorgestellt, mit weniger Auf und Ab. Ich, Erzengel Michael, meine damit die verkörperte Lichtwerdung.

Nun, wann genau etwas besser wird, das können wir Engel euch nicht vorhersagen, denn was bei uns ein Wimpernschlag ist, sind auf Erden womöglich ein oder zwei Jahre.

Doch wir sagen euch, dass es Sinn macht, weiterzugehen, denn es geht aufwärts. Die verkörperte Lichtwerdung geht einher mit dem ganz normalen Leben. Da steckt viel Bewegung drin, also viel Wellengang.

Eigentlich war ich hier mit einem eurer Schutzengel verabredet, aber diese haben ihre eigene Terminplanung, sie sind sehr beschäftigt, so, wie wir Erzengel auch. Also plaudern wir zwei ein wenig, magst du?

Ja, ich meine dich. Und es ist mir eine Freude, mit dir persönlich zu sprechen. Wie geht es dir, geht es dir gut?

Weiß du, du liegst uns sehr am Herzen. Die geistigen Mentoren sprechen oft deinen Namen aus. Voller Ehrfurcht tun sie das, denn du bist auf die Erde gereist, um leibhaftig den Weg zur göttlichen Quelle zurückzufinden.

Nun ja, ich will nicht zu sehr ins Detail gehen, um deine Privatsphäre zu schützen, denn schließlich lesen dieses Buch sehr viele Menschen.

Ich liebe dich, weiß du das? Ja, das tue ich wirklich. Es vergeht kein Tag, an dem du nicht den Segen von Erzengel Michael hast.

Du sagst, du hast viel Schlimmes erlebt, aber auch sehr viel Glück gehabt? Ja, ich weiß, mein Kind, ich kenne jeden deiner Schritte auf Erden. Ich bin der Spur deiner Schutzengel gefolgt.

Nicht um dich zu finden, denn dazu brauche ich mir nur deinen Seelenstrahl vorzustellen, und schon weiß ich ganz genau, wo du im Augenblick bist und wie es dir geht. Sondern ich bin der Spur deiner Schutzengel gefolgt, um von ihnen zu hören, was sie noch für dich tun können und was sie schon für dich bewirkt haben.

Niemand, wirklich niemand, kennt dich besser als dein Schutzengel, denn er ist das Pendant zu dir. Er ist dein Zwillingsengel, der in der Geistigen Welt geblieben ist, während du zur Erde gereist bist.

Ein Erdenbürger hat meistens zwei Schutzengel, einen weiblichen und einen männlichen. Nun, das Geschlecht spielt bei uns im Himmel keine so wichtige Rolle wie bei euch auf Erden. Wenn wir weiblich oder männlich erscheinen, uns so zeigen und uns vorstellen, hat das mit der Ausdrucksform zu tun, die sich jeder Engel ausgesucht hat, so, wie auch du dir deinen Körper ausgesucht hast.

Du bist nicht ganz zufrieden mit deinem Körper, so, wie er jetzt ist? Ich weiß. Doch ich bitte dich, dein irdisches Vehikel zu lieben. Lehne nichts an dir ab, denn je mehr Kanten, Ecken, Rundungen usw. dein Leib hat, je mehr du nicht dem Mainstream-Aussehen entsprichst, desto mehr haben die anderen an dir zu lieben.

Was du bedingungslos liebst, kann heilen, egal, wie viel Schweres und Materie darin steckt. Dies sowohl im inneren Kern, als auch im großen Außen. Bist du in der Lage, die ermüdenden Lebensumstände allumfassend zu lieben, kann sich die von dir gewünschte Veränderung einstellen.

Du ziehst die Stirn in Falten, warum? Beinahe hätte ich jetzt gefragt, ob ich dir nicht gefalle? ☺ Aber du siehst mich ja nicht, meistens jedenfalls, denn manchmal siehst du mich doch.

Um auf deine innere Frage zu antworten: Ja, wir haben alle deine Gebete gehört, wir haben dein Flehen wahrgenommen, und jeder Wunsch von dir kam bei uns im Himmel an.

Warum du immer noch auf die Erfüllung deines allergrößten Wunsches wartest? Nun, du wartest nicht. Du bist beschäftigt mit dem ganz normalen Wahnsinn, wie ihr Menschen das ausdrückt, du bist eifrig dabei, zu leben. Jetzt bringst du mich zum Lachen, weil du nachhakst, genauso kenne ich dich. Das ist typisch für dich, denn du kommst immer wieder zum Kern zurück, egal, wie weit du schon davon entfernt warst. Wir Engel lieben es, wenn jemand sich auf die Hinterfüße stellt, nicht um größer zu sein, sondern um die wahre Größe zu zeigen, zu sein.

Verplappere ich mich jetzt? Du lächelst, das ist schön, das sehe ich so gern bei dir. Obwohl ich auch deine Tränen liebe, die ich schon oft getrocknet habe. Weiß du, dass manchmal sogar die großen Erzengel und Aufgestiegenen Meister aufhorchen, wenn du nach Hilfe rufst? Dann beraten wir uns, um zu sehen, wie wir dir auf schnellstem Weg die gewünschte Unterstützung geben können. Oft kommt diese dann allerdings etwas anders bei dir an, als du gedacht hast.

Du bist manchmal sehr vorsichtig, gerade wenn es darum geht, deine eigenen Flügel ganz auszubreiten, als wolltest du sichergehen, dass sie nicht verletzt, beschmutzt werden. Nicht alle Menschen, die du getroffen hast, waren von edler Energie erfüllt, auch das weiß ich. Doch deine Flügel, also deine Medialität, die du nach außen zeigst, ist auch ein Schutz für dich. Je mehr du ganz du selbst bist, und je weniger du zwischen der privaten und der öffentlichen Person hin und herpendelst, desto weniger Reibungsfläche bietest du.

Du hast gedacht, es ist umgekehrt, nicht wahr? Du hast gedacht, wenn du mit deiner Medialität ein wenig hinter dem

Berg hältst, dass die anderen Menschen dich dann in Ruhe lassen. Dass dich Kollegen, Freunde und Familie dann nicht schief ansehen usw. Dabei erlebst du das, was du selbst über dich und andere denkst. Bist du mit dir und deinem Seelenlicht vollkommen im Reinen, sind auch die anderen mit dir im Reinen. Bist du inkognito und hast Angst, verletzt zu werden, zeigen dir deine Mitmenschen auch nicht ihr wahres Gesicht.

Oh, ich verstehe dich und kann nachempfinden, was dich dazu gebracht hat, dein Licht nicht jedem zu zeigen. Ich weiß, was dich hierher geführt hat, und ich bin stolz auf dich, sehr sogar. Ich weiß von all deinen Prüfungen, ich weiß es…

Es ist aber tatsächlich so, dass es dir immer schwerer fällt, in deiner Tarnung zu bleiben. Ich meine damit, nicht beständig du selbst zu sein, denn du bist ein Lichtwesen, das inkarniert ist, um sich in der Einheit zu erfahren, nicht in der Tarnung, und auch nicht in der Trennung zu dir SELBST. Da ist das Wort wieder, das dir wehtut. Verlassen zu werden ist nicht schön, das kann ich nachfühlen.

Du berührst mein Herz so sehr, dass ich nicht anders kann. Ich, Erzengel Michael, möchte dich gerne anfassen. Darf ich?

Ich streichele dich, wenn ich darf, du bist so wunderschön und fühlst dich so gut an.

Nun aber sehe ich deinen Schutzengel heraneilen, also lasse ich euch zwei allein, denn dein gefiederter, seidig weicher Freund hat dir bestimmt viel zu erzählen.

Ich danke dir, segne dich und sage: Bis gleich.

Dein Erzengel Michael."

Dein Schutzengel

„Es ist schön, dich hier zu treffen, ich habe dich so lieb. Eigentlich will ich nur mit dir plaudern, ohne dass hier alle die Ohren spitzen.

Natürlich mag ich die Erzengel und den Rest der Bande sehr gerne, aber weißt du, sie sind sowas von neugierig. Sie haben überall ihre Energie drin. Du lächelst, ich liebe dein Lächeln. Und erst wie du guckst, dein Augenaufschlag ist echt süß.

Was? Ich bin ganz schön frech? Oh, ich habe eher das Gefühl, ich bin zu brav. Weißt du was? Ich habe eine Idee. Wir beide verabreden uns, natürlich nur, wenn du magst, Ja, ich hätte gern ein Date mit dir, obwohl wir uns ja immer nah sind und uns schon oft verabredet haben. Aber ich kann nie genug von dir bekommen.

Wie wir uns treffen? Na, im Traum, ich komme dir die Hälfte des Weges entgegen, so, wie die letzten Male auch. Magst du?

OK, das ist gut. Ich freue mich auf dich. Ich, dein Schutzengel, bin ja immer an deiner Seite, doch die persönlichen Treffen mit dir sind so schön. So schön, dass mir jetzt vor Freude die Tränen kommen. Bis gleich mein Liebling, bis gleich…"

Erzengel Uriel: Die Sexualität im Wandel der Zeit

„Die Sexualität, so, wie sie auf Erden meistens gelebt wird, kann ein Segen, aber auch ein Fluch sein. Segen, weil die Menschen die Intimität mit sich selbst oder auch mit dem Partner genießen, mit viel weniger Spannungen und Verspannungen durchs Leben gehen. Sex kann aber auch zur Sucht werden, als Fluch empfunden werden. Gerade dann, wenn einer der Partner keine Lust darauf hat, oder wenn er oder sie so manipuliert wird, dass er/sie Ja sagt zum Beischlaf, obwohl er/sie das eigentlich nicht will. Dass jemand mehr sexuelle Lust hat, der andere aber weniger oder gar keine, kommt vor und wäre kein Problem, wenn nicht die Überlagerungen dazukommen würden.

Ich, Erzengel Uriel, will damit ansprechen, dass die Überlagerungen, die den Partner dazu bringen, sich zwecks Pflichterfüllung hinzugeben, wie Strudel sind, die euch immer tiefer in die Selbstaufgabe reißen. Und ihr möchtet doch zu euch selbst finden, euer Höheres Selbst leben, nicht wahr? Sich zu etwas überreden zu lassen, was man nicht mag, sich hinzugeben, etwas zu tun, nur weil man denkt, dass so Konfrontationen vermieden werden können, dient sicher nicht der Selbstfindung. Gut möglich, dass es erst einmal so scheint, als würde dieser Plan aufgehen, aber mit der Zeit sprengt die Selbstaufgabe die stärkste Beziehung auseinander.

Wenn du das vollkommene Bewusstsein anstrebst, kannst du dich irgendwann nicht mehr zwingen, gegen dein Herz zu handeln. Das ist auch gut so, denn sonst wärst du ewig im Sog deiner alten Lebensmuster steckengeblieben. Eigentlich mag ich das Wort „Sex" nicht, und ich habe es vorhin doch gewählt, weil es deutlich macht, wovon ich spreche, nämlich von der alten Art, miteinander zu schlafen.

Wir haben in Band 8 schon berichtet, dass sich die Art, wie ihr gemeinsam der Lust huldigt, durch eure Bewusstseinsklärung ändern wird. Warum? Dadurch, dass sich euer Körper weitet, indem er immer mehr Licht halten kann, und ihr immer mehr die werdet, die ihr eigentlich seid. So werdet ihr zu Genießern, denn die Intensität, die beim Verschmelzen empfunden werden kann, steigt mit dem Lichtpegel in eurem Körper an.

Die Sinnlichkeit, die gegenseitige Anziehung zweier Menschen ist etwas, das durch eure Lichtwerdung kein Ventil mehr braucht. Da sich eure Seele immer mehr im verkörperten Sein durch euch ausdrücken darf, werdet ihr die Vereinigung mit der Quelle allen Seins überall spüren können. Darum geht es, denn es gibt nichts Sinnlicheres, als das „Einssein" mit sich und dem Schöpfer immer und überall zu spüren.

Es geht beim lichtvollen Wiegen der Liebe um das Miteinander und nicht mehr um ein Ventil, damit man Druck loswird. Es geht beim Miteinander-Verschmelzen nicht mehr um eine schnelle Lusterfüllung, die oft sogar nur ein Partner gefunden hat.

Klar, es gibt für alles eine Lösung, und wenn man will, ist diese Angelegenheit sicher gut zu beheben. Doch darum geht es jetzt nicht. Denn es ist doch völlig normal, dass zwei Menschen unterschiedliche Lustkurven haben, nicht wahr? Was ich damit sagen will ist, dass es sicher auf die Dauer müde macht, wenn man sich immer wieder angleichen soll oder gar muss.

Ich höre im Hintergrund Sarinah sagen: „Du schleichst um das Thema herum, Uriel." In der Tat, das tue ich. Ich will ja schließlich nicht mit der Tür ins Haus fallen oder gar die Leserinnen/Leser vergrämen, die denken, ohne Sex nicht leben zu können.

Die Erotik des Goldenen Zeitalters ist eine ganz andere als die in der Dualität. Wenn sich die Menschen in Liebe vereinen, sich küssen und halten, ist das wunderschön, doch der Mensch im Goldenen Zeitalter kommt ganz ohne Sex aus.

Ups, jetzt höre ich dich laut atmen, ja, ich meine dich. Ich liebe es, dich ein wenig aus der Reserve zu locken. Es ist keine Provokation, um Aufmerksamkeit zu erhaschen, wenn ich sage, dass Sex langsam seine Bedeutung verliert und dafür alles, was sich in Liebe wiegt, an Bedeutung gewinnt. *In Liebe wiegen*, dieser Begriff verdeutlicht, dass es dabei um Intensivität geht, nicht mehr um schweißtreibendes Gerangel.

Du lächelst, ja, da muss ich auch lachen. War doch dieses schweißtreibende Gerangel nicht selten der Grund dafür, warum eine Partnerschaft erst gar nicht entstanden ist.

Ihr habt euch getroffen und seid im Bett gelandet. Dann habt ihr euch gegeben, was euch, erotisch gesehen, möglich war. So kann man nach und nach jedes Liebesfeuer auspusten, meinst du nicht auch?

Das ist nur ein Beispiel, denn es gibt auch Paare, die nicht durch Sex in die Falle getappt sind. Falle? Ja, denn die Falle schnappt zu, wenn die sexuelle Anziehung weniger und die Lust aufeinander zum Frust wird. Frust, weil die Energieangleichung über den Beischlaf nun einen anderen Weg bräuchte. Und genau das ist aus meiner Sicht die Crux an der Sache. Klar, man kann statt Liebe machen unter anderem auch ein Hobby miteinander teilen, kuscheln oder einfach nur reden, doch genau diese Klippe können viele Pärchen nicht überwinden, wenigstens nicht dauerhaft.

„Ich habe keine Zeit, dein Hobby interessiert mich nicht, keine Lust zu reden. Ich will lieber fernsehen, zu müde zum

Kuscheln, ich will meine Ruhe", das hören wir Erzengel oft.

Wir werden häufig gerufen, um zu helfen, wenn es um den Erhalt der Beziehung geht. Meistens werden wir nur von einem Partner beauftragt, nämlich von der Person, die eine Trennung fürchtet, die Verlustängste hat. Aber die Dauer einer Beziehung obliegt der Seelenplanung, daran kann auch eine Heerschar von Engeln nichts ändern. Ja, Engel können harmonisieren oder auch heilen, sodass es in dem Fall zu einem guten, freundschaftlichen Miteinander kommen kann. Dann hat das Schreckgespenst Scheidung und Verlust schon mal seinen Schrecken verloren, weil man sich in Freundschaft einigen kann. Womöglich ist eine Trennung dann nicht mehr nötig, eben durch die neu entstandene, beidseitige Toleranz.

So haben Paare die Chance, ein Fundament zu finden, um sich friedlich und im gegenseitigen Einvernehmen langsam voneinander zu lösen. Manchmal wisst ihr auch erst, was ihr verliert, wenn das Debakel direkt vor der Tür steht. So manches Pärchen hat durch den Schock der Aufhebung einer Verbindung wieder zueinander gefunden oder sich gar neu ineinander verliebt.

Doch kommen wir zurück zum Thema. Ich sagte vorhin, dass Sex nicht mehr wichtig ist im Goldenen Zeitalter, weil eure Sinnlichkeit und Empfänglichkeit enorm anwachsen. Wenn ihr die Liebe selbst seid, findet ihr überall Intensität, auch mit euch selbst. Da kann es schon wunderschön und labend sein, wenn du dir ein tolles Essen kochst. Oder wenn du spazieren gehst und die Natur auf dich wirken lässt. Intensivität und Sinnlichkeit findest du überall dort, wo dein Herz anfängt, vor Freude zu singen.

Das sind nur einige Beispiele, die verdeutlichen sollen, dass du zur vollkommenen Verschmelzung eigentlich keine Reibung mehr brauchst. Du kannst mit dir selbst und der Quelle allein Seins verschmelzen, während du dich künstlerisch betätigst, zum Beispiel beim Malen. Das kann sehr erfüllend sein. Erfüllender als das schweißtreibende Sich-aneinander-Reiben, meinst du nicht auch? Was ich andeuten will ist, dass die Lusterfüllung bei dem erwachten Menschen eine größere Bandbreite hat. Es geht nichts mehr mit „Ich muss aber", sondern mit „Ich darf".

Wer seiner Seele erst einmal erlaubt hat, sich im Körper zu erfahren, wer ganz und gar die Liebe selbst ist und den inneren Frieden gefunden hat, wird wissen, was ich damit meine. Es verändert sich alles, wenn du das vollkommene Bewusstsein anstrebst. So kannst du irgendwann zurücksehen und hast keinen Zugang mehr zu den alten, belastenden Verhaltensmustern. Du erschaffst dir durch den Aufstieg einen neutralen Raum, in dem eine höhere Schwingung spürbar ist, sodass du deine Flügel entfalten kannst. Das ist wie ein Geschenk. Die lichtvolle Neuausrichtung kann dazu beitragen, dass du auch alte bestrafende Persönlichkeitsmuster nicht mehr leben kannst.

Erschreckt dich das jetzt? Oder denkst du gerade: Ja, das, was Erzengel Uriel sagt, habe ich schon bei mir erlöst?

Das ist der Grund, warum manche Lichtträger die Stufen des Erwachens gar nicht erst gehen möchten. Sie haben Angst vor Veränderung, vor dem Loslassen. Angst davor, das bequeme Leben loslassen zu müssen. Ja, manche Menschen haben regelrecht Angst vor dem Licht. Sie haben aber eigentlich nicht Angst vor dem Schöpfer selbst, sondern ihre Furcht gilt der eigenen Lichtwerdung. Sie befürchten eine allumfassende Veränderung und die dazugehörigen Konsequenzen.

Oh, ich verstehe das durchaus, ich kann nachfühlen, wie es euch geht. Ich weiß von all euren selbst auferlegten Prüfungen und wie mutig ihr diese bestanden habt. Selbst wenn du jetzt gerade der Meinung bist, dass du gestrauchelt bist, möchte ich dir sagen: Das, was du als Versagen ansiehst, ist kein Scheitern, sondern ein Gewinn. Denn du wärst ohne dein scheinbares Scheitern nie zu der lichtvollen Person geworden, die du jetzt bist. Und womöglich wärst du ohne die Erfahrung des Verlustes nicht bei diesem Buch gelandet.

Mir ist bewusst, dass meine Worte nicht ausdrücken können, wie stolz wir geistigen Mentoren auf euch sind, wie sehr wir euch lieben, wie sehr.

Eigentlich bin ich, Erzengel Uriel, jetzt auf den Gedanken gekommen, dass der Erdenengel Harry hier seine Erfahrungen mit der neuen lichtvollen Intimität schildern könnte. Aber ich finde den Lauser nicht. Oh doch, da ist Harry ja. Also verabschiede ich mich für diesen Moment.

Es dankt dir und segnet dich Erzengel Uriel."

☆☆

Der Erdenengel Harry:

„Erzengel Uriel möchte, dass ich hier meine Erlebnisse mit der Sexualität des Neuen Zeitalters schildere. Aber erstens bin ich schüchtern, und zweitens ist dieser Erfahrungsschatz sehr intim. Aber was tut man nicht alles, um einen Erzengel glücklich zu machen."

Erzengel Uriel lacht. „Harry, du Bengel. Es geht um deine Spiritualität, um dein Bewusstsein. Deine Schilderung soll zeigen, wie das deiner Meinung nach mit dem Wiegen in Liebe in Verbindung steht."

„Schon gut, Erzengel Uriel, ich habe dich verstanden.

Die Bürde des Alltags und die vielen beruflichen Aufgaben haben mich so eingelullt, dass ich lange Zeit überhaupt nicht mehr an die schönste Sache der Welt gedacht habe. Sicher geht es vielen Lesern so. Wenn ich von der schönsten Sache der Welt spreche, dann meine ich nicht nur den Beischlaf, sondern es ist meiner Ansicht nach alles inbegriffen, was mit Sinnlichkeit und Liebe zu tun hat.

Nach einer dieser Ratssitzungen belohnten wir uns mit einem abschließenden, gemeinsamen Bad im Whirlpool selbst. Ich bat aber Sarinah, dieses wundervolle, prickelnde Erlebnis mit mir und Madlen nicht aufzuzeichnen, denn unser Bad endete überraschend intim. Um ehrlich zu sein, ist es mir jetzt peinlich, davon zu berichten. Also bitte ich Madlen hinzu, damit sie unser Treffen aus ihrer Sicht schildert."

☆☆

Madlen, die Schutzengelfrau

„Aus spiritueller Sicht gesehen war unser gemeinsames Bad sehr klärend, weil wir uns auf einer Ebene trafen und uns gegenseitig gut zuhörten.

Oh, übrigens waren Harry und ich ganz allein in der großen Wanne. Die Erzengel Uriel und Michael waren abwesend, sie hatten zu tun.

Unser Beisammensein war sehr spirituell, da wir von Herz zu Herz miteinander sprachen. Wir unterhielten uns ohne Zurückhaltung. Respektvolle Zurückhaltung, die die Menschen und auch wir Engel normalerweise walten lassen, wenn es um die Preisgabe des Innersten geht.

Es fing damit an, dass Harry und ich uns gegenseitig unseren süßesten Traum ins Ohr flüsterten. Und der andere tat sein Möglichstes, um diesen Wunsch sofort zu erfüllen. Auffällig war, dass wir zwei eigentlich dasselbe wollten, nämlich Liebe und Berührung.

Bei uns Engeln ist das nicht verwunderlich, denn wir ernähren uns ja förmlich von Licht und Liebe. Aber Harry überraschte mich doch sehr, weil ich dachte, er hätte längst, wonach er sich sehnte.

Wir genossen also das warme Wasser, und Harry redete wieder einmal ohne Unterlass, bis ich mich vorbeugte und ihn voll auf den Mund küsste. Ein herrlicher Anblick, denn Harry hatte nicht damit gerechnet, er sah aus wie ein ertappter Schüler, der gerade rot wird.

Ich fing an, davon zu sprechen, wie sich Umarmungen und Küsse auf die menschliche Spiritualität auswirken. Ich sagte: „Wer sich öffnen und Herzlichkeit schenken kann, wird es auch leichter haben, wenn es darum geht, die Verbindung zum Himmel zu halten." Nun ja, um ehrlich zu sein, wurde, als ich diesen Satz von mir gab, nicht mehr so viel gesprochen. Wir lachten einfach viel und umarmten uns in aller Freundschaft.

Dabei fiel mir auf, dass durch die Umarmung eine große Welle der Liebe frei wurde. Die Welle vereinte sich über unseren Köpfen mit der allumfassenden Liebe, der Quelle allen Seins. So tauchten wir also beide genüsslich in dieses hochschwingende Feld der Liebe.

Sicher fragen sich nun einige Leserinnen und Leser, was Harry damit meinte, als er von peinlich und intim sprach.

Jetzt muss ich lachen, denn deine Fantasie geht mit dir durch. Oh ja, ich sehe es dir an deiner Nasenspitze an, was du gerade denkst. Wie süß du gucken kannst, wenn du etwas wissen willst…

Doch, liebe Leserin, lieber Leser, wie heißt es so schön: Das Schönste kommt zum Schluss. Also bewahre ich dieses Geheimnis noch eine Weile und bitte euch um Geduld.

Wir verabschieden uns für diesen Moment. Bis gleich, ihr Lieben, bis gleich.

Die Schutzengelfrau Madlen und der Erdenengel Harry."

Lady Maria spricht über Meditation

„Die Menschen die regelmäßig meditieren, werden immer zahlreicher. Sicher gibt es noch Lichtträger, die sich fragen, was das In-sich-Gehen eigentlich bringt. Eine berechtigte Frage, denn die Vorteile des Sich-nach-innen-Wendens sind meistens nicht sofort im Außen ersichtlich.

Wer meditiert, sucht in der Regel Befreiung von all der Belastung, der Mühseligkeit und der Vergänglichkeit des Daseins. Das Ritual, sich auf die innere Mitte zu zentrieren, ist durchaus eine gute Möglichkeit, um Erlösung zu finden.

Ich bin Lady Maria, Meisterin des Himmels und der Erde, und es ist mir eine große Freude, auf diese Weise mit euch sprechen zu dürfen.

Manche Menschen sehen aus dem Fenster und gehen dabei in sich. Wieder andere finden den Zugang zum eigenen Höheren Selbst, indem sie spazieren gehen, in die Ruhe gehen. Wie auch immer du meditierst, ob im Sitzen, beim Gehen, im Stehen oder Liegen. Du solltest wissen, dass es sehr wirkungsvoll ist, in den eigenen inneren Raum zu gehen.

Die Wirkung wirst du möglicherweise nicht sofort spüren. Vielleicht brauchst du sogar mehrere Anläufe, bis du die Energie der geistigen Sphären spürst. Denn darum geht es, das ist einer der Hauptgründe, warum wir geistigen Mentoren die Meditation empfehlen. Es geht um euren Körper und eure Psyche.

Wir werden oft um Heilung gebeten, die Menschen bitten sehr in brünstig um Hilfe, vor allem, wenn sie schon krank sind. Dann sollen wir die Krankheiten möglichst sofort oder wenigstens über Nacht heilen. Aber ich frage euch jetzt: „Wie soll das gehen?"

Das ist auf keinen Fall bewertend gemeint, denn ich weiß nur zu gut von all den Herausforderungen des Lebens. Aber der Lichtträger ist kaum oder gar nicht auf unsere Energie eingestellt. Dann braucht es Zeit, um den Körper an die intensive Heilstrahlung zu gewöhnen. Die Zeit ist aber das Problem, wenn ihr sehr krank seid. Sie läuft euch dann nicht selten davon. Und um euch schnell helfen zu können, ist ein starker Heilstrahl erforderlich.

Das Leben kann euch manchmal so müde machen, dass ihr euch blitzschnell im Strudel der Läuterungen wiederfindet. Aber diese Strapazen bringen euch, wenn ihr es zulasst, wieder in Kontakt zu den essenziellen, lichtvollen Dingen.

Ich weiß, ihr habt eure Hausaufgaben gemacht, liebe Leserinnen und Leser, aber nicht alle eure Nachbarn sind so bewusst wie ihr.

Der Schöpfung sei Dank, du bist ein lichtvolles Beispiel für andere. Du ahnst wahrscheinlich nicht, wie wertvoll dein Dienst am Licht ist. Wir, die geistigen Mentoren, sind dir sehr dankbar für das enorme Spektrum deines Seelenlichts, denn damit erreichst du sehr viele Menschen.

Also, um zurück zum Thema zu kommen. Erzengel Michael nennt das Meditieren „Hausaufgaben machen", und ich finde, das ist sehr passend. Auch ich empfehle wirklich die tägliche Übung, in die Stille zu gehen und Kontakt mit der Energie des Himmels zu suchen. Das ist wie Balsam für euer Körper-, Geist- und Seelensystem. Oh, das ist kein Muss, aber sehr hilfreich, damit du gesund bleiben kannst. Damit dein ganzes Sein ausgeglichen, in der Balance bleibt. Sollte es trotzdem zu einer Unausgewogenheit deiner Energie kommen, können wir dir dank deiner gut eingestellten Chakren sehr schnell helfen. Meine

Heilenergie zum Beispiel ist so stark, würde diese ungefiltert durch dich fließen, du würdest innerlich verglühen. Also dosieren wir unser lichtvolles Leuchten individuell, sodass jeder, der möchte, genauso viel bekommt, wie er braucht und verträgt.

Nun, manchmal kommt es zu Krisensituationen, wenn ihr Schmerzen habt, erkrankt seid oder bei einem Unfall. Da braucht es in kürzester Zeit möglichst viel von unserer Heilkraft. Wenn du also regelmäßig in die Stille gehst und den Kontakt zur Quelle suchst, haben deine Engel dafür gesorgt, dass du gut auf hochfrequente Heilung eingestellt bist.

Es ist oft der Fall, dass ich, Lady Maria, meine Kinder über Nacht von Dingen erlöse, die sie sonst hätten ertragen müssen. Mit Erlösen meine ich natürlich nicht den Tod, sondern das Befreien von Schmerzen und anderen mühseligen Dingen. Wenn du schläfst, bist du nicht im Verstand. Daher sind die Chakren – ähnlich wie bei der Meditation – während der Schlafphase meistens weiter und aufnahmefähiger. Ich kann natürlich nur das auflösen, was ich auflösen darf, was du nicht mehr zum Lernen brauchst.

Es geht also um die Einstellung auf die Lichtheilung, damit dein Leib und deine Psyche mit unserer Heilstrahlung vertraut sind. Und damit dein irdisches Vehikel möglichst viel davon aufnehmen kann.

Du weißt ja, dass ich von Heilung spreche, diesen Begriff aber sehr weit ausdehne, denn Heilung bedeutet auch, wenn du am Morgen eine zündende Idee hast, zum Beispiel ein Problem lösen kannst, das du schon lange mit dir herumträgst.

Im Wachzustand unsere Nähe zu suchen, hat auch den Vorteil, dass du uns bei regelmäßiger Übung immer deutlicher spüren kannst. Die Berührungen zum Beispiel von mir, Mutter Maria, oder einem deiner geistigen Mentoren sind sicher wunderschön. Wenn du uns spürst, unsere Anwesenheit fühlst, fällt es dir leichter, im Vertrauen zu bleiben und zuversichtlich zu sein.

Denn ihr prüft euch selbst. Es sind nicht Gott, der Heiland, Allah, Jawe, Krishna, Brahma, Buddha oder andere Gottheiten des Himmels, die euch rügen, testen und prüfen. Dein himmlischer Vater will, dass es dir immerwährend gut geht. Er liebt dich so sehr, dass er dich sogar dann nicht verlässt, wenn du darum bittest, dich zu verstoßen. Wenn du die Quelle allen Seins um Distanz oder gar Trennung bittest, treten wir respektvoll zurück, aber niemals würden wir dich fallenlassen oder gar verlassen, verstoßen.

Damals, als du noch sehr jung warst und langsam in die Dualität, in das Vergessen eintauchtest, ließen wir dich respektvoll los. Wir waren aber immer in deiner Nähe, immer in Rufbereitschaft, um dir im Notfall helfen zu können, und genau das haben wir auch des Öfteren getan.

Daher musst du jetzt vielleicht auch lachen, wenn ich dir sage, dass du manchmal die halbe Geistige Welt auf Trab hieltest. Oh, wir lieben das, wir lieben es, wenn wir gebraucht werden, wenn wir helfen dürfen. Das haben wir mit euch Menschen gemeinsam, denn auch ihr lebt richtig auf, wenn ihr merkt, dass euer Beistand gut ankommt und ihr gebraucht werdet.

Nun danke ich dir für dein Vertrauen. Ich, Lady Maria, die Königin alles Seins, Mutter aller Menschen, aller Nationen, segne dich und die ganze Welt mit dem Licht der Reinheit und der Liebe."

Erzengel Raphael: Die heilige Hingabe

Ratssitzung – Die Heilungsverzögerung und vieles mehr

„So, wie die Meditation viele Facetten hat und individuell angewendet werden kann, hat auch die Liebe viele Ausdrucksformen. Eine Mutter, die ihr Baby gerade geboren hat, liebt ihr Neugeborenes in den meisten Fällen ohne Bewertung und Forderung an das Kind. Das ist Liebe in reinster Form. Da werden sich nun die Tierfreunde erheben und sagen: Die Liebe zum Haustier ist auch nicht bedingt. Ja, ihr habt Recht, das sind zwei Vorbilder, wenn es darum geht, die unendliche Liebe zu erklären. Aber es gibt noch eine dritte Form: eine durchaus heilige Hingabe.

Ich bin Erzengel Raphael, der Engel der Heilung werde ich auch genannt. Ich habe darüber hinaus ein sehr großes Aufgabenfeld, jedoch ich darf sagen, dass meine liebste Tätigkeit die der allumfassenden Heilung ist.

Was ist die heilige Hingabe? Ahnst du es? Nun ja, die heilige Hingabe, so nennen wir Erzengel die lebendige Meditation. Gemeint ist damit die Vereinigung zweier Liebender beim Geschlechtsakt.

Wenn ihr Leben hineinbringt, während ihr hingebungsvoll der Vereinigung huldigt, ist das durchaus etwas, was man auch pulsierendes Gebet nennen könnte. Was das mit Meditation zu tun hat? Nun, die Meditation ist ein Gebet, und im Idealfall betet ihr beim Lieben die Liebste, den Liebsten an, weil euch das Wohl des anderen mehr am Herzen liegt als die eigene schnelle Lusterfüllung. Das ist ein Beispiel für unendliche Liebe, die nicht bedingt ist. Ihr seid ganz und gar mit dem Herzen verbunden in dem, was ihr gerade tut. Das ist ein Merkmal der Menschen, die aufgestiegen sind.

Ich wähle meine Worte mit Bedacht, denn ich möchte niemanden vor den Kopf stoßen. Wir werden oft gefragt, welche Religion denn nun die wahre ist und der Quelle allen Seins am nächsten kommt. Nun, ihr Lieben, meine Antwort dazu: Die Mischung macht es. Möglich, dass irgendwann noch eine universelle Religionsrichtung dazukommt, die man als allumfassend ansieht, doch jede der bestehenden Glaubensrichtungen hat ihre Richtigkeit und mit dem Schöpfer allen Seins zu tun.

Die Religion im Zusammenhang mit dem pulsierenden Gebet zu erwähnen, ist schon etwas provokant, das gebe ich zu. Doch wie ihr wisst, hat es durchaus einen guten Grund, wenn wir eure Aufmerksamkeit auf etwas lenken. In diesem Fall ist es die Gnade, auf die ich euch hinweisen will.

Ich höre Sarinah laut atmen, sie ahnt, was ich vorhabe. Jetzt hat sie mich mit ihrem Lachen angesteckt. Lachen ist schön, es löst und entspannt. So nah waren wir uns noch nie, meinst du nicht auch?

Nun frage ich dich liebe Leserin, lieber Leser: Soll ich, Erzengel Raphael, fortfahren, über Themen wie die heilende Hingabe und die fokussierte, intensive Hinwendung zu sprechen? Oder möchtest du mehrere Stimmen dazu hören? Möchtest du einen Vortrag über die Liebe und ihre Heilkräfte von mir hören? Oder möchtest du eine der Ratssitzungen besuchen, bei der es um all diese Themen geht, die ich erwähnt habe?

Du hast dich schnell entschieden. Wohlan, dann bitte folge mir. Es geht los. Übrigens, das wollte ich dir noch sagen: Du hast einen so schönen, klangvollen Namen. Deine Schutzengel singen deinen Namen wie ein Mantra. Hörst du deine Engel manchmal singen? Die Schutzengel sind durchaus lustige Gesellen. Du kannst auch himmlische Mentoren zu ihnen sagen. Aber, und das sage ich jetzt mit einem Augenzwinkern: Erwähne bitte nicht das Wort Schutzgeister in dem Zusammenhang, denn auch Engel haben ihre Würde.

☆☆

Ratssitzung: Der Garten Eden

Harry war auf dem Weg nach Hause, als er die Intuition hatte, irgendwer hätte seinen Namen erwähnt. Der Erdenengel lauschte in sich hinein, da hörte er das bezaubernde Lachen von Madlen, seiner Schutzengelfrau. Er bemühte sich um Konzentration, denn er wusste, wenn er dies tat, während er an Madlen dachte, konnte er sie zu sich holen.

Aber heute blieb der Platz neben ihm leer. Also ging Harry den Pfad zu seinem Haus allein. Kaum hatte er jedoch die Tür aufgeschlossen, stand sie vor ihm. Der Erdenengel blickte Madlen etwas verunsichert an, denn sie wirkte, als hätte sie es sehr eilig.

„Was ist los?", entfuhr es Harry.

Madlen begrüßte Harry mit einem Lächeln, nahm seine Hand und führte ihn wortlos die Treppe hinauf ins Wohnzimmer.

Jetzt staunte Harry nicht schlecht, denn hier waren sie alle versammelt, seine Freunde, die er von den Ratssitzungen kannte. Sie waren merkwürdig still. Harry sah in freundliche Gesichter, es wirkte fast wie eine Überraschungsparty.

„Wir haben uns erlaubt, dich zu Hause zu besuchen, damit du nicht so alleine bist, weil deine Frau und Kinder verreist sind", sprach Erzengel Michael.

Der Erdenengel hatte aber keine Lust, zu Hause in seinem Wohnzimmer mit ihnen zu plaudern. Ihm war mehr nach diesem wundervollen Lichtschiff und dessen erholsamer Atmosphäre.

Erzengel Uriel klopfte Harry beruhigend auf die Schulter. „Komm, du Erdenengel, wir wissen doch, was du brauchst. Du weißt ja, Gedanken sind wie ein gesprochenes Wort für uns. Also dann, dein Freund, Kapitän Sir Henry, wartet auf uns. Hast du Zeit?", fragte Uriel den Erdenengel höflich.

Harry nickte hocherfreut. Das, was jetzt kam, war sicher besser als sein Feierabendprogramm, das ahnte er.

Die Anwesenden stellten sich im Kreis auf, sodass sich ihre Schultern berührten. Harry spürte die Nähe von Madlen und Lady Maria, er entspannte sich und schloss die Augen…

Irgendwer berührte seine Wange. Dann erst öffnete der Erdenengel die Augen, und tatsächlich: Dieses Mal war das Lichtschiff Phönix der Tagungsort. „Das kommt mir bekannt vor, ich war schon mal hier", dachte er laut. Sie standen nun in der Eingangshalle, und die Mitglieder der Ratssitzung hatten ihre Freude an dem erlesenen Lichtspiel, das die Halle beleuchtete. Es war ein bezauberndes Leuchten in den Farben Goldorange, Blau und Gelb zu sehen.

Kapitän Sir Henry begrüßte freundlich nickend jeden der Anwesenden und schritt zielstrebig in Harrys Richtung. Dieser breitete zur Begrüßung die Arme weit aus. Es sah ein wenig so aus, als wenn die zwei Herren eine tiefe Sehnsucht nacheinander hätten. Sie reichten sich die Hände und sahen sich dabei tief in die Augen. Alte Freunde eben, dachte Madlen, die neben Harry stand.

Sir Henry zog den Erdenengel zur Begrüßung an seine Brust, und beide lachten laut. Es war eine wahre Freude, ihnen zuzusehen. „Seelenfreunde, es gibt nichts schöneres, als jemanden aus der eigenen Seelenfamilie zu treffen", sagte Erzengel Uriel laut.

Kapitän Sir Henry lächelte wissend. Dann breitete er die Arme aus, es öffnete sich sogleich eine Aufzugstür, und dahinter war eine wunderschöne Landschaft zu sehen. Ein himmlischer Garten mit einem Wasserspiel am Eingang. In der Mitte dieses wunderschönen Gartens war ein See, und überall rankten Blumen. Es roch betörend nach Blütenstaub, und Schmetterlinge flogen geschäftig von einer Blüte zur anderen.

„Das ist der Garten Eden", sagte Kapitän Sir Henry. „Hier könnt ihr Heilung finden, meditieren, Sport treiben oder einfach Auftanken, indem ihr eure eigenen Räume aufsucht. Du hast hier eine Suite, die du jederzeit besuchen kannst. Jeder Botschafter des Lichts hat auf dem Lichtschiff Phönix eine Wohnung zur freien Nutzung. Das natürlich kostenlos, und das Wohnrecht ist nicht an Bedingungen geknüpft. Zugang hat jede Seele, die schon im kristallinen, feinstofflichen Leib wohnt.

Du kannst also kommen und gehen, wie es dir passt. Die Natur verändert sich nach deinem Gemütszustand. Bist du traurig, wird das Licht dich wärmen und die Natur dich geradezu streicheln. Brauchst du Heilung, hast du hier den See der Heilung und den Wasserfall, der dich von allem befreit, was dir nicht guttut. Du kannst dich zur Massage begeben oder deine müden Glieder im Sauerstoffbad beleben. Du hast die Möglichkeit, dich in deinen privaten Bereich zurückzuziehen, und du kannst, wenn du magst, die öffentlichen Anlagen nutzen. Für das leibliche Wohl ist natürlich auch gesorgt. Es ist alles da, was dein Herz begehrt. Solltest du trotzdem noch etwas wünschen, musst du nur daran denken, und du bekommst es. Außer Nahrung, für die ein Tier gestorben ist, Fastfood und Drogen in jeglicher Form –, das gibt es hier nicht", flüsterte Sir Henry dem Erdenengel mit einem Augenzwinkern zu.

„Dankeschön, mein Freund. Wo sind die anderen? Ich dachte, wir haben eine Ratssitzung?", erwiderte Harry.

„Deine Gesprächspartner sind dort drüben, rufe mich, wenn du noch Fragen hast", war die Antwort von Kapitän Sir Henry. Er ging nun eilig davon und zog dabei sanft seine Hand aus der des Erdenengels. Jetzt erst wurde es Harry bewusst, dass er die ganze Zeit die Hand von Sir Henry gehalten hatte.

Der Erdenengel vernahm jetzt eine weibliche Stimme, die etwas weinerlich rief: „Nun helft mir doch endlich. Autsch, das tut so weh, ich will das nicht mehr. Warum dauert das denn heute so lange? Oh nein, das drückt so, bitte hört auf."

Der Erdenengel spürte sofort Mitgefühl in sich aufsteigen. Er rannte mit den Gedanken, „da wird jemand gefoltert" los. Als er atemlos an der Stelle ankam, wo die Stimme herkam, sah er, dass es Sarinah war, die laut zeterte.

„Ach, du bist es, was ist denn hier los? Aha, eine Heilungszeremonie also. Und du heulst, als ginge es um dein Leben, anstatt dankbar zu sein, dass dir geholfen wird", brummte Harry etwas genervt.

Sarinah:

Ich habe geschlafen, um Erlösung zu finden, weil mir der Körper wehtat. So bin ich zu dieser Ratssitzung gereist. Mein Gefühl war es, das mich hierherbrachte, denn ich sehnte mich so sehr nach diesem Ort. Allerdings war noch keine Erlösung in Sicht, wenigstens nicht so schnell, wie ich mir das erhofft hatte. Im Gegenteil, die Heilung tat dieses Mal weh, was mich total aus der Fassung brachte. Der Schmerz schien sich erst einmal zu verschlimmern. War ich es doch gewohnt, dass immer alles schnell wieder gut wurde. So konnte ich jetzt nicht anders. Unter Tränen schnauzte ich Harry an…

„Was tust du denn hier? Schau doch, sie stehen alle um mich herum. Und anstatt mir zu helfen, tun sie mir noch mehr weh. Aua, ich habe genug, gleich breche ich diese Sitzung ab", zeterte sie weiter.

Der Erdenengel erblickte jetzt die Erzengel Uriel, Michael, Raphael, den Aufgestiegenen Meister Christus und die Meisterin Lady Maria. Sie alle standen bedächtig im Kreis, in der Mitte lag Sarinah auf einer Liege. „Einer fehlt noch", dachte Harry laut und betrachtete die Szene etwas genauer.

Sarinah fühlte sich sehr unwohl, das konnte Harry spüren. Also siegte wieder einmal sein Mitgefühl, er ging in die Knie und umarmte sie tröstend. Das sah etwas ungezogen aus, denn nun lag der Erdenengel mit seinem Oberkörper ebenfalls auf der Liege, ganz nah bei Sarinah.

In diese Situation platze Marix, der Sprecher des Erstkontakt-Teams der Galaktischen Föderation des Lichts. Er hatte das Wehklagen von Sarinah gehört und war sofort losgestürmt, um bei ihr zu sein.

Der Erdenengel hatte tröstend seine Wange an die von Sarinah gelegt. „Weint sie etwa wegen dir?", entrüstete sich Marix laut, als er bei ihnen angekommen war.

Marix stand etwas verlegen da, denn erst jetzt bemerkte er, dass er wohl mitten in diese Sitzung geplatzt war und wieder einmal alle Augen auf ihn gerichtet waren.

„Nun, dann wollen wir die junge Dame mal von ihrem Schmerz erlösen", sagte Erzengel Michael. „Wir können genauso gut danach erläutern, was zu dieser Heilungsverzögerung geführt hat."

Marix kniete nun auf der anderen Seite der Liege nieder, blickte Harry strafend an und streichelte beruhigend Sarinahs Haar.

Die geistigen Mentoren hoben die Hände und ließen eine gebündelte Energie frei, wodurch Sarinah sofort Linderung bemerkte. Ihre Füße und Hände kribbelten, und sie spürte den Heilstrom so stark, dass sie das Gefühl hatte, zu schweben.

Sarinah:

Mir war plötzlich so heiß, ich setzte mich auf und schob Marix und Harry ein wenig zur Seite. Insgeheim dachte ich, dass das ihre Hitze war, die mich innerlich kochen ließ. Aber dem war nicht so, das weiß ich jetzt. Wie mir Erzengel Raphael erklärte, kann Heilung den Körper aufheizen, wenn diese Energie auf etwas trifft, das blockiert. Es entsteht Reibung, weil die Frequenz des Himmels mittlerweile sehr stark ist. Doch auch Liebe, Fürsorge und Anteilnahme sind wichtige Details jeder Heilung. Das habe ich ja eben selbst erfahren dürfen.

„Aber warum, ich war doch bereit für diese Sitzung, was halte ich denn fest?", fragte ich in die Runde. „Es geht nicht darum, dass du nicht losgelöst genug gewesen wärst, sondern es geht um deine Hingabe", antwortete Erzengel Michael.

„Die Hingabe, damit meine ich, dass du dich dem Schmerz verweigert hast, und das hat dich blockiert. Das tun sehr viele Menschen. Unbewusst wehren sie die Pein ab, die sie spüren, statt sich hinzugeben", resümierte der große blaue Engel.

„Das kann ich gut verstehen, so habt ihr es gelernt. Doch im Goldenen Zeitalter funktioniert die Strategie der Verdrängung nicht mehr, denn das, was du erlösen willst, will deine Liebe, will gesehen, geatmet, gespürt werden", erwiderte Erzengel Raphael.

„Die meisten Menschen reagieren gestresst, wenn sie etwas aus der Bahn wirft. Klar, denn sie haben alle Hände voll zu tun, sich und ihre Familie zu ernähren. Sie sind beschäftigt mit ihrem Beruf und Alltagangelegenheiten. Da kommt so ein Schmerz meistens sehr ungelegen", sagte Lady Maria mitfühlend. „Außerdem, wem schon etwas wehtut, der hat es schwerer, sich an mediale Dinge zu erinnern und diese umzusetzen. Mein Herz fließt über vor Liebe, wenn ich an die vielen gepeinigten Menschen denke", flüsterte sie mitfühlend.

Jetzt meldete sich Christus zu Wort: „Die Frequenz der Erde erhöht sich stündlich. Alles ist in den Schein der goldenen Liebe getaucht. Also ist Liebe die Lösung in dieser Zeit, und je bedingungsloser geliebt wird, desto besser.

Ich möchte allerdings auch die Dunkelheit im Zusammenhang mit der verzögerten Heilung erwähnen. Wie im Kleinen, so im Großen. Vergesst nicht, dass auch Sarinah alte Energien auflöst, indem sie sich freiwillig länger mit dem befasst, was gerade durch sie aufgelöst wird. Das ist oft der Fall.

Die Lichtträger sind die Helden dieser Zeit, denn sie ertragen Leid, oft auch psychisch, damit sich die Pein im Großen von der Erde lösen kann. Man kann beobachten, wie sich graue Schleier von dem Blauen Planeten lösen. Sie steigen wie Nebel auf, um dann in der Atmosphäre der Liebe zu klarer Energie zu werden. So sieht es aus, wenn Lichtarbeiter graue, zähe Energien wie Angst, Hass, Leid, Ärger, Missbrauch usw. von der Erde erlösen."

Als Christus diese Worte gesprochen hatte, sahen die Anwesenden, wie ein goldener Lichtstrahl das Szenario erhellte.

Marix spürte die wohltuende, beruhigende Wärme des himmlischen Lichts. Brav hatten er und Harry während dieser

Zeremonie gekniet. Als Marix jetzt aufstand, zog er den Erdenengel mit hoch. Harry blickte Marix dankbar an, denn ihm taten mittlerweile die Knie weh, aber die heilende, goldene Strahlung war wie Balsam für alle Anwesenden.

Lady Maria wusste, dass Sarinah nun geheilt war. „Die verzögerte Heilung ist aus menschlicher Sicht ein Problem, vor allem, wenn den Menschen keine Zeit bleibt, weil sie schwer krank sind. Ich finde, wir sollten dieses wundervolle Licht für die Kranken leichter zugänglich machen. Es war bei dir nur eine Energieunausgewogenheit, Sarinah. Aber nicht jeder ruft uns so schnell um Hilfe wie du. Viele Lichtträger versuchen sich erst einmal selbst durchzubeißen. Sie halten das Leid aus, ohne uns zu beauftragen, ihnen zu helfen. Ich frage mich gerade, warum?", resümierte Lady Maria nachdenklich.

Christus antwortete: „Weil ihre Seele Heimweh hat, das ist einer der Gründe, warum viele Menschen an Leib oder Psyche erkranken. Und sie rufen uns nicht um Beistand, weil sie durch ihre Pein lethargisch geworden sind, was durchaus verständlich ist, denn die Bewusstwerdung geht manchmal etwas langsamer voran. Im Grunde ist das vollkommen in Ordnung, denn jeder Lichtträger hat das Recht, sich wieder vom Licht abzuwenden, um noch einmal die Erfahrungen der Dualität zu machen.

Aber für die Seele ist der Aufstieg unabdingbar, denn sie möchte heim, sich im Himmel, ihrem Zuhause, aufhalten. Das geschieht beim lebendigen Aufstieg in die geistige Heimat: Die Seele wird durch ihren Träger nach Hause getragen. Aber wenn die Bewusstwerdung stoppt, wird die Seele irgendwann versuchen, den für sie beschwerlichen Körper abzustreifen. Das geschieht durch physische und psychische Erkrankungen. Aber die Seele, die im menschlichen Körper wohnt, tut das sehr sanft, sie lässt sich jahrelang Zeit. Und es gibt vorher viele Warnzeichen, bis irgendwann das abrupte Abstreifen des irdischen Leibes geschieht", sprach Christus.

Nun standen alle im Kreis, denn auch Sarinah hatte sich zu ihnen gesellt. Sie hörte aufmerksam zu, während sie das wohlige, heilende Licht auf ihrer Haut spürte.

Harry stand mit gefalteten Händen und gebeugtem Kopf da. Es sah fast so aus, als würde er beten. Man hörte ihn allerdings leise schniefen. Der Erdenengel weinte, er gab sich wieder einmal für irgendetwas die Schuld. Das wusste Erzengel Uriel, also zog er den Erdenengel an seine Brust, und dieser fing haltlos zu weinen an. Erzengel Uriel, der bislang nicht viel geredet hatte, war so berührt von dem schluchzenden Erdenengel an seiner Brust, dass er beinahe vergessen hätte, das zu tun, was er schon am Anfang dieser Sitzung hatte tun wollen.

Er hatte seine Arme fest um Harry geschlungen. Dieser verbarg sein tränennasses Gesicht, indem er es in die Halsbeuge von Uriel kuschelte. Erzengel Michael grinste in sich hinein, denn er wusste, was jetzt passieren würde. Wenn den großen roten Engel etwas erschauern ließ, dann war es dieses nasse, schnäuzende Geräusch. Ja, die Engel lieben an sich menschliche Geräusche, aber sie verspüren auch Gänsehaut, wenn etwas sehr intensiv ist. Da, jetzt: Der Erdenengel kramte ein Taschentuch aus seiner Hosentasche und putzte sich lautstark die Nase.

Erzengel Uriel ließ den Erdenengel los und hielt sich spielerisch entsetzt beide Ohren zu. Dabei sah er Harry mit großen Augen an, und dieser guckte ebenso erstaunt zurück. Uriels Miene sah wirklich zum Schreien komisch aus. Harry hielt mitten in der Bewegung inne und lachte lauthals los, sodass er sogar das nasse Taschentuch in seiner Hand vergaß. Dann küsste der Erzengel ihn mit einem lauten Schmatz mitten auf den Mund. Die anderen Mitglieder kicherten zustimmend. Und dann...endlich: Erzengel Uriel sorgte mit einer kleinen Handbewegung dafür, dass ein wunderschöner, kräftiger Regenbogen erstrahlte. Alle Teilnehmer hoben beglückt ihre Gesichter zu dem Regenbogen, und nun fing es auch noch an zu tröpfeln.

Sarinah:
Ich blicke mich um und nehme das dankbare Atmen der Natur wahr. Es scheint, als würden, die Pflanzen, die Blumen und die Tiere den Sommerregen geradezu in sich aufsaugen. Dieser laue Regen ist wie eine warme Wellness-Regenwalddusche. Unsere Kleidung wird langsam durchnässt, sodass die Haut unter dem weißen Stoff durchschimmert. Die Freunde sehen sehr relaxt und durchaus sexy aus, so, wie sie nun dastehen und die sanfte, laue Dusche genießen, als gäbe es kein Morgen mehr. Alles, was die himmlischen Freunde tun, machen sie mit sehr viel Intensität. Das ist auch etwas, was ich an ihnen so liebe. Die Stimmung ist sehr gelöst, wir schließen die Augen, fassen uns an den Händen und stehen ganz nah beieinander.

Als ich die Augen wieder öffne, bin ich mit Marix und Harry allein. Doch es umhüllt uns immer noch die heilende Frequenz des Himmels. Das süße Prickeln auf der Haut lässt mich vor Freude erschauern. Im Schein der Augen von Marix und Harry sehe ich die Farben des Regenbogens, den Erzengel Uriel für uns gezaubert hat. Wir halten uns aneinander fest, erstaunt ertaste ich an Harrys Taille ein paar Speckröllchen. „Wie süß, der Erdenengel ist gar nicht so dünn, wie es immer scheint", denke ich. Aber wie komme ich nun wieder in meinen Traum, oder ist das gar kein Traum?

Maria Magdalena und Christus: Was zusammengehört, wird zusammengeführt

Maria Magdalena: „Kein Weg ist mir zu weit, für dich bin ich so weit gereist. Ich liebe dich, Christus, so sehr, dass mir dein Wohlergehen mehr am Herzen liegt, als mein eigenes Glück. Ich liebe dich mit allen Fasern meines Herzens. Du hast mir beigebracht, wie sich Unendlichkeit anfühlt. Mein ganzer Körper reagiert auf dich, freudig und sehnsüchtig empfange ich dich nachts.

Meine Seele erinnert mich daran, dass du mein Zuhause bist. In dir, bei dir bin ich daheim. Dein Herz ist mein Heim, dort sind meine Wurzeln. Du bist mein Leben, und ich bin dein Leben. Manchmal, wenn ich nachts in deinen Armen liege, weiß ich nicht, wo zwischen uns die Grenze ist. Wir haben jede Spaltung aufgelöst, derer wir habhaft werden konnten. Wir waren fleißig, wir wirken für das Licht.

Aber nun gehen wir in eine neue Lebensphase, das ahne ich. Wissen kann ich es nicht, denn ich habe so etwas Schönes noch nie erlebt. Wir sind im Goldenen Zeitalter angelangt, das eröffnet uns eine Möglichkeit, die wir in früheren Inkarnationen nicht hatten, nämlich die Chance, im Himmel und auf Erden gleichzeitig zu leben.

Ich weiß, dass ich dich nicht verlieren kann, und doch habe ich Bedenken, denn der Bewusstseinszustand, in dem wir nun sind, ist auch für uns neu. Es war harte Arbeit, und es tat zeitweise weh und dauerte lange, bis wir mit der Wirklichkeit des Himmels verschmelzen konnten. Ich bin nicht mit der Krone der Erleuchtung auf die Welt gekommen. Das musste ich mir erst erarbeiten, so, wie andere Menschen auch. Für dich war das sicher nur eine kurze Sequenz, doch an mir nagte die Zeit beträchtlich mehr, denn ich war bisweilen mit meinen Ängsten konfrontiert. Ich war ungeduldig, sehnsüchtig und sicher manchmal etwas unbedarft. Mein Gemütszustand war des Öfteren zwischen himmelhochjauchzend und tief betrübt.

Doch das ist Vergangenheit, denn wenn ich die Augen öffne, sehe ich dich, kann dich anfassen, streicheln, mit dir leben. Du bist nicht mehr nur eine Vision, einem Traum entsprungen. Endlich bist du real. Ein Aufgestiegener Meister, der aus der feinstofflichen Welt zu mir gekommen ist und nun auf Erden und im Himmel gleichzeitig wohnt. Doch ich frage dich: Was machen wir nun? Wie geht das mit uns weiter? Gibt es noch eine Steigerung? Darf ich zu dir kommen und bleiben? Nimmst du mich mit, wo immer du auch hingehst? Wie ist es, auf der Erde zu leben und gleichzeitig wahrlich im Himmel zu sein?"

Christus: „Du hast so viele Fragen, und doch weißt du die Antworten, in deinem Inneren weißt du sie. Magdalena, mein Engel, mein Leben, du bist der Grund, warum ich wieder auf der Erde bin, denn ich wollte dich nicht allein lassen. In unserem früheren Leben hat man mich gezwungen, dich zurückzulassen. Doch in diesem Leben haben wir es geschafft, wir sind für immer EINS.

Mein Herz möchte entzweibrechen, wenn ich an unsere Zeit damals in Atlantis denke. Dieses Dogma ist jedoch aufgelöst, das haben wir gemeinsam erreicht. Wir lösen nicht nur für uns auf, sondern für alle Seelenpartner.

Du, Magdalena, bist meine Sonne, und ich bin dein Mond. Wenn ich sage, dass ich wegen dir hier auf der Erde bin, ist das keine Übertreibung. Ja, wir haben viele Aufgaben. Unsere Berufung fordert uns ganz, und alles, was wir tun, tun wir aus tiefstem Herzen heraus.

Du hast von unseren Nächten gesprochen, du bist für mich der Quell meiner Kraft. Du bist die Verbindung zur Erde und zur allumfassenden Liebe. Die Schöpferquelle ist der Ursprung allen Seins. Es ist nicht wichtig, welchen Gott die Menschen anbeten. Es ist nur wichtig, dass sie sich selbst als menschliche Schöpfer erkennen. Und schließlich ist es die Quelle allen Seins, in der all die weisen Aufgestiegenen Meister, Propheten, Gottheiten und Engel zusammen wohnen. Sie halten sich gemeinsam und friedvoll dort auf, wo ihr alle herkommt: in der Quelle des Lichts.

Magdalena, meine Sonne, ich, Christus, bin dein Mann. Wenn die Nacht hereinbricht und unsere tägliche Flut an Arbeiten erledigt ist, wenn du müde bist und doch voller Energie, dann komme ich zu dir, ich bin jede Nacht bei dir. Bisweilen auch tagsüber, denn wenn du mich rufst, bin ich da.

Ich weiß nicht, wie ich diese Liebe beschreiben soll. Meine Worte reichen dafür nicht aus. Unsere Sehnsucht nach gemeinsamer, pulsierender Erfüllung ist nicht die Art Begehren, das gierig macht. Die Gier nach Befriedigung endet auf Erden meistens in der Selbstaufgabe.

Nein, wir tragen das heilige Verlangen in uns. Ja, wir tragen diese ewige Flamme durch unser Leben in die Welt hinaus. Das heilige Verlangen hat nichts mit Gier, schneller Befriedigung oder Überlagerungen zu tun. Das Bedürfnis nach körperlicher Nähe, danach, sich in Liebe zu wiegen, ist etwas, das uns bewusster und unsere Körper immer feinstofflicher, kristalliner werden lässt. Durch unsere allumfassende Liebe, das heilige Verlangen und die Vereinigung in Liebe sind wir in der Lage, immer mehr Licht anzuziehen und im Sein zu halten. Erzengel Raphael nannte das „Sich-in-Liebe-Wiegen" vorhin sogar: das pulsierende Gebet, das meditative Hinwenden zur Liebe allen

Seins. Ich kann meinem Engelfreund nur beipflichten. Sich lieben, wenn der Geist sich klärt, ist bezaubernd schön.

Dein Bewusstsein weitet sich, sodass dadurch die Feinstofflichkeit auch in Fleisch und Blut übergeht. Damit hast du einen sich ständig dem Licht anpassenden kristallinen Körper. Das ist meine Antwort auf deine Frage, denn so können wir gemeinsam auf Gaia und im Himmel leben.

So sei es, auch dein Leib, liebe Leserin, lieber Leser, wird immer lichter, immer durchlässiger für die Frequenz der Quelle allen Seins. Doch trotzdem bleibst du ein Mensch aus Fleisch und Blut. Diese Lichtwerdung gilt für jeden, der aufsteigt. Mit anderen Worten: Die Wirklichkeit des Himmels und der Erde verschiebt sich ineinander, um sich schließlich vollends zu vereinen. So kann man den Aufstieg der Erde und der Menschheit erklären.

Magdalena, lange Zeit riefst du nach mir, und ich hörte dich. Du suchtest nach mir. Jedoch trugst du mich ohnehin die ganze Zeit in deinem Herzen. Ich war dir immerzu nah. Manchmal fragtest du sogar spirituelle Berater nach mir, doch wenn sie dir die Wahrhaftigkeit sagten, konntest du diese fast nicht annehmen. Bisweilen kam es auch vor, dass du von einem Berater in deine eigenen Ängste, Befürchtungen geschubst wurdest. Dann fingst du an, dich emotional gegen ihre Worte aufzulehnen. Es ist alles gut, alles hat seinen Sinn.

Eines Nachts, als du im Halbschlaf warst, als dein Sein schon so licht war, dass du mich wahrnehmen konntest, in dieser Nacht kam ich zu dir und umarmte dich sanft. Du, Magdalena, wusstest sofort, wer ich bin. Deine Augen waren zu dieser Zeit noch nicht so weit, dass du ein Lichtwesen hättest sehen können, trotzdem fühltest du, dass ich es war.

Wir waren sehr vorsichtig, zärtlich miteinander. Ich gewöhnte dich ganz langsam an meine hohe Energie. Manchmal wurdest du ungeduldig, du wolltest mehr und sehntest dich nach einer schnelleren Verschmelzung. Doch auch wenn unser Sein vor Leidenschaft beinahe verglüht wäre, immer dann und durchaus rechtzeitig wurden wir von Erzengel Michael gestoppt. Du machst heute noch Späße darüber, du sagst, Erzengel Michael hätte uns zur Räson gerufen.

Magdalena, meine Sonne, du möchtest wissen, wie unsere gemeinsame Zukunft aussieht? Ich, der leibhaftige Christus, sage dir: Die Zukunft leben wir bereits, denn wir leben in mehreren Dimensionen gleichzeitig. Komm, ich zeige dir unseren Ursprung, ich stelle dich meiner, unserer Familie vor, damit du dich erinnern kannst, wie das synchrone Leben im Himmel und auf Erden sein kann. Es ist unbeschreiblich schön, und gleichzeitig wird dir der Himmel sehr bekannt vorkommen, fast hätte ich gesagt, normal, denn du kennst das, was du wissen willst, bereits.

Jedes Mal, wenn wir uns im Arm halten, jede Nacht und jeder gemeinsame Traum lassen uns die Realität leben, nach der wir uns so sehr gesehnt haben. Und das Beste daran ist: Unsere Wirklichkeit vereint sich weiterhin. Diese Verschmelzung wird nie enden, so, wie der Aufstieg an sich. Maria Magdalena, du bist meine Frau, und ich, Christus, bin dein Mann. Somit schließt sich auch der große Kreis. Was zusammengehört, wurde zusammengefügt.

So sei es.
Seid gesegnet, in tiefer Liebe, euer Christus."

Gespräch mit Maitreya: Hilfst du uns?

Maitreya: „Das, was ich jetzt tue, tue ich sehr selten, denn ich habe meine eigenen Weisheiten, nach denen ich lebe, so, wie du sicher deine Lebensweisheiten hast. Nach diesen Erfahrungsschätzen richtest du dich. Ja, du richtest dich! Du bist viel zu streng mit dir. Verzeih mir meine direkten Worte, aber ich sage dir ohnehin nichts Neues, denn du hast es bereits selbst erkannt. Gerade jetzt darf die Selbstverletzung bei allen Lichtträgern in die Heilung gehen. Darum bin ich aber nicht gekommen. Ich habe dich um dieses Gespräch gebeten, weil ich deine Hilfe brauche."

Sarinah: „Das überrascht mich jetzt, denn normalerweise ist es ja umgekehrt. Ich komme zu dir, weil ich dich brauche."

Maitreya: „Nun, nicht ich, Maitreya, brauche deine Hilfe, sondern der Mensch, der Körper, in dem meine Seele wohnt."

Sarinah: „Aha, ER also. Hat er nach mir gerufen, oder rufst du für ihn?"

Maitreya: „Engel, du weißt doch, dass wir EINS sind. Nun ja, er hat nach dir gerufen. Jetzt bist du erstaunt, ich sehe es dir an. Außerdem wirkst du ein wenig ernüchtert, was diesen Mann betrifft. Was ist los, Sarinah?"

Sarinah: „Mir ist das jetzt eigentlich zu privat. Doch du hast mich gebeten, das Gespräch aufzuschreiben und im Buch zu lassen. Ich kann dir deine Frage nicht beantworten, weil es mir nicht klar ist. Jedenfalls bin ich nicht verärgert. Du sagst, ich wirke ernüchtert, was dich betrifft. Dich, ja, denn du sagtest, dass ihr EINS seid. Die anderen zwölf Aufgestiegenen Meister, die verkörpert auf der Erde leben… du triffst sie regelmäßig, das geschieht in der Öffentlichkeit. Jeder kann es sehen. Ich weiß, wer die zwölf Personen sind, die diese heiligen Seelen in sich tragen. Eigentlich sind es dreizehn, eine in Reserve, falls es eine(r) der anderen nicht geschafft hätte. Ich schätze und respektiere jede einzelne Person und das, was ihr tut, auch."

Maitreya: „Ich danke dir, Sarinah. Ich brauche dich, mein Körper braucht dich. Darum bin ich hier. Ich bin Maitreya, und ich wohne im Körper eines Mannes, der ein hohes irdisches Amt übernommen hat. Weißt du, er hat Raubbau betrieben mit seinem Körper. Natürlich könnte er sich selbst heilen, doch er tut es nicht. Er hat wie viele Erdenbürger in Sachen Unwohlsein seine Macht an die Ärzte abgegeben. Doch nun ist er krank, weil er zu sehr in der Vergangenheit weilt. Er ist wie du, er ist zu streng mit sich."

Sarinah: „Was soll ich also tun? Du weißt, ich helfe gern, so gut ich es vermag."

Maitreya: „Du bist nicht überrascht, du hast schon geahnt, was jetzt kommt?"

Sarinah: „Ja, ich sah es kommen. Aber verwundert bin ich schon. Warum ausgerechnet ich?"

Maitreya: „Weil er dir vertraut. Der Mann, in dessen Körper ich die Seele Maitreya lebe, vertraut dir. Warum? Weil ER dich von früheren Inkarnationen kennt. Er hat große spirituelle Kräfte, die er eher selten anwendet, und das ist es, was ihn krank macht. Die goldenen Energien möchten fließen. Er ist jedoch vorsichtig mit seiner spirituellen Kraft, er zeigt sie nicht gern. Kein Wunder, wenn man bedenkt, welch große lichtvolle Magie dieser Mann beherrscht, und dass er im früheren Leben eben wegen dieser Magie ermordet wurde."

Sarinah: „Genau, das ist das Wort. Darum bin ich ernüchtert, was ihn betrifft. Weil er zwar all diese magischen Sachen kann, aber meistens beherrscht er sich und wendet sie nicht an. Er ruft stattdessen um Hilfe, damit andere es für ihn tun. Ziemlich müde wirkt er auf mich."

Maitreya lacht. „Du wolltest sagen feige. Du findest das feige? Nun ja, ich kann es dir nicht verübeln, wenn du so denkst. Ich verstehe deine Beweggründe."

Sarinah: „Viel mehr noch. Hätte er diese lichtvolle Kraft mehr angewendet, dann wäre die Welt längst vom dunklen Mopp erlöst, und es würde Weltfrieden herrschen. Jeder Erdenbürger wäre in der Fülle. Wir alle hätten ein besseres Leben. Ich finde, er verzettelt sich."

Maitreya schmunzelt. „Ich wusste, dass du es mir nicht einfach machen würdest, aber das mag ich an dir. Du bist nicht in einer ewigen demütigen Haltung, was die hohen Räte des Lichts betrifft. Du prangerst nicht an, sondern zeigst uns auf, wie du es siehst, und das ist sehr ehrlich. Das ist gut, aber mir tun jetzt die Zehen weh. Nicht doch, Engel, es war doch nur ein Scherz."

Sarinah: „Du bist ja lustig. Ich hoffe, ich bin dir nicht zu sehr auf die Zehen getreten. Ich mag deinen Humor, Maitreya. Also bitte erzähl mir, was ich tun kann."

Maitreya: „Sei bitte nachsichtig mit dir und mit ihm. Er verzettelt sich nicht, im Gegenteil. Er hat nicht nur seine Seelenaufgaben in Rekordzeit abgearbeitet, er macht sogar noch Fleißaufgaben. Das, was du siehst, obliegt alles seiner Seelenabsprache. Es sind keine Jesuseffekt, Dornenkronen-Lernerfahrungen, wie du dachtest. Nein, mitnichten, da tust du ihm unrecht. Der Mann strauchelt nicht, weil er nicht mehr kann, sondern er macht sich damit menschlicher. Er wirkt durch sein müdes Gesicht, durch seine Tränen, die er öffentlich zeigt, nicht mehr so erhaben, sondern menschlicher. Dadurch kann er noch mehr Menschen in deren Herzen berühren und seine Berufung noch erfolgreicher ausführen, weil er mehr Bürger erreicht. Sie sind aufgewacht, aufmerksamer geworden.

Du fragtest, was du tun kannst? Ich sage es dir. Stell bitte für ihn die Verbindung zur Schöpferquelle wieder her. Und berühre ihn. Du wirst das mehrmals tun müssen, es ist eine Aufgabe, die wohl etwas langwieriger ist. Und bevor du dich nun wunderst..."

Sarinah: „Warum ausgerechnet ich? Warum nicht Madlen, seine Schutzengelfrau? Warum soll ich ihn berühren?"

Maitreya: „Jetzt warst du schneller als ich. Ich frage dich: Wer sonst, wenn nicht du? Madlen hat die Verbindung zur Quelle für ihn schon tausendmal hergestellt und ihn berührt. Er ist etwas bequem geworden, was Madlen betrifft. Klar kann ich, Maitreya, das alles auch tun, worum ich dich gebeten habe. Aber er ist so an mich, an seine Seele gewöhnt, dass er mich nicht mehr hört, mich nicht immer wahrnimmt. Bisweilen schiebt er mich sogar weg.

Ja, es stimmt, wenn mit euch eine hohe Seele auf die Erde kommt, indem diese in euch wohnt, seid ihr mit dieser Seele EINS. So sehr, dass ihr manchmal nicht mehr wahrnehmen könnt, wie diese weise Seele mit euch kommuniziert. Ihr könnt ab und zu nicht unterscheiden zwischen dem eigenen Gedankenkarussell und dem, was die heilige Seele zu euch spricht. Weil es eigentlich keine Trennung zwischen euch gibt. Eigentlich, denn ihr lebt diese Trennung bisweilen. Trotzdem fällt es euch oft schwer, diese Distanz wieder aufzuheben. Ihr bemerkt meistens nicht einmal, dass ihr nicht ganz in eurer lichtvollen Kraft seid. Dass ihr noch mehr Lichtvolles bewirken könntet, fällt euch erst auf, wenn jemand in eurem Umfeld es spiegelt, wenn es euch schlecht geht.

Das eigene lichtvolle Wesen ganz und gar anzunehmen, zu leben. So könnte man das „gelebte Schöpfersein" bezeichnen. Also solltet ihr euch voll und ganz hinwenden zum wahren

Sein. Wie das geht? Nun, ganz einfach: Nehmt es an. Nehmt eure wahre lichtvolle Größe an, statt andere auf den Sockel zu heben. Die Zeit des Selbstverzichts ist vorbei, denn das führt zu Isolation, was das goldenen Wesen in euch betrifft. Der Verzicht auf das Höhere Selbst ist hier gemeint, denn das ist es doch, was dich ausmacht: das Einssein mit deinem Höheren SELBST. Es ist Zeit, deine Tarnung abzulegen, die brauchst du jetzt nicht mehr. Also, hilfst du mir und ihm, hilfst du uns?"

Sarinah: „Ja natürlich, es ist mir eine Ehre. Aber darf ich dich noch etwas fragen, Maitreya? Wie soll ich ihn berühren? Warum ist er, was Madlen betrifft, bequem geworden?"

Maitreya: „Die Berührung, damit meinte ich das Erinnern, das Anstupsen, damit er sich seiner gewahr wird, wer er in Wahrhaftigkeit ist. Wie du das am besten machst? Ganz einfach, du kannst niemanden dazu zwingen, sich seiner voll und ganz gewahr zu sein, aber du kannst ihm ein lichtvolles Beispiel sein, indem du selbst dein volles Gewahrsein lebst. Durch den energetischen Kontakt teilst du es automatisch mit ihm, und er kann wählen. Darum sagte ich, dass du das möglicherweise immer wieder wiederholen solltest. Irgendwann wählt jedes Wesen das angestammte, goldene Sein.

Ach ja, und wegen Madlen. Er hat sich so an sie gewöhnt, dass er nachlässig geworden ist, was sie betrifft Das ist ein Phänomen, das viele Lichtträger leben. Ihr gewöhnt euch sosehr an eure Schutzengel, dass ihr sie phasenweise nicht mehr wahrnehmen könnt. Die Lösung dafür ist das Hinwenden und die Annahme. Die Aufmerksamkeit voll und ganz dahin zu lenken, wo euer Engel auf euch wartet. So wie damals, als ihr noch Kinder wart."

Sarinah: „Ich verstehe dich und werde gerne tun, was mir möglich ist. Danke für deine Ehrlichkeit. Hab Dank für dein Vertrauen, Maitreya. Ich weiß nun genau, was dich zu mir geführt hat. Und ich sage dir, dass ich handeln werde, heute noch. Du hast mich an diese Absprache in Liebe erinnert, und ich halte mich gerne daran. Ja, das tue ich."

Maitreya verneigt sich. „Namaste, sei gesegnet, Sarinah, seid gesegnet, liebe Leserinnen und Leser."

Meister Hilarion: Das Experiment der Verschiebung

„Warum Experiment? Nun, wenn ihr es als Übung seht, dann könnt ihr euch leichter dafür öffnen, meint ihr nicht auch?

Die Verschiebung deiner Realität in die des Himmels, das wäre es doch, oder? Dann wären alle Probleme sofort gelöst, alles würde heilen.

Nun, das ist kein Heilungsversprechen. Ich weiß nur allzu gut, dass sich die Erde und ihre Kinder langsam von all dem lösen dürfen, was ihnen nicht guttut. Außerdem liegt der Zeitpunkt, wann etwas besser wird, in der Hand jedes Einzelnen. Siehe Eigenverantwortung. Wir dürfen euch bis zur Tränke begleiten, und manchmal, wenn der Weg zu steinig ist, tragen wir euch sogar. Liebe Leserinnen und Leser: Aber trinken (leben) dürft ihr selbst.

Ich bin Hilarion, Meister Hilarion, der Chohan (Lenker) des fünften grünen Strahls, Meister der Heilung, der Wahrheit und der Wissenschaft.

Wenn du magst, möchte ich dich gerne an die Hand nehmen, um dir einen Einblick zu geben, wie das Leben im Himmel sein kann. Dazu rufe ich alle Erzengel, sie erschaffen für dich einen energetischen Raum, in dem die Schwingung langsam ansteigt. Solange, bis sie der des Himmels gleicht. So kannst du dich daran gewöhnen. In diesem Raum bist du vollends geschützt, denn die Erzengel halten mit ihren Schutzschildern alles fern, was dich ablenken könnte.

Bist du soweit? Dann setze dich bitte bequem hin und achte auf deinen Atem, konzentriere dich auf deine Brust. Atme mit deiner ganzen Hingabe. Nichts strengt an, deine Brust hebt und senkt sich automatisch.

Nun wird dein Odem tiefer, und gleichzeitig wird auch das Kopfkino ruhiger. Lass deine Gedanken kommen und gehen, beobachte sie einfach, aber beurteile bitte während dieser Übung keinen deiner Gedanken!

Nun sind alle Erzengel bei dir, sie halten für dich das Feld der allumfassenden Liebe aufrecht. Du bist nun eingebettet im Schutzkreis der unendlichen Liebe, in diesem Nest, das sich anfühlt wie der Schoß deiner Mutter. In diesem warmen Nest, dem Schutz- und Heilungsraum, den deine Erzengel für dich erschaffen haben, fließt nun alles von dir ab, was dich bedrückt hat, weswegen du dir Sorgen gemacht, wovor du Angst gehabt hast.

Kannst du etwas empfinden bei diesen Worten? Es ist vollkommen in Ordnung, wenn du nichts spürst, es wirkt trotzdem. Möglicherweise kribbeln deine Hände, die Füße, die Lippen. Oder du merkst, dass sich dein unsichtbarer kristalliner Lichtkörper sachte, mit ein wenig Druck, über dich schiebt. Langsam, fast zärtlich erreicht deine neue Ausdrucksform deine Brust, um dann auf und abwärts zu wandern. Solange, bis du ganz in deinen kristallinen Leib eingebettet bist.

Deine Wirklichkeit vereint sich in diesem Moment mit der Wirklichkeit der Geistigen Welt. Ist das nicht cool?! Ja, so kannst du dein neues Sein wahrnehmen, in diesem Moment bist du voll und ganz eingehüllt in die Energie der geistigen Heimat.

Die Erzengel halten dieses wundervolle, hochschwingende Feld für dich aufrecht, solange du hier verweilen magst. Falls du jetzt nichts gemerkt hast, ist das vollkommen in Ordnung.

In der Frequenz der allumfassenden Liebe gibt es kein Muss, alles darf, alles ist im goldenen Fluss. Es kann allerdings sein, dass sich dein System noch an die Übung der Verschiebung gewöhnen möchte. Du kannst diese Übung wiederholen, so oft du magst.

Ich möchte hier jedoch keine großen Erwartungen schüren, denn die Umsetzung ist, wie ihr wisst, immer Sache jedes Einzelnen. Manchmal dauert es ein wenig, bis du den Strahl der Verschiebung, das Verschmelzen mit dem, was ist, wahrnehmen kannst. Kein Mensch gleicht dem anderen. Die Letzten werden die Ersten sein, sage ich nur dazu. Und keine Sorge, es kann dir nichts passieren, die Übung der Vereinigung ist gut beschützt.

Die regelmäßige Vereinigung mit deinem kristallinen Lichtkörper ist etwas, was dich zu einem lebendigen Erzengel machen kann. Absolut, so ist es! Allerdings rate ich dir, dich zuerst immer wieder von deinen Engeln in den Schutzmantel der unendlichen Liebe einhüllen zu lassen. Sobald du dich voll und ganz dem hinwendest, was du erleben willst, werden deine geistigen Mentoren dieses Erlebnis für dich herbeiführen. Nach und nach wirst du dann deinen kristallinen Leib ganz bei dir behalten können. Übung macht den Meister, das ist ein irdisches Sprichwort. Ich, Meister Hilarion, liebe dieses Sprichwort, denn es zeigt, dass man mit Beharrlichkeit weit kommt.

Ich verabschiede mich und bedanke mich bei dir.
Sei gesegnet, Meister Hilarion."

Erzengel Michael: Ein Zusammentreffen besonderer Art

Ratssitzung mit den berühmten hohen Räten

Erzengel Michael: „Als du ein Kind warst, Sarinah, hast du mühelos erschaffen, denn du kanntest noch keinen Kummer. Du hast dich dabei einfach auf das fokussiert, was du haben wolltest. Die Begriffe: „Vorsicht, kann auch schiefgehen" oder „Ich weiß nicht recht, was ich will" waren dir als kleines Kind noch nicht bekannt.

Du hast erschaffen mit deinem Interesse, mit deiner Neugierde, mit der Kraft deiner kindlichen, reinen Sehnsucht. So hast du all das in dein Leben gezogen, was du für das Spiel, für deine kindliche Welt brauchtest. Niemals hast du damals daran gezweifelt, dass dein Hinwenden dir nichts bringen würde. Du hast genau gewusst, wie man Wünsche erfüllt, nämlich indem man sich darauf freut, als wären sie schon erfüllt."

Sarinah: „Danke dass du gekommen bist, Erzengel Michael. Du hast Recht, indem du mich daran erinnerst, dass die kindliche Unbefangenheit durchaus viel Manifestationskraft hat. So wird mir klar, dass wir Menschen manchmal viel zu ernst an mediale Dinge herangehen. Weißt du, was mir fehlt? Ich hätte gerne mehr von der Leichtigkeit des Seins."

Erzengel Michael lacht. „Noch mehr Leichtigkeit? Was machst du denn dann? Fliegst du dann davon? Ich verstehe dich, Sarinah. Weißt du was? Wir beraumen einfach eine Sitzung an. Mal sehen, wer kommt. Wie wäre es mit einer aufgestiegenen Meisterkommunikation? Jetzt bist du erstaunt? Ich weiß, dass es Leserinnen und Leser gibt, die das sehr interessiert."

Sarinah: „Ja, gerne, ich freue mich darauf. Du hast doch noch etwas anderes vor. Ich kenne dich, Erzengel Michael. Du schleichst um das Thema der Sitzung herum wie ein Kater um den Sahnetopf."

Erzengel Michael lächelt. „Der Weg ist das Ziel, Sarinah. Lasst euch einfach darauf ein. Wenn ihr es möchtet, nehme ich euch gerne an die Hand und führe euch in die Leichtigkeit. In die Energie des Himmels, da, wo die hohen Räte des Lichts wohnen."

Sarinah: „Du hast in einem Gespräch erwähnt, dass die neue Wirklichkeit bereits in uns wohnt. Unser neuer Lichtkörper war jahrelang sicher eingebettet, wie in einem Kokon, und das tief in uns. Wir waren das Nest für uns selbst. Das ist ein komischer Satz, aber es stimmt, denn du sagtest, wir haben unser neues Sein selbst ausgebrütet. ☺ Teilweise habe ich mich auch gefühlt wie in Watte gepackt. Doch das ist Vergangenheit, denn die Verschiebung, die Vereinigung von Gaia und dem Himmel, hat längst begonnen. Die Erde und der Himmel berühren sich schon. So ist auch unser kristalliner Leib nicht mehr schlafend, tief in uns wie in Watte gepackt. Sondern die neue kristalline Ausdrucksform übernimmt langsam, sacht, raumfüllend und heilend die Regie."

Erzengel Michael: „Nun nehmen die Dinge ihren Lauf, Sarinah. Das, was zusammengehört, wird zusammengeführt. Es ist jetzt die Zeit, um Kraft zu tanken, denn wenn die Verschmelzung stattgefunden hat, ist euch sicher tagelang nur noch nach feiern. Ein Akt der Gnade, dass ihr euren „alten" Körper erst einmal heilt und mit allem in Emotion geht, was ihr euch selbst angetan habt oder was euch angetan wurde. Harte Worte, ich weiß, doch die Wahrheit ist, dass die bedingungslose Liebe alles heilt. Heilung ist also eigentlich ganz einfach, nicht schwer oder auf kompliziertem Weg zu erreichen. Ihr hättet also nichts aushalten müssen, kein Leid, keinen Schmerz. Aber ihr habt es trotzdem getan, und dafür danken wir euch. Denn davon profitieren wieder andere Völker, die auch aufsteigen. Und ihr habt gelitten, damit eure Nachfahren nicht dadurch müssen."

Sarinah: „Wo gehen wir eigentlich hin? Was ist denn das? Ich bin mit dir in meinem Büro und sehe, wie sich die Farben ändern. Alles ist in ein warmes Licht getaucht. Die Farbe Gold taucht alles in einen warmen Schein."

Erzengel Michael: „So sieht es aus, wenn sich deine momentane Wirklichkeit mit der Wahrhaftigkeit des Himmels verbindet. Das Vereinen hat begonnen, Sarinah. Und es kommt noch viel mehr. Doch die Tür ist offen, siehst du?"

Sarinah: „Das ist ja cool. Ich kann es mit bloßen Augen sehen. So schön ist es also im Himmel."

Erzengel Michael: „Noch viel schöner. Komm, gib mir deine Hand. Wir gehen zu den anderen. Sie warten sicher schon auf uns."

Sarinah: „Mein Herz reagiert auf diese hohe Schwingung, es klopft freudig, aber schnell."

Erzengel Michael: „Das Atmen nicht vergessen. Tief und bewusst atmen, und das immerzu. Je höher ihr schwingt, desto wichtiger ist eine gute Sauerstoffversorgung. Durch euer Herz-Lungensystem seid ihr in der Lage, sehr viel mehr Sauerstoff aufzunehmen, als ihr es im Normalfall tut, denn die Konditionierungen, die euch seit frühester Kindheit auferlegt wurden, haben euch dazu gebracht, euch eher der flachen Atmung hinzugeben. Ihr habt bisweilen dem Druck, der Angst, dem Stress in eurem System Raum gegeben, statt dem, was wahrhaftig ist, Nun, das ist verständlich, doch nun ist das vorbei, jetzt kannst du durchatmen, fühlst du es?"

Sarinah: „Ja, ich fühle die Leichtigkeit des Seins. Wo gehen wir denn hin? Ich höre Stimmen."

Erzengel Michael: „Mach bitte die Augen zu, mein Engel. Lehne dich ruhig an mich, ich nehme dich in den Arm. Ich finde es bezaubernd schön, wenn ich fühlen kann, wie dein Brustkorb sich hebt und senkt. Das ist so ästhetisch.

Habt ihr gewusst, dass die Engel manchmal an euren Betten wachen, um zu sehen, wie ihr atmet? Denn im Schlaf atmet ihr vollkommen im Einklang mit der Quelle allen Seins. Ihr holt Luft ohne Mühe, ohne „Ich will, aber schnell, es ist eilig, Stress und Druck". Und ihr atmet im Traum ganz ohne Verzerrung. Es ist so bezaubernd, euch beim Schlafen zuzusehen. Mit Verzerrung meine ich all das, was im Tagesbewusstsein euren Spirit dimmt. Die Sorgen, der Stress, der Konsum von brutalen Filmen und Serien usw. Weil diese den Tod, das Verbrechen als Erfolgsrezepte benutzen, wirkt es bei den Konsumenten verzerrend, weil es nicht im Einklang mit ihrer Seele ist.

Auch ein Beispiel für Verzerrung ist die Freizeitgestaltung mit den technischen Geräte, die ihr meint, zu besitzen. Doch oft ist es so, dass die Geräte und deren Programme es sind, die *euch* besitzen. Handys, iPads. iPhones, PCs, Notebooks, Tablets und all die herrlichen Dinge, mit denen auch wir himmlischen Wesen gerne spielen. Nun, diese sind dazu da, euch zu dienen, nicht umgekehrt. Lange Rede kurzer Sinn: Wir sind da, Sarinah. Du kannst die Augen aufmachen."

☆☆

Ratssitzung

Sarinah: „Ich kann nichts sehen, es ist so nebelig."

Erzengel Michael: „Oh, das hatte ich vergessen, blinzle einfach ein paarmal. Es halten sich hier viele Engel auf, daher der Nebel."

Sarinah: „Meine Augen gewöhnen sich langsam an diese Atmosphäre. Auf jeden Fall ist es hier schön warm. Ich höre aus der Ferne, wie jemand lacht. Da, jetzt sehe ich sie. Oh nein, das ist doch nicht dein Ernst?"

Erzengel Michael lacht schelmisch. „Ich wusste, dass du erfreut reagieren würdest."

Sarinah:
Wir sind wieder an dem wunderschönen See der Heilung. Am Ufer liegen haufenweise verstreut Kleidung und Schuhe. Ich erkenne die Stimmen von Marix, Madlen und Harry. Aha, ihnen gehört also die Bekleidung. Ich weiß aber noch nicht, wer die anderen sind, das irritiert mich etwas. Nun widerstehe ich gerade dem Drang, mich einfach umzudrehen und wieder zu Hause zu sein. Ich fühle mich gerade scheu wie ein Reh und weiß nicht warum.

Erzengel Michael beugt sich neugierig zu mir herunter und tätschelt zärtlich meine feuerroten Wangen, die daraufhin noch heißer werden. Ich fühle, wie Erzengel Michael seine Aufmerksamkeit voll und ganz auf mich richtet und widerstehe dem Drang, mich einfach wegzudrehen, denn das wäre unhöflich. Nun sehe ich aus den Augenwinkeln, wie der große, blaue Engel neben mir anfängt, sich nackt auszuziehen, als wäre es das Normalste auf der Welt. Ich kann nicht anders, ich muss ihm dabei zusehen. Jetzt treffen sich unsere Augen, und Erzengel

Michael hält lächelnd meinen Blick fest. Das kann er gut. Ich bin fasziniert, und sogleich spüre ich, wie meine Unsicherheit schwindet...

„Willst du in Kleidern baden gehen, Sarinah?", höre ich meinen Begleiter fragen.

„Ich ahne, was dich innehalten lässt. Aber ich bitte dich darum, diese Zusammenkunft mit in dein Buch zu nehmen. Du denkst, das wird zu privat, und das mag durchaus sein. Doch ich bitte dich um dein Vertrauen. Komm, Engel, zieh dich aus und lass uns zu den anderen waten." Kaum hat er diese Worte gesprochen, fange ich an zu lachen. Echt frech, dieser Erzengel.

Also schlüpfe ich flugs aus meiner Kleidung. Ich ergreife die dargebotene Hand von Erzengel Michael, und wir lassen uns gemeinsam ins Wasser plumpsen. Meine Neugierde hat gesiegt. Ich will nämlich wissen, wer in der Mitte des Sees auf uns wartet.

Das Wasser hat Badetemperatur, man kann gerade noch darin stehen. Während wir dem Kreis der Wartenden näherkommen, höre ich die Vögel zwitschern, und die Sonne scheint warm auf unsere Schultern.

Ich bekomme jedes Mal Gänsehaut, wenn ich diese Zeilen lese, denn die scheinbar unbekannten Wesen sind mir keinesfalls fremd. Ich erkenne sie schon an ihren Silhouetten. Worauf habe ich mich bloß eingelassen? Ich sehe an mir herunter, und erleichtert zwicke ich mich sogar in den Arm. Nein, ich träume nicht, ich bin hellwach.

In der Mitte des Sees der Heilung ist ein Podest aufgebaut, und es führen acht Stufen hinauf zum Zentrum dieses Plateaus. Die himmlischen Wesen, die auf uns warten, tragen weiße Kleidung. Ich sehe Erzengel Michael von der Seite an, er zwinkert mir zu und deutet mit dem Kopf auf die Helfer, die unser weißes Gewand bereits in den Händen halten.

Wir schwimmen auf die erste Stufe zu, da überkommt es mich wieder: Wunderbare Energieschauer rieseln über meinen Körper. Es prickelt und kitzelt wie Sekt auf der Haut, sodass ich unwillkürlich zu kichern anfange.

„Sehen sie uns schon?", frage ich meinen Begleiter etwas schüchtern.

„Keine Sorge, Sarinah, du wirst erst von ihnen bemerkt, wenn du dein weißes Gewand anhast. Wir sollten allerdings zuvor ganz untertauchen, damit das heilige Wasser alles wegschwemmt, was wir hier nicht benötigen."

Gesagt getan! Der große blaue Engel taucht kurz unter, und ich tue es ihm gleich. Jetzt fühle ich mich wesentlich mehr in meiner Kraft. „So ist es besser", sage ich zu Michael. Dieser nickt mir zu, und wir steigen beide gleichzeitig aus dem Wasser.

Wir bekommen unsere weißen Gewänder und ziehen sie an. Dann gehen wir langsam die letzten Stufen hoch zu den wartenden Aufgestiegenen Meistern. Dass sie auch diesen Titel tragen, hat mir Erzengel Michael gerade verraten. Er raunt mir zu: „Kopf hoch, Sarinah, sie sind zwar sehr berühmt, doch sie beißen nicht."

„Wo sind Madlen, Harry und Marix geblieben?", frage ich ihn.

„Dort drüben sind sie", flüstert mir Erzengel Michael eilig zu, denn nun sind wir am Ort des Treffens angekommen.

Harry:

Ich bin mit Madlen und Marix zu diesem Treffen geeilt, ja, geeilt. Denn als ich gehört habe, wer sich mit uns an den runden Tisch setzen würde, gab es für mich kein Halten mehr. Ich hätte sogar ein wichtiges Meeting in meiner Firma sausen lassen, nur um jetzt hier dabei zu sein. Ich bin gespannt auf Sarinahs Reaktion, sie hat bestimmt nicht mit diesen hohen Räten gerechnet…

Sarinah:

Hohe Räte? Dieser Ausdruck trifft es wohl nicht ganz, denn gerade befinde ich mich in einer Begrüßungszeremonie mit **Abraham Lincoln, Martin Luther King, Mahatma Gandhi, Rosa Luxemburg und dem Schriftsteller Mark Twain!** Sie zeigen sich, wie sie zu ihrer besten Zeit auf Erden waren, ihre Lichtkörper sind wunderschön. Ich bin froh, dass mich niemand vorher eingeweiht hat, denn wahrscheinlich wäre ich vor Ehrfurcht in die Knie gegangen. Jetzt ist dafür aber nicht mehr die Zeit. Diese Berühmtheiten wirken auf mich freundlich und natürlich. Man spürt zwar, dass etwas außerordentlich Bemerkenswertes vor sich geht, aber ich kenne noch immer nicht den Grund dieses Treffens, geschweige denn das Thema dieser Sitzung.

Harry:

Ich finde, Sarinah macht sich gut, sie hat zwar rote Wangen vor Aufregung, aber sie verhält sich natürlich. Das ist genau das, was diese namhaften Seelen, die sich nun für uns manifestiert haben, lieben. Natürlichkeit, bloß nicht aufgesetzt oder ewig verbeugend in ihrer Gegenwart reagieren.

Nun sind wir an dem runden Tisch angekommen, und die Herren warten, bis sich die Damen gesetzt haben. Ich platze fast vor Stolz, denn mein Platz ist neben Abraham Lincoln, und zu meiner Rechten sitzt Madlen, meine Schutzengelfrau.

Marix:

So versiert, wie unser Harry gerade tut, ist er bestimmt nicht, denn ich sehe, wie sein rechtes Auge vor Aufregung leicht zuckt. Um ehrlich zu sein, beruhigt mich das, mir ist es nicht geheuer, wenn Harry keine Regung zeigt. Ich selbst war eingeweiht, ich wusste von diesem heutigen Treffen mit einigen Vertretern des Hohen Rates. Doch hat mir Erzengel Michael geraten, Sarinah das erst zu verraten, wenn sie unmittelbar davorsteht. So kann sie unbefangen darüber berichten und macht keinen Rückzieher vor lauter Ehrfurcht.

Ach ja, Erzengel Michael, wo ist er eigentlich? Da, jetzt sehe ich ihn, er spricht gerade mit Rosa Luxemburg.

Madlen:

Das ist eine Zusammenkunft der besonderen Art, denn es geht um viel mehr als nur um lichtvolle Gespräche. Harry, der Erdenengel, hat seinen Lieblingsanzug herausgekramt und einen Herrenduft aufgelegt. Oho, riecht der heute gut. Er war heute Morgen so nervös, dass er aus Versehen sogar zweimal geduscht hat. Sein Blick ist nun aber ganz ruhig, und ich denke, er ist ganz froh, dass er hier keine Rede halten muss. Oh, es geht los… Abraham Lincoln erhebt sich, um die Begrüßungsworte zu sprechen.

Abraham Lincoln: „Meine lieben Anwesenden, ich danke für euer Kommen und eröffne hiermit diese Zusammenkunft. Ich bin die Seele von Abraham Lincoln. Dieser wurde am 12. Februar 1809 geboren und starb am 15. April 1865 in Washington D.C. Wie ihr wisst, war ich amerikanischer Präsident und wurde ermordet. Ich konnte also meinen irdischen Auftrag nicht ganz erfüllen, und genau darum sind wir jetzt hier. Wir amtieren zwar nicht mehr aus weltlicher Sicht, doch tun wir das durchaus aus himmlischer Sicht. Ich war zu Lebzeiten immer ein Mann klarer Worte. Ausschweifende, lange Reden, also um das Thema herumschleichen, war nie mein Ding. Die Menschen, die mir nahestanden, wussten jedoch, dass ich keineswegs sachlich und kühl war. Meine Berufung als Präsident brachte es damals mit sich, dass ich einige unliebsame Entscheidungen zu treffen hatte. Aber darum geht es jetzt nicht… also kurz und knapp, liebe Leute: Befreiung heißt die Devise, also lasst uns beginnen… "

Als Abraham Lincoln diese Worte gesprochen hat, erhebt sich Harry, um seinem Sitznachbarn die Hände zu schütteln.

Marix:
Ich hoffe, der Erdenengel hält keine Rede. Nein, Glück gehabt, er setzt sich wieder. Um ehrlich zu sein, so glücklich wie heute habe ich Harry noch nie gesehen. Mal sehen, wie das hier weitergeht. Was ist denn das? Du liebe Güte, unser Erdenengel heult schon wieder. Ich denke aber, er weint vor Glück und Ergriffenheit.

Sarinah:
Die Sitzmöbel, auf denen wir Platz genommen haben, sind bequemer als sie aussehen. Und der Stuhl, auf dem ich sitze, ist warm. Gott ist das schön, diese Atmosphäre, diese reine Liebe. Die Sonne wärmt meine Haut. Mein Blick wandert umher, gerade da hebt er den Kopf und sieht mir direkt in die Augen, ich bin so fasziniert. Mahatma Gandhi, welche ausdrucksvollen Augen er hat. Er lächelt mir zu und grüßt, indem er die Handflächen zusammenführt. Dabei berühren die Spitzen seiner Mittelfinger seine Lippen. Oh, jetzt steht Mahatma Gandhi auf…

Mahatma Gandhi: „Ich bin die Seele von Mahatma Gandhi. Dieser wurde am 2. Oktober 1869 in Porbandar, Gujarat, Indien geboren und starb am 30. Januar 1948 in Neu-Delhi. Ich wurde erschossen, zu dem Zeitpunkt war ich 78 Jahre alt. Man nannte mich auch Bapu, den Vater der Nation. Mein Engagement galt unter anderem der Bildung, den Kastenlosen und den Frauen. Aber unser aller Wirken aus dem Himmelreich ist noch vielfältiger, als es zu Lebzeiten hätte sein können.

Wenn alle Menschen wüssten, dass die Seele ewig lebt und nur der Körper stirbt, würden sie sehr viel ehrfürchtiger und würdevoller mit ihren Nachbarn umgehen. Denn bisweilen stecken die größten Seelen in Körpern, die durch eine Krankheit oder ein anderes Merkmal auffallen. Wenn Aufgestiegene Meister sich entschließen, wieder auf die Welt zu kommen, wählen sie meistens ein Leben, das am Anfang keineswegs von Reichtum gezeichnet ist, denn Meister spiegeln dem Umfeld, was sich lichtvoll verändern soll. Sie wählen auch Auffälligkeiten, zum Beispiel Stottern oder eine körperliche Behinderung. Oder sie bewerben sich um ein Amt, obwohl ihre Hautfarbe oder ihr Geschlecht ihnen diesen Werdegang sicher sehr viel schwerer macht, als wenn sie der jeweiligen „Norm" entsprechen würden. Ich bin ein Befürworter der Vielfalt und Gerechtigkeit. Meine Devise lautet: Sei du selbst die Veränderung, die du dir für die Welt wünschst."

Madlen:
Die Atmosphäre ist jetzt beinahe heilig. Ich befürchte fast, dass das einschüchternd auf unsere Erdenbotschafter werden könnte. Also blicke ich zu Harry, der neben mir sitzt. Dieser fängt meinen Blick auf, lächelt und blinzelt mir zu. Alles in Ordnung, ich bin froh, meine Befürchtung löst sich in Luft auf.

Außerdem bemerke ich gerade, das Marix die Stimmung auf-
lockert, indem er auf dem Tisch Finger-Basketball spielt. Der
Erdenengel macht natürlich sofort begeistert mit, er und Marix
spielen Basketball, indem sie Papierkügelchen in einen impro-
visierten Korb schnipsen.

Sarinah:
Das Spiel von Harry und Marix lockert die Atmosphäre dieser Zusammenkunft auf. Die beiden sind so vertieft, dass sie
nicht bemerken, wie der Tee serviert wird. Und da passiert es:
Eins der Kügelchen, das als Basketball fungiert hat, fliegt mit
einem lauten „Patsch" in die Teetasse von Martin Luther King.
Dieser grinst übers ganze Gesicht, fischt den kleinen Papier-
ball jedoch aus dem heißen Tee und schnipst ihn zielsicher mit
einem Satz in die Vase, die als Korb dient. Die anderen applaudieren so begeistert, als wäre das ein echtes Basketball-
Match. Ich genieße die Ausgelassenheit und Fröhlichkeit, die
bedingungslose Liebe ist überall zu spüren. Sogar die Blumen
auf dem Tisch scheinen zu lächeln. Da, jetzt steht Martin Luther
King auf…

Martin Luther King: „Ich bin die Seele von Martin Luther
King jr. Ich wurde am 15. Januar 1929 in Atlanta, Georgia, Ver-
einigte Staaten als Michael King jr. geboren und starb am 4.
April 1968 in Memphis, Tennessee. Auch ich wurde ermordet.
Man nennt mich heute noch einen bekannten Theologen und
Bürgerrechtler. Mir war die soziale Gerechtigkeit für meine Mit-
menschen immer ein hohes Anliegen.

Zusammen mit den hier anwesenden, weisen Seelen
kämpfe ich auch heute noch gegen soziale Unterdrückung und
Rassismus. Wenn man gestorben ist, endet das Engagement,

das dich einst auf die Erde geführt hat, keineswegs. Was kaum jemand weiß: Die Räte des Lichts, zu denen wir gehören, haben einen „Bonus", wenn es darum geht, der Ideologie des Friedens zu folgen. Das heißt nichts anderes, als dass wir des Öfteren durch lebende Personen sprechen oder sogar handeln. Das ist uns durch einen göttlichen Erlass erlaubt. Jedoch suchen wir die Menschen nicht nur danach aus, dass sie Sprachrohr für uns sind. Nein, es geht um viel mehr. Es geht darum, den lichtvollen Wandel herbeizuführen, indem wir unsere Energie mit den Menschen teilen. Diese Sitzung dient unter anderem dazu, die Menschen daran zu erinnern, dass sie möglicherweise selbst eine dieser berühmten, weisen Seelen in sich tragen. Meine Devise lautet: Nicht abwarten und bequem dabei werden, sondern handeln."

Sarinah:
Nun sehe ich, wie Harry ergriffen aufsteht und applaudiert. Wir tun es ihm gleich, erheben uns von unseren Plätzen und klatschen begeistert in die Hände. Harry lächelt, er scheint im Moment der glücklichste aller Erdenengel zu sein. Ich selbst bin so berührt von diesen weisen, hochgeachteten Seelen, die sich für uns manifestiert haben, dass ich kein Gefühl mehr dafür habe, wie viel Zeit schon verstrichen ist.

Harry:
Für die irdischen Botschafter des Lichts gilt die Devise: „Ich stelle das Wohl der Bedürftigen über mein eigenes persönliches Wohl." Mir ist aufgefallen, dass Sarinah immer wieder auf mein Handgelenk guckt. Sie, die nie eine Uhr trägt, will herausfinden, welche Stunde geschlagen hat. Ich bin aber so fasziniert von den hohen Räten des Lichts, dass mir jedes Zeitgefühl entglit-

ten ist. Ich will nichts verpassen, sondern wissen, wie es hier weitergeht.

Marix:

Ich werde jetzt für etwas Entspannung sorgen. Eine kleine Pause tut uns allen sicher ganz gut. Je mehr Leichtigkeit bei dieser Sitzung vorhanden ist, umso besser für die Problemlösungen. Schon Albert Einstein sagte: „Die Lösung für die Probleme findet man nie auf der gleichen Ebene, auf der die Probleme entstanden sind." Na, ob sich Albert Einstein genauso dazu geäußert hat, das sei dahingestellt. Doch der Sinn der Worte stimmt. Oh, mir kommt jetzt eine Idee...

Madlen:

Du liebe Güte, was macht denn Marix da? Das kann er doch nicht tun. Oh doch, er tut ES. Ausgerechnet bei einem solch wichtigen Meeting bekommt der galaktische Vertreter einen seiner temperamentvollen Ausraster. Ich hoffe, das hat jetzt niemand gesehen. Zu spät, er hat die Aufmerksamkeit der anderen auf sich gezogen. Sie stehen schon auf. Wie kann man diesen galaktischen Bengel bloß zur Räson rufen? Du lieber Himmel, Marix, wenn ich dich erwische, ich schwöre es dir, du bekommst von mir ein paar auf deinen süßen Hintern. Oh Gott, was sage ich denn da? Das darf ein Schutzengel doch nicht mal denken, geschweige denn tun... Ich suche den Blick von Sarinah, vielleicht kann sie Marix noch aufhalten. Aber nein, ihr scheint das nicht einmal peinlich zu sein.

Sarinah:

Ich bin ein wenig erschöpft. Diese hohen Energien sind wundervoll, doch ich brauche eine Pause. Als ich Marix aufstehen sehe, hoffe ich auf eine kleine, lustige Unterbrechung. Ich bin aber selbst überrascht, dass Marix sich das traut, was er jetzt tut. Er ist nämlich geradewegs auf das Wasser zugelaufen, im Laufen zieht er sich auch noch pudelnackt aus, um dann mit Schwung und einem lauten Urschrei in den See der Heilung zu springen. Da paddelt er nun genüsslich, und es scheint, als hätte er uns ganz vergessen.

Harry:
Unser galaktischer Freund hat gerade alle Benimmregeln über Bord geschmissen. Aber irgendwie finden das die Räte des Lichts durchaus erheiternd. Jetzt halten sie sogar ihr weißes Gewand etwas hoch, um ihre Beine in den See der Heilung zu tauchen. Marix versucht sie nasszuspritzen. Sie sind wie die Kinder, so ausgelassen und fröhlich. Nun höre ich die Stimme von Erzengel Michael. Der Erzengel hat die Idee, die Ratssitzung in einem der bereitstehenden Pavillons zu vollenden. Also gehen wir alle auf den großen, weißen Pavillon zu. Die Männer überlassen den Ladys den Vortritt. So gehen Madlen, Sarinah und Rosa Luxemburg nun durch das angedeutete Tor aus edlem Stoff.

Sarinah:
Als Erstes fällt mir der orientalische Duft auf. Das Licht hier drin ist bezaubernd. Die Einrichtung ist spärlich, aber die Atmosphäre wirkt sehr einladend. Es sind keine Sitzmöbel vorhanden, wir dürfen auf dem weichen Teppich Platz nehmen. Auf dem Teppich sehe ich flache Auflagen zum Liegen oder Sitzen. Es sind Kissen zum Abstützen vorhanden. In der Mitte steht eine Wasserpfeife, die schon dampft, und ich freue mich, es gibt Rosenblütentee. Ich sehe, wie Madlen sich um den Tee kümmert.

Dankbar sehe ich sie an, sie erwidert meinen Blick und nickt. Madlen beherrscht das orientalische Teeritual perfekt. Ich bin so fasziniert, denn der Duft von Rosenblüten hüllt uns zärtlich ein.

Rosa Luxemburg steht mit geradem Rücken vor mir. Sie ist genauso angetan wie ich von dem Teeritual und dem Ambiente, das spüre ich. Was für eine wundervolle Frau, sie wirkt auf mich so smart, zerbrechlich und doch so stark, dass ich gar nicht anders kann, als sie immerzu anzusehen. Da dreht sich Rosa plötzlich zu mir um, wir sehen uns tief in die Augen, und sie lächelt mich an. Nun sind alle Teilnehmer außer Marix im Pavillon versammelt. Rosa Luxemburg beginnt zu sprechen…

Rosa Luxemburg: „Kommt, setzt euch, macht es euch gemütlich. Es plaudert sich leichter bei einer guten Tasse Tee und dem Dampf dieser orientalischen Pfeife.

Ich stelle mich gerne vor: Ich bin die Seele von **Rosa Luxemburg**. Diese war eine einflussreiche Vertreterin der europäischen Arbeiterbewegung. Ich wurde am 5. Marz 1871 als Rozalia Luksenburg in Zamosc (Königreich Polen) geboren. Unser Familienname Luxenburg wurde noch zu Lebzeiten meines Vaters durch einen behördlichen Schreibfehler zu *Luxemburg*.

Meinen Vornamen Rosalia verkürzte ich umgangssprachlich in Rosa. Gestorben bin ich am 15. Januar 1919 in Berlin. Auch ich wurde ermordet. Mein Engagement für die Politik, den Frieden und die Arbeiterklasse brachte mich manchmal dazu, die eigene Sicherheit zu vergessen. Ich will wie meine Vorredner nicht zu sehr ins Detail gehen, aber ich gebe zu, dass ich sowohl auf Erden als auch hier im Himmel keinesfalls untätig war beziehungsweise bin. Meine Devise lautet: Mir imponieren nur die Ratschläge, die der Ratgebende selbst beherzigt."

Während Rosa diese Worte spricht, wendet sie sich zum Eingang. Sie sieht Marix dort stehen und winkt ihn mit einer ungeduldigen Handbewegung herein. „Nicht so zaghaft, junger Freund, wir sehen dich gerne, auch dann, wenn du etwas wild und zerzaust aussiehst."

Marix:

Ich habe extra am Eingang des Zeltes gewartet, damit ich die Rede von Rosa Luxemburg nicht störe. Man sagt mir zwar nach, dass ich keinen Sinn für Geschichte hätte, aber ich verspüre durchaus Ehrfurcht vor diesen hohen Räten, die einen großen Ehrentitel tragen, weil sie Großartiges geleistet haben. Rosa winkt mich zu sich, also lasse ich mich neben ihr auf dem weichen Teppich nieder.

Sarinah:

Marix liegt auf der Seite, den Kopf auf seine Hand gestützt, er ist ganz und gar Rosa zugewandt. Ich beobachte erstaunt, dass er auch längere Zeit zuhören kann, denn er liegt da und lauscht mit seiner vollen Aufmerksamkeit den Worten von Rosa Luxemburg. Ich blicke mich um, die Teilnehmer der Ratssitzung sehen aus wie gemalt.

Selbst Marix hat nun ein weißes Gewandt an, obwohl er sonst lieber seine eigene Uniform trägt. Er hat sich eilig trockengerubbelt, aber vergessen, seine Haare glattzustreichen. Diese stehen wild von seinem Kopf ab. Ich habe es mir zwischen Harry und Mark Twain gemütlich gemacht. Mark war bisher so ruhig. Ich hoffe, ich kann ihn ein wenig aus der Reserve locken, denn ich will unbedingt seine Geschichte hören.

Ich schaue mich um. Alle Mitglieder der Ratssitzung liegen oder sitzen bequem auf dem Teppich oder den Auflagen. Ein leises Blubbern ist zu hören, denn die Wasserpfeife ist gerade das Lieblingsutensil der Teilnehmer dieser Sitzung. Jetzt endlich ist es so weit, nun steht Mark Twain auf…

Mark Twain: „Ich bin die Seele von Mark Twain. Dieser wurde am 30. November 1835 als Samuel Langhorne Clemens in Florida, Missouri, Vereinigte Staaten geboren und starb am 21. April 1910 in Redding, Connecticut. Ich wurde nicht ermordet. Dem Lord sei Dank, blieb mir dieses Schicksal erspart. Ich war ein amerikanischer Schriftsteller. Mark Twain ist ein **Pseudonym**, das mich schützen sollte, denn ich übte durchaus auch scharfzüngige Kritik an der amerikanischen Gesellschaft. Ich bin aber vor allem als Autor der Abenteuer von Tom Sawyer und Huckleberry Finn bekannt. Nun, ich habe viel geschrieben, unter anderem war ich auch als Journalist tätig.

Und ich muss zugeben, dass es mich mit Wohlgefallen erfüllt, dass ich, obwohl ich tot bin, weiterschreiben darf. Ich wähle ein Medium aus, und so werden meine Worte gedruckt. Auch wenn ein Buch nicht unter Mark Twain erscheint, ist es für mich eine tiefe Freude, das aussprechen zu dürfen, was mir in meiner Inkarnation nicht mehr möglich war. Meine Devise lautet: Gib jedem Tag die Chance, der schönste deines Lebens zu werden."

Sarinah:
Nach der Vorstellung von Mark Twain applaudieren wir alle. Dieser verbeugt sich artig und setzt sich schnell wieder hin. Ich fühle mich behaglich, etwas müde zwar, aber es ist das angenehmste Sich-schläfrig-Fühlen, das ich je empfunden habe. Ich wende mich meinem Nachbarn zu, und wir sehen uns an. Er lächelt, trägt einen dunklen Schnauzbart, seine Augen sind,

so viel ich in dem Dämmerlicht sehen kann, braun. Erzähle mir bitte deine Geschichte, Mark. Ich würde sie so gerne für dich aufschreiben. Ich möchte für jeden der Anwesenden schreiben. Doch jetzt will ich erst einmal nur dir zuhören.

Madlen:

Ich bin so gespannt, was jetzt kommt, dass ich beinahe vergessen hätte, nach Erzengel Michael zu sehen. Ah, da ist er ja, ich gehe zu ihm, um mich zu ihm zu setzen. Aber ich achte darauf, in Hörweite unserer beiden Autoren zu bleiben. Ich bin so neugierig und will wissen, was Mark zu erzählen hat.

Unser Erdenengel ist tief im Gespräch mit Abraham Lincoln, doch nun rückt er etwas näher an Sarinah. Dabei berührt sein Po den ihren. Er dreht sich halb um und grinst sie auch noch süß an. Harry will sicher wissen, was Sarinah und Mark zu besprechen haben…

Sarinah:

Ich liege auf der Seite, den Ellbogen angewinkelt, die eine Hand stützt meinen Kopf. An meinen Rücken und Po fühle ich die Körperwärme von Harry. Ich fühle mich sehr geborgen, wie ein Kind, das satt und zufrieden in seinem Bettchen liegt. Ich muss aufpassen, dass ich nicht einnicke. So wohl habe ich mich schon lange nicht mehr gefühlt. Es ist eine so starke, bedingungslose Liebe in diesem Zelt zu spüren, dass ich am liebsten für immer hierbleiben möchte. Doch das geht nicht, ich weiß. Jetzt lausche ich interessiert den Worten von Mark Twain, der langsam und bedächtig anfängt, zu sprechen. Sein Sprachverlauf ist so außergewöhnlich, seine Stimme so angenehm, diese Mischung macht ihn für mich noch interessanter.

Trotzdem spüre ich, wie ich langsam einnicke. Ich zwinge mich noch ein paarmal, wachzubleiben, doch ich nicke immer wieder ein.

„Hier ist meine Geschichte, Sarinah, hör gut zu, damit du sie aufschreiben kannst", flüstert Mark mir zu. Im Traum lausche ich immer noch seiner Stimme. „Ja, ich höre dich. Bitte hör nicht auf zu reden, Mark, ich höre dich…"

Erzengel Michael: „Es ist außergewöhnlich, dass niemand der Mitglieder diese Ratssitzung beenden möchte. Sie sind sehr freundschaftlich, liebevoll miteinander, sie sind zu einem Team geworden. Nun ja, dann beiße ich eben in den sauren Apfel. Hiermit beende ich diese Ratssitzung.

So sei es.
In ewiger Vertrautheit, seid gesegnet.
Bis bald, euer Erzengel Michael."

Auf dem Zenit der lebendigen Seelenwanderung angekommen, liegen Lust und Schmerz nah beinander

Der geheime Liebesbrief von der Seele Mark Twain

Sarinah:

Sicher steigert eine erhöhte Körperschwingung die Empfindsamkeit enorm. Alles ist irgendwie intensiver, so sehe ich es wenigstens. Diese Intensität ist allerdings auch da, wenn man Schmerzen hat. Ja, es ist selten geworden, doch manchmal taucht physischer oder auch psychischer Druck auf, um durch unsere Aufmerksamkeit erlöst zu werden. Trotz der regelmäßigen Übung der Erdung kann es immer wieder zu körperlichen Erscheinungen kommen, die uns auf dem Boden der Tatsachen ankommen lassen.

Warum komme ich immer wieder zu diesem Thema zurück? Ich frage mich gerade… Oh ja, klar, das ist es. Wann spürt man das Leben am meisten? Bei Wellengang, wenn nicht nur sonnige Tage da sind, sondern wenn es auch mal ordentlich hagelt. Die Seele, die in uns weilt, will leben, will sich erfahren. Diese Seele, liebe Leserinnen und Leser, hat so unglaublich viel Durst – Lust auf das pulsierende Sein –, dass es mir schwerfällt, diese Lust in Worte zu fassen. Aber ich kenne jemanden, der darauf wartet, dass ich mein gesprochenes Wort einhalte. Also, es ist mir eine Ehre, darf ich dich bitten, Mark…

Mark Twain: „Es ist mir eine große Freude, dass ich über hundert Jahre nach meinen Tod in einem Buch zu Wort komme. Das Wort Tod gefällt mir nicht, denn es gilt ja nur für die sterbliche Hülle.

Liebe Leserinnen und Leser, unsere holde Autorin hat uns, den hohen, weisen Räten des Lichts, in Aussicht gestellt, dass wir hier nicht nur zu Wort kommen, sondern dass wir Lebensaufgaben, die nicht eingehalten werden konnten, erfüllen können. Natürlich nur, so weit uns das möglich ist.

Wie ihr wisst, sind einige von uns gewaltsam und viel zu früh aus dem Leben gerissen worden. Aber darum geht es jetzt nicht. Es geht mir nicht um mein Prestige, das ich als Autor Mark Twain immer noch habe. Es geht mir um das Große Ganze, die Liebe zum Vater aller Väter, darum bin ich hier. Mag sein, dass einige meine Ausdrucksform ein wenig alt und gewöhnungsbedürftig finden, doch ich bitte dich: Schenke mir deine Aufmerksamkeit, wenigstens für eine kleine Weile. Lass dich bitte auf das ein, was jetzt kommt. Du wirst es nicht bereuen, so wahr ich Mark Twain heiße…

Auf einer meiner Lesereisen lernte ich Berlin im Winter kennen. Es war im Jahr 1891. Berlin, eine wundervolle Stadt, wurde für ein paar Monate meine Geliebte. Allerdings konnte ich mich mit der deutschen Sprache nie richtig anfreunden, denn diese war für mich reichlich kompliziert. Obwohl ich deutsch sprach und auch in Deutsch schrieb, fragte ich mich immer, wie lange es wohl dauern würde, diese Sprache perfekt zu beherrschen. Dennoch, ich unterhielt mich bestens mit meiner Geliebten in meiner Landessprache.

Bisweilen löste ich eine kleine Revolution aus, denn wir Amerikaner sehen die elitären Benimmregeln als etwas an, das man nicht allzu streng betreiben muss. Die preußische Penibilität in den Amtstuben erstaunte mich daher sehr. Aber die selbige brachte mich auch des Öfteren an den Rand meiner Geduld.

Gerne erinnere ich mich an eine Gegebenheit zurück, bei der ich eine Dame kennenlernte, die mich sehr inspirierte. Natürlich rein künstlerisch gesehen, denn ich war glücklich verheiratet.

Diese junge Dame verleitete mich jedoch dazu, dass ich meine Bedenken über Bord warf, und ja, ich habe es getan: Ich schrieb ihr einen Liebesbrief.

Dieser Brief, nun, um ehrlich zu sein, er war im Original fast ein Roman. Dieses Schriftstück möchte ich gerne veröffentlichen, denn das hat bisher noch niemand für mich getan. Und man stelle sich vor: Das Ganze, nachdem ich schon über hundert Jahre tot bin. Da ist es wieder, das Wort, das ich nicht mag.

Wohlan, hier ist mein Liebesbrief in Kurzfassung. Und ja, dieser hat durchaus mit der Überschrift dieses Kapitels zu tun…

Liebesbrief an eine Unbekannte von der Seele
Mark Twain

Als Erstes fiel mir dein Duft auf, und ich muss gestehen, als ich dich fragte, ob ich dich bis zu deinem Haus geleiten darf, nun ja, ich wollte wissen, wo du wohnst und wer du bist. Dass du in einem Haus ein und ausgingst, dessen Bewohner in Berlin als wohlsituiert und künstlerisch anerkannt galten, faszinierte mich. Vom ersten Augenblick an, als ich dich sah, inspiriertest du mich, denn du brachtest etwas in mir zum Leuchten, das ich bis dahin nur bei Kirchgängen erlebt hatte.

Liebes geheimnisvolles Mädchen, du bist für mich der Himmel und die Hölle gleichzeitig. Wir kennen uns kaum, trotzdem ist mir, als würden wir uns schon ewig kennen. Durch dich erglühte eine Sehnsucht in meiner Brust, die mich in den kalten Berliner Winternächten wärmte. Du hast allerdings auch den Mann in mir zum Leben erweckt. Den Mann, der sich selbst

immer wieder prüfte, indem er sich in schwierige Lebenssitua-
tionen stürzte.

Das Leben spüren. Allein schon sich dort aufzuhalten, wo
du deine Spuren hinterlassen hattest, ließ mich vor Sehnsucht
erbeben. Du hast die Sinnlichkeit in mir wieder zum Leben ge-
weckt. Und gleichzeitig kam bei mir mit dem Interesse an der
Berliner freien Kunst die Last einer Erkältung, die sich zu einer
Lungenentzündung auswuchs.

Nun, eigentlich ist das kein Liebesbrief, sondern eine Hom-
mage an dich, denn du heiltest mich, um mich dann wieder an
den Rand des Abgrunds zu stellen. Trotzdem liebe ich dich. Es
ist dieses Spiel mit Feuer und Eis, was mich an dir so fasziniert,
denn du bist die Glut der Liebe in Perfektion und die eisige Hei-
lige, die Finger erhebend straft. All das bist du gleichzeitig.

Dein Lachen geht mir bis tief ins Herz. Bist du ernst und
traurig, stürzt du mich ins tiefste, emotionale Tal.

Wir hatten nur einen Abend zusammen, an dem es sehr
gesittet zuging. Trotzdem erhörtest du mich, denn du tatest,
was ich als Schriftsteller so sehr liebe: Du inspiriertest mich und
führtest mich zur Quelle, zur Quelle allen Seins. So kam ich
wieder in Kontakt mit der Liebe des Herrn. Wie sehr ich dir dafür
danke, liebes, geheimnisvolles Berliner Mädchen.

„Wer bist du?", fragte ich dich. Du senktest den Kopf und
lächeltest. Wie sehr ich dein Lächeln liebe. Die Lust und der
Schmerz sind wie untrennbare Zwillinge, denn wer sich auf die
Liebe des Herrn einlässt, wird dadurch zwar sicher an Weisheit
dazugewinnen, doch die Liebe zum Heiligsten aller Heiligen löst
auch ein Sehnen aus, das so anwachsen kann, dass diese Er-
fahrung unweigerlich in Pein endet.

Warum kann man auf dem Zenit des Glücks nicht einfach
stehenbleiben, die Zeit anhalten? Warum folgt nach einer Berg-

fahrt die Talfahrt? Nun, das sind Fragen die nur das Leben beantworten kann oder eben der Lord selbst.

Mädchen, du bist so mystisch. Trotzdem fand ich heraus, wie du heißt. Ich kenne deinen Namen und werde ihn ewig in meinem Herzen tragen. Dein Weg führte dich nicht zu mir, aber an mir vorbei. Allein das reichte schon, um mir zu zeigen, wie sehr ich doch das Leben liebe. Nicht die Schwierigkeiten, die das Dasein so mit sich bringt. Diese unleidlichen Dinge schob ich zu Lebzeiten gerne von mir weg.

„Wenn du dich auf die Reise zur Heilung machst, wirst du diese nur finden, wenn die Unpässlichkeit sich dir in den Weg stellen darf. Du darfst zwar über deine Unpässlichkeit stolpern, jedoch solltest du nie darin versinken. Hebe den Blick, richte dein Herz auf das, was dich wärmt, nicht auf das, was dich unterkühlt.“

Diese Worte sprachst du zu mir an dem einen nebeligen Abend im mit Kohlen beheizten Berlin.

Mein liebes, geheimnisvolles Berliner Mädchen: Diese Zeilen schreibe ich dir in Dankbarkeit und in der Hoffnung, dass du mir antwortest, wo immer du auch jetzt bist.

Dein dir ewig wohlgesonnener Mark.

☆ ☆ ☆

Erzengel Raphael und Sarinah: Du liebe Güte, schon wieder Transformation

Sarinah: Ich habe es satt! Diese Auflösungen gehen so tief, und das ist sehr kräftezerrend. Sicher geht es vielen Leserinnen und Lesern genauso. Darum habe ich ihn um ein Gespräch gebeten. „Schön, dass du gekommen bist, Erzengel Raphael."

Erzengel Raphael: „Gerne, Sarinah, und ich sage es gleich: Du nervst mich nicht. Ihr könnt jederzeit um Hilfe bitten. Ich bin immer für euch da."

Sarinah: „Ich sagte, ich habe es satt. Trotzdem weiß ich, dass Transformationen ein Segen sind. Wenn man durch ist, fühlt man sich echt gut. Aber könnt ihr bitte ein wenig Balsam auf unsere Transformationswunden streuen?

Erzengel Raphael, ich weiß, dass die Auflösungen leichter geworden sind, doch ich finde, die Reinigungen sind mittlerweile allumfassend, sie gehen sehr tief."

Erzengel Raphael: „Da stimme ich dir zu, Sarinah. Das Licht der Quelle alles Seins ist sehr intensiv, ansteigend intensiv. Was sehr gut ist, denn dadurch kann das Licht auch in kürzester Zeit heilen. Die göttliche Frequenz dringt in jede Zelle und wandelt alles in Licht um, was mit ihr in Berührung kommt, was, wie du schon sagtest, ein wahrer Segen ist."

Sarinah: „Heißt das, dass die hasserfüllten, machtbesessenen Menschen irgendwann nicht mehr anders können und zu Licht werden?"

Erzengel Raphael: „Ja, denn entweder wenden sich die dunklen Despoten dem Licht zu, oder sie gehen von der Erde. Ich weiß, dass es gerade so aussieht, als ob die Dunklen nach der Macht greifen könnten. Das ist aber eine Illusion, denn das Licht hat bereits gesiegt. Es obliegt nun dem Gedanken und Gefühlsfeld der Bürger. Sie haben die Zukunft mehr in der Hand, als sie ahnen.

Das, was mit eurem Körper geschieht, ist eine Wandlung hin zum Licht, und zwar im großen Stil. Das Schöpferlicht dringt in jede Faser ein, in die Materie, in jeden Menschen. Es wird alles durchflutet, da gibt es kein Halten mehr. Dieses wundervolle Licht holt alles an die Oberfläche, was euch nicht guttut, was euch krank gemacht hat oder krank machen könnte. Das kann durchaus schmerzhaft, ermüdend und anstrengend sein. Der Balsam, die Erleichterung, Sarinah, diese Belohnung flutet ohnehin in der nächsten Welle der Erderhöhung zu euch. Also keine Sorge, ihr Lieben, alles ist gut. Die geistigen Freunde sind jederzeit in eurer Nähe, und sie tun, was sie tun dürfen, um euch zu helfen. Außerdem gilt allein das Leben auf der Erde als Einwilligung für diese wundervolle Lichtflutung."

Sarinah: „Das ist gut zu wissen und macht Mut. Du meinst damit, dass auch die Menschen, die die Schattenenergien festhalten und leben, mit dem umwandelnden Licht bestrahlt werden? Das ist super, nur so kann ein Wandel entstehen. Was ist mit den Nörglern, die immer alles schwarzsehen?"

Erzengel Raphael: „Die Nörgler leben ihren Pessimismus, und das oft extrem, denn sie lösen dadurch auf und sind Spiegel für die, die den Spiegel brauchen, um sich selbst darin zu sehen."

Sarinah: „Aber es gibt Menschen wie mich, die nicht pessimistisch sind, die jedoch manchmal durch diese Transformation in die Knie gehen. Was rätst du mir, uns, Erzengel Raphael? Was können wir tun, damit wir uns nicht fühlen wie ein vibrierender Wasserschlauch, an dem vorne das Ventil zugedreht ist?"

Erzengel Raphael lacht. „Das Ventil ist die Annahme oder die Ablehnung der jeweiligen Situation. Daher rate ich zur Annahme, dann ist das Ventil durchlässig. Ich lese gerade deine Gedanken, Sarinah, und auch wenn du noch mehr Druck befürchtest: Lass es fließen, vertraue dem Licht, es wird dir nicht wehtun. Und, vor allem, bewerte den Zustand nicht, in dem du dich gerade befindest. Vertraue bitte den geistigen Mentoren und auch dir voll und ganz. Lasst euch ruhig in unsere Hände fallen, wir fangen euch sicher auf und geben euch Kraft.

Mit der steigenden Lichteinstrahlung wird alles intensiver, und ihr werdet zu lebendigen Meistern. Jeder Gedanke kommt sofort im Realitätsfeld an und erschafft augenblicklich lebendige Resonanz.

Denkst du gut über dich und deine Situation, in der du dich gerade befindest, wird die Realität, die so entsteht, dir gefallen. Denkst oder fühlst du aber eher negativ, wirst du im Körper und im Alltag Reibung erleben dürfen.

Reibung ist das, was die Menschen im Allgemeinen als schmerzhaft und ermüdend empfinden. Das hereinströmende Licht kollidiert mit dem, was sich ihm in den Weg stellt, und es löst auf, wenn das nicht geht. Dann transformiert das Licht das, was nicht aufgelöst werden kann, indem es diese Teile von der Erde löst. Das kann sich anfühlen wie Sterben, gerade dann, wenn es menschliche Zellen sind, die ins Licht gehen. Es geschieht ja, während ihr Menschen lebt. Respekt und Mitgefühl, liebe Leserinnen und Leser, das Leben ist eine absolute Herausforderung. Was für ein ehrenvoller Lichtdienst, den ihr ausübt.

Ja, Lichtdienst, denn es geht in dieser Zeit nicht nur um euch selbst, sondern vielmehr um die Gemeinschaft der Menschen. Was durch dich abfließen darf, wird auch bei den anderen erlöst. Außerdem geht es nicht nur um euren Leib, sondern auch um die Psyche. Wer Depressionen hat, erlöst auch dunkle

Gedanken (Anteile) aus dem Gedankenfeld der Gemeinschaft der Erdenbürger.

Du bist selbst göttlich, Sarinah. Erinnere dich immer wieder daran. Du lebst, was du säst, so, wie deine Leserinnen und Leser auch. Du bist nicht hier, um zu leiden, niemand ist hier, um zu leiden. Aber manchmal braucht ihr eine Erfahrung, daher achten wir euren freien Willen. Das, was ihr braucht, um weiterzukommen, müssen wir euch erleben lassen, sonst gäbe es keine Weiterentwicklung, sondern Stillstand.

Es geht um das Vertrauen zu dir selbst, Sarinah, und zur eigenen Lebensplanung. Du denkst, es geht um das Vertrauen zur Geistigen Welt? Aber das ist es nicht, denn du vertraust uns. Du bist gut geerdet, das hat also nicht die Reibung verursacht. Doch du darfst dir auch selbst vertrauen, voll und ganz. Ihr seid göttlich, und eure Seele möchte alles im Licht sehen, wirklich alles. Auch den Zorn, die Angst, die Selbstzweifel, die Wut, den Schmerz und die müden Gedanken.

Ihr Lieben, ihr seid lebendige Lichtengel, was nichts anderes bedeutet, als dass ihr nichts an euch oder an eurem Leben ablehnen solltet. Dann kann Reibung entstehen, und dieses Scheuern tut dem Leib und der Psyche weh.

Liebt euch selbst, und liebt gerade das, was euch nicht gefällt, was euch wehgetan hat. Liebt die Erfahrungen, die euch Kraft kosten und müde machen, genauso, wie die Lebenssituationen, die euch gut gefallen. Seid selbst der Balsam für eure Wunden. Seid lieb zu den Körperteilen, Organen, Knochen usw., die wehtun, die noch nicht so funktionieren, wie sie sollen. Und seid bitte besonders lieb zu euren Fältchen, Speckröllchen, Pickeln, Dehnungsstreifen usw.

So kann sich auch das, was euch nicht gefällt, verändern – durch die Annahme, durch eure Liebe. Das, was ihr Makel nennt, lieben wir geistige Mentoren so sehr an euch, denn es macht euch zu etwas Besonderem, es macht euch einzigartig. Und die anderen Menschen haben mehr an euch zu lieben, als wenn ihr alle Mr. und Mrs. Perfekt wärt. Schenkt bitte besonders den Dingen eure liebevolle Aufmerksamkeit, die Reibung und Ablehnung verursachen.

Was verdrängt wird, nicht gespürt, gesehen werden will, kommt, auf welchem Weg auch immer, zu euch zurück. Das ist gut so, denn dadurch löst sich das in Licht auf, was die weitere Klärung des Bewusstseins immens erschweren, verzögern könnte.

Macht es euch einfacher, leichter, liebe Lichtträger. Wisst, wir sind immer an eurer Seite, um euch zu helfen.

Ich umhülle euch zärtlich mit dem heiligen, heilenden Licht der Quelle.

In Liebe, euer Erzengel Raphael."

Erzengel Michael im Gespräch mit Harry dem Erdenengel: Die heilende Gnade der Vereinigung mit dem Himmel

Harrys Interview mit den hohen Räten des Lichts

Harry: „Der zweite Teil dieser Nacht war so schrecklich, so schmerzhaft für mich, dass es mir immer noch die Tränen in die Augen treibt, wenn ich daran denke. Der untere Rücken tat mir wieder weh, und ich rief Madlen, meine Schutzengelfrau. Sie reagierte jedoch nicht, jedenfalls kam es mir so vor. Sie ließ mich zappeln, bis ich um ihre Hilfe bettelte, erst dann kam sie zu mir."

Erzengel Michael: „Madlen ließ dich nicht zappeln, Harry. Du hattest eine Heilungsverzögerung. Das kann passieren, wenn du das Leid brauchst, um emotional etwas aufzulösen. Außerdem war deine Schutzengelin sofort bei dir, und ich übrigens auch. Wir hörten dich schon um Hilfe rufen, als du noch im Halbschlaf warst. Harry, mein Engel, weine ruhig, deine Seele braucht die Tränen, um sich von allem zu befreien, was den Schmerz im Rücken ausgelöst hat."

Harry: „Schön, dass du gekommen bist, Erzengel Michael. Deine Erklärung leuchtet mir ein. Aber was in dieser Nacht, besser gesagt, in den frühen Morgenstunden geschah, nun ja, das ist wie ein Wunder für mich. Es war so schön, dass mir jetzt die Worte fehlen, um es zu beschreiben.

Madlen heilte mich, und wie immer berührte sie mich dabei. Es dauerte nicht lange, und ich war schmerzfrei. Nun ja, es dauerte nicht lange, ist gut, hatte ich doch vorher stundenlang diese Qualen erlitten. Aber das ist vorbei, und ich bin dankbar für eure Hilfe. Mein Schlafzimmer veränderte sich farblich, denn während der Heilungszeremonie intensivierten sich die Farben im Raum. Überstrahlt wurde das Ganze von einem kristallinen Gold. In mir war eine Liebe und eine Gelassenheit, die unglaublich guttaten. Ich spüre diese Energie noch immer. Aber was war das, Erzengel Michael?"

Erzengel Michael: „Das ist ein Phänomen, das mit eurem Aufstieg zu tun hat. Hast du erst einmal eine hohe Schwingung, die du längere Zeit im Körper halten kannst, bist du fähig, das Verschmelzen von Himmel und Erde zu sehen, wahrzunehmen. Du bist dann ein Teil dieser Vereinigung und kannst zum Beispiel eine Kristallstadt besuchen. Um Gutes für dein Körper-, Geist- und Seelensystem zu tun, brauchst du nur deinen Fokus dahin zu richten, wo du hin willst. Du hättest auch auf das Lichtschiff Phönix reisen können oder gleich zum See der Heilung. Im Licht und in der Liebe ist alles möglich, nichts muss, alles darf.

Die ersten Anzeichen, du nanntest es Wunder, die ersten Zeichen dafür, dass sich gerade deine mit der Geistigen Welt verbindet, sind die Farben, die strahlender werden. Du hattest deine Stehlampe an, und das Erste, was du sahst, war, dass diese kein gelbes, kühles Licht mehr verbreitete, sondern der Schein der Lampe war golden und warm. Das ganze Schlafzimmer war in dieses wundervolle Gold getaucht."

Harry: „Ja, das stimmt. Ich spürte gleich, dass ihr da wart und sich gerade etwas ereignete, das mich sofort heilt. Es war mein Schlafzimmer, meine Möbel, mein Bett, doch befand ich mich mit all dem in einer Kristallstadt?"

Erzengel Michael: „Ja, das ist die Verschiebung, die Vereinigung mit dem Himmel. Davon haben wir gesprochen. Es ist nicht spektakulär, man könnte diese Verschmelzung mit dem, was ist, sogar simpel nennen. Aber das ist typisch für die Geistige Welt: Wir sind nicht schwierig zu erreichen. Die Heilung zum Beispiel fließt meistens schon, bevor du sie überhaupt wahrnimmst."

Harry: „Das heißt, dass ich gestern Nacht in dieser Kristallstadt war oder, besser gesagt, dieser heilende Ort war bei mir? Ich war keinesfalls in einem meditativen Zustand, im Gegenteil, ich war sauer, weil ich solche Qualen erleiden musste, dass ich nicht schlafen konnte. Es war eine Überraschung für mich, ich dachte nämlich nicht, dass diese Vereinigung so funktioniert. Können alle Menschen in eine Kristallstadt eintreten oder auf das Lichtschiff Phönix oder an einen anderen Ort ihrer Wahl im Himmel?"

Erzengel Michael: „Genau das ist der Punkt. Die Antwort ist JA. Du hast selbst gesehen, dass es nicht schwer ist. Der Himmel kam zu dir, du musstest gar nicht reisen. Man könnte sagen, ab einer gewissen Schwingung geschieht dieses Wunder fast automatisch. Ihr könnt das „Vereinen" mit dem, was ist, immer wieder zelebrieren. Später könnt ihr dann etwas länger in diesem Schwingungsfeld der allumfassenden Liebe bleiben. Nicht nur ein paar Stunden, denn im Prinzip könnt ihr lebendig im Himmel verweilen, solange es euch behagt."

Harry: „Ich danke dir, Erzengel Michael."

Erzengel Michael: „Nicht so schnell, mein Freund. Hier geblieben, du Erdenengel! Auf dich wartet noch jemand. Um ehrlich zu sein, sind sie erst einmal nur zu dritt. Du hast also gleich noch ein Interview mit den Persönlichkeiten, die du, wie ich weiß, sehr interessant findest."

Harry: „Oho…was…wer…ich…äh…ich…?"

Erzengel Michael lacht. „Du stotterst, wenn du aufgeregt bist, das mag ich so an dir. Ja, hier sind sie. Du hast bereits mit ihnen gesprochen. Darf ich vorstellen: Abraham Lincoln, Mahatma Gandhi und Rosa Luxemburg. Es sind die Seelen dieser geachteten Erdenbürger, die hier anwesend sind. Sie kommen in ihrer gewohnten irdischen, allerdings nun sehr lichtvollen Ausdrucksform. Sie manifestierten sich ihre Lichtkörper für dieses Interview."

☆☆

Harrys Interview mit den hohen Räten des Lichts

Harry: „Ich freue mich sehr, euch zu treffen, es ist mir eine große Ehre. Hallo allerseits."

Abraham Lincoln: „Sei herzlich gegrüßt, lieber Erdenengel. Ich bin, wie ihr wisst, die Seele von Abraham Lincoln, ehemaliger Präsident der Vereinigten Staaten von Amerika. Nun, ich stelle mich meistens ohne Titel vor. Ich erwarte auch nicht von euch, dass ihr mich mit Präsident ansprecht, denn ich weiß ja, wer ich bin und war.

Übrigens, im Himmel gibt es keine Rangordnung. Wir danken dir, Harry, dass du mit uns sprichst und dich mit uns an einen Tisch setzt. Es ist mir wichtig, dass du weißt, dass jeder deiner beruflichen Schritte im Einklang war mit deinem Seelenplan. Du denkst immer wieder darüber nach, was du versäumt haben könntest. Mitnichten, mein Freund, du hast nichts versäumt, du bist ziemlich schnell vorangestürmt. Manchmal hast du dir zwar selbst ein Bein gestellt, doch Fehler sind das keine.

Das erinnert mich an meine Amtszeit. Ich war immer davon überzeugt, dass die sozialen Aufgaben rasch erledigt werden müssen, damit die Bürger, denen es nicht so gut ging, es leichter haben. Ich war ein Gegner der Versklavung. Du kämpfst gegen die soziale Ungerechtigkeit. Ich finde, wir beide haben viel gemeinsam."

Erzengel Michael:

Der Erdenengel sitzt nun mit seinen Interview-Partnern an einem runden Tisch. Dass er sich danach gesehnt hat, diese Unterhaltung zu führen, weiß ich. Doch Harry wirkt nicht so ruhig wie sonst. Irgendetwas drückt auf seine Seele.

Harry: „Du bist mein Vorbild. Abraham Lincoln ist, solange ich denken kann, ein Held für mich. Dass ihr nun vor mir sitzt, obwohl ihr nicht mehr am Leben seid, ist für mich sehr außergewöhnlich."

Rosa Luxemburg kichert. „Du wolltest sagen, dass diese Sitzung mit uns ein wenig gespenstisch ist? Nun ja, ich verstehe dich, Harry. Dass wir uns manifestieren können, also unseren Lichtkörper zeigen, ist nicht außergewöhnlich, wenigstens nicht für uns. Ich bin ja schon eine Weile im Himmel und habe mich an diese „gespenstischen Angelegenheiten" gewöhnt. Oh nein, das war ein Witz. Harry, du hast keinen Grund für solch ein ernstes Gesicht. Junger Mann, du kennst meinen Humor noch nicht. Dieser war auch zu Lebzeiten reichlich trocken.

Ich hatte es als Frau nicht leicht in einer Männerdomäne. Die Politik war immer mein Steckenpferd, denn da könnte man viel bewegen, umsetzen. Die Betonung liegt auf **könnte**, denn zu meiner Zeit warf man mir oft Knüppel zwischen die Beine. Ich hätte gerne mehr erreicht, vor allem hätte ich gerne noch etwas länger gelebt. Stattdessen spielte man mir übel mit, ich wurde heimtückisch und brutal ermordet. Sei´s drum, diese Tat ist Vergangenheit, und mein Leben als Rosa Luxemburg ist auch Vergangenheit.

Trotzdem lebe ich durch die Menschen weiter, die meinen Namen erwähnen, die sich an mich erinnern und sich für mein

Wirken interessieren. Weißt du, Harry, du bist hier in der Geistigen Welt gut bekannt. Das ist kein Grund, die Stirn in Falten zu legen, mein Freund, denn wir lieben und ehren dich. Wir wissen, wer du in Wahrhaftigkeit bist. Und jeder Schritt, den du machst... was ich sagen will, ist: Du und deine Familie, deine Freunde, ihr seid sehr gut beschützt. Das war der Deal. Sonst wärst du sicher nicht inkarniert."

Erzengel Michael:
Rosa spricht in einem etwas harten Slang. Sie ist aber keinesfalls hart oder streng. Dennoch drückt sie sich sehr klar aus und kommt ohne Umschweife zum Kernpunkt. So kannte man Rosa Luxemburg auch zu Lebzeiten.

Nun wischt sich unser Erdenengel die ersten Tränen aus den Augenwinkeln. Wenn ich sehe, wie jemand weint, ist das für mich immer sehr berührend. Ich liebe Tränen, denn sie wirken reinigend. Was ist denn das? Aha, Harry steht auf, er umarmt gerade Rosa. Wie schön. Unser großer Erdenengel beugt sich über die noch sitzende Rosa, und sie schlingt zustimmend ihre Arme um seinen Nacken.

Rosa ist kein Fan von Gefühlswallungen, sie war auch in ihrer Inkarnation eher vorsichtig damit. Sie war nicht kühl, ihre Familie und Freunde beschrieben sie als äußerst liebenswert. Aber Rosa umarmte nie jemanden oder ließ eine Umarmung zu, den sie nicht mochte. Da war sie sehr konsequent.

Mahatma Gandhi: „Ich bin sehr erfreut, dass wir hier zu Wort kommen. Ich danke dir, mein Sohn. Harry, du bist kein Unbekannter für uns, das stimmt, denn du stammst selbst aus dem Kreis der Hohen Räte. Doch der eigentliche Grund unseres Treffens sind die Probleme dieser Welt. Ich spreche jetzt zwar für mich, doch ich weiß, dass auch meine Freunde hier, die Hohen Räte des Lichts, großes Interesse daran haben, die Erde und ihre Bewohner vollends im Licht zu sehen. Gänzlich ohne Schatten, wäre das nicht schön? Ja, durch die schicksalhaften Fügungen, Dramen und Tragödien erwachen die Menschen doch erst.

Manche würden ewig schlafen, wenn sie von Anfang an lebendig im Himmel gewohnt hätten. Ich war übrigens immer gegen Rassismus und das Kastensystem. Leider wird beides immer noch gelebt, nicht nur in Indien. Die Europäer haben andere Ausdrücke für das Kastensystem und die Rassentrennung.

Doch auch wenn sie die Ungerechtigkeiten anders betiteln, ist das immer noch etwas, was die Bürger der Erde sehr müde macht. Vor allem die, die nicht mit einem goldenen Löffel im Mund geboren wurden."

Harry: *„Die müde macht,* das ist das Stichwort, denn die alten, schweren Energien machen müde und krank. Und sie führen dazu, dass diejenigen, die ein Land regieren, oft mit ihrer eigenen müden Macht zu kämpfen haben. Das Dogma der grauen, alten Energien der Dualität betrifft alle Erdenbürger, denn wir baden alle im gleichen Wasser, wir sitzen alle im selben Boot.

Mahatma Gandhi, mein Freund, ich bin ganz deiner Meinung. Was können wir also tun, was kann ich tun? Wie könnt ihr mich bei meinem Lichtdienst unterstützen? Wie kann ich euch helfen?"

Abraham Lincoln: „Genau das ist der Punkt, Harry. Unser Wunsch nach Gerechtigkeit, Frieden, Fülle und Gesundheit für alle Menschen verbindet uns. Und du kannst etwas für uns tun. Besser gesagt, mit uns gemeinsam. Sei uns weiter zugetan, vertraue uns. Ich bitte dich nicht, uns blind zu folgen, sondern ich bitte dich darum, dich für die Zusammenarbeit mit uns zu öffnen. Das ist für dich schon etwas gewöhnungsbedürftig, das verstehe ich. Du bist nicht mehr daran gewöhnt, gemeinsam mit himmlischen Wesen etwas Irdisches zu bewirken."

Harry atmet mit einem Seufzen aus. „Es ist mir eine Ehre, mit euch zu sprechen und zu wirken. Ich muss aber ständig daran..., an die beiden denken. Warum sind sie nicht hier?"

Rosa Luxemburg: „Du meinst Martin Luther King und Mark Twain. Ich habe deine Gedanken gelesen, Harry. Du hast eine besondere Verbindung zu Dr. King und Mark Twain, das stimmt. Na, wer sagt denn, dass sie nicht hier sind?"

Erzengel Michael:
Da strahlt unser Erdenengel. Er ist nun vollends glücklich. Das hat ihm wohl gefehlt. Er hat die ganze Zeit überlegt, ob es an ihm liegt, dass Martin Luther King und Mark Twain nicht beim Interview dabei sind. Doch nun ist alles gut. Ein Überraschungsgast ist angekommen, und alle Anwesenden erheben sich.

Martin Luther King: „Es ist mir eine große Freude, bei diesem Interview dabei zu sein. Ich danke dir, Harry, für dein Engagement, deinen Mut und deine Weitsicht. Das Wort Weisheit hörst du bei dir persönlich nicht gern, du findest, dafür bist du noch zu jung. Oh, ich mag es, dich lachen zu hören. Dann weiß ich, es geht dir gut. Auch wir beide kennen uns gut. Als ich im April 1968 aus dem Leben gerissen wurde, warst du zwar noch ein Kind, doch dein Interesse war ziemlich früh geweckt, was meine Person betraf.

Durch meinen Einsatz und mein Wirken wurde das *Civil Rights Movement* zu einer Massenbewegung. Ich und meine Schwestern und Brüder erreichten schließlich, dass die Rassentrennung gesetzlich aufgehoben wurde. Und, vor allem, dass das uneingeschränkte Wahlrecht für die schwarze Bevölkerung der US-Südstaaten eingeführt wurde. Aber heute bin ich hier, weil ich dich um etwas bitten will, Harry."

Harry: „Was auch immer ich für dich tun kann, Dr. King. Du darfst sicher sein, ich mache es möglich. Oh, da kommt ja noch ein Gast. Hallo, freut mich dich zu treffen, Mark."

Mark Twain: „Ich begrüße euch alle und reiche dir die Hand, mein Freund. Ja, eine Umarmung ist besser, du hast Recht, Harry. Hallo, geliebter Erdenengel, schön, dich zu sehen. Ich komme allerdings nicht allein. Sieh mal, was ich hier habe..."

Erzengel Michael:
Mark überreicht nun feierlich ein Buch. Der Erdenengel ist erstaunt, schlägt die erste Seite auf und fängt lauthals an zu lachen. Na endlich, jetzt ist unser Harry ganz er selbst. Aber mit einem leeren Buch hat er sicher nicht gerechnet.

Harry: „Die Seiten deines Geschenks sind vollkommen leer. Mark, ich weiß, worauf du anspielst. Dann lasst uns dieses Buch mit allem füllen, was die Erde zu einer besseren Welt macht."

Martin Luther King: „Das ist mein Stichwort, denn ich habe einen Traum, und dieser ist ein idealer erster Eintrag in das leere Buch.

Ich danke dir von Herzen, Harry. Was ich noch sagen wollte: Wir sind alle Brüder und Schwestern, du brauchst mich also nicht Dr. King zu nennen. In der Geistigen Welt sind Titel nicht so wichtig wie auf Erden. Außerdem kennen wir uns, du bist mir als Botschafter des Lichts und als Erdenengel wohl bekannt.

Doch ich komme heute mit einem Vorschlag zu dir, einer Idee. Ich habe einen Traum, und dieser ist so klar, dass ich ihn gerne mit euch allen teilen würde. Dazu brauche ich deine Energie, deine Hilfe, mein Freund. Du nickst, das ist gut. Dann lasst uns anfangen…

Liebe Leserin, lieber Leser, ich lade dich, ja, ich meine dich, der/die du diese Zeilen nun liest. Ich lade dich ein, komm mit mir, komm mit mir in meinen Traum. Ich war immer ein Realist und ein medialer Mann zugleich.

Ich habe eine Vision von einer besseren Welt. Du brauchst nichts zu tun, um in meinen Traum zu gelangen genügt es, wenn du weiterliest. Ich möchte nicht, dass du mir blind folgst, ich will dich auch nicht dazu bringen, mir ehrfürchtig zu gehorchen. Blinder Gehorsam war mir schon zu Lebzeiten zuwider, denn dieser führt zu Trennungen. Ich möchte einfach nur, dass du diese Zeilen mit deinem Herzen liest. Und ich bitte für eine kurze Weile um deine Aufmerksamkeit … ."

☆ ☆

Die Seele von Martin Luther King:
Ich habe einen Traum

„Wir sind im Jahr 2026, die Erde hat sich von dem erholt, was ihr angetan wurde. Langsam und bedächtig hat die Erde alles abgeworfen, was ihr zur Last und zur Bürde geworden war. Die Welt ist voller Technik. Das Leben der Menschen wird durch diese neue Technologie erleichtert, manchmal aber auch eingeschränkt. Der gläserne Mensch, das ist wohl ein sehr passender Begriff für diese Zeit.

Der Unterricht in den Schulen wird interaktiv durchgeführt, jedes Kind wird individuell gefördert. Die Schüler können dem Unterricht über eine Satellit-Schaltung folgen und müssen dazu nicht mehr unbedingt im Klassenzimmer stillsitzen oder frühmorgens mit dem Bus zur Schule fahren, um sich dann müde und hungrig durch die Schulstunden zu quälen. Das ist Vergangenheit, denn die Zeit, der Zeitpunkt für die jeweilige Bildung, ist jedes Kind selbst.

Für die ältere Generation, die etwas mehr Hilfe braucht, gibt es wundervolle Zentren, in denen Alt und Jung zusammenwohnen. Diejenigen, die andere unterrichten, pflegen, unterstützen oder sogar heilen, arbeiten nicht mehr wie im Akkord, werden sehr gut bezahlt und sind hochgeschätzt in der Gesellschaft.

Wir sehen Menschen, die so bewusst sind, dass Fähigkeiten wie Teleportation, Telekinese, Manifestation oder auch Bilokation für sie kein Problem darstellen. Sie haben ihr Bewusstsein so geweitet, dass ihr Körper zu Licht geworden ist. Es wandeln tatsächlich lebendige Engel auf der Erde. Diese lebendigen Engel ernähren sich hauptsächlich vom Licht der Schöpfung. Wenn sie essen, dann essen sie bewusst biologisch und vegan.

Es blüht und grünt fast überall, der Boden an sich ist sehr fruchtbar. Es sind Tierarten auf den Blauen Planeten zurückgekehrt, die eigentlich längst als ausgestorben galten. Die Seen, Bäche und Flüsse sind sauberer als je zuvor. Die Kinder können darin planschen wie einst ihre Großeltern. Die Leute ehren Mutter Gaia, sie legen überall, wo es geht, Gärten an, um sich möglichst naturbelassen und gesund zu ernähren.

Es gibt keine Krankenhäuser mehr und keine Heime für schwer erziehbare junge Menschen. Das ist Vergangenheit, den Boten des Lichts sei Dank. Dafür gibt es Gesundheitszentren, die aus den Kristallstätten entstanden sind. Hier können sich alle Erdenbürger, wann immer sie es möchten, erholen, sich heilen lassen, auftanken und vieles mehr. Oder sie treffen sich einfach nur, um Spaß zu haben. Der Eintritt für die Gesundheitszentren ist für jeden Menschen frei.

Das ist die eine Seite, auf der anderen Seite gibt es auf der Welt im Jahr 2026 immer noch Mord und Totschlag. Ja, du hast richtig gelesen. Es gibt immer noch Arm und Reich, und es gibt immer noch Trennungen. Trennungen zwischen Arm und Reich, zwischen Farbig und Weiß, und es gibt immer noch Politiker, die ihre Wähler anlügen.

Allerdings ist das Lügen und Betrügen in dieser Zeit nicht mehr so leicht, denn jede Unausgewogenheit, jede Ungerechtigkeit kommt sofort ans Licht. Nichts bleibt der Öffentlichkeit verborgen, nichts bleibt im Geheimen. Trotzdem gibt es noch Straftaten, und es wird noch Ungerechtigkeit gelebt.

Ich erlebte in meiner Inkarnation als Martin Luther King weiß Gott viel Ungerechtigkeit und auch Brutalität, an mir selbst und auch an anderen. Es würde viele Bücher füllen, wenn ich detailliert davon berichten würde. Doch ich hatte auch, und dafür bin ich sehr dankbar, sehr einflussreiche und wohlwollende

Freunde. Zwei davon waren Präsident John F. Kennedy und Präsident Lyndon B. Johnson. Ich kämpfte immer mit meiner ganzen Kraft und Macht für die Gleichberechtigung. Doch will ich nicht in der Vergangenheit verweilen, denn mein Traum ist eine bessere Welt in der Zukunft.

Mein Traum ist es, dass alle Menschen im friedlichen Zusammensein leben können, und jeder das hat, was er zum Leben braucht. In meiner Vision, die ich schon in jungen Jahren hatte, wird die Erde tatsächlich zu einer besseren Welt, weil die lichtvollen Bürger den Blauen Planeten zu einer besseren Welt machen.

Diejenigen, die verfolgt, gedemütigt und brutal aus dem Leben gerissen wurden, weilen alle wieder lebendig auf der Erde. Die geachteten Räte des Lichts, von denen ich hier spreche, sind durch den Zusammenschluss von Himmel und Erde in der Lage, ihren lichtvollen Berufungen, ihren Lebensaufgaben nachzugehen und diese zu vollenden. Möglicherweise erkennst du uns nicht. Möglicherweise stecken unsere weisen Seelen in Menschen, denen du erst Beachtung schenkst, wenn du selbst bereit bist, dein hohes Licht anzunehmen.

Ich habe einen Traum, dass alle Kinder dieser Welt geschützt und in Liebe aufwachsen dürfen. Dass die Kinder der Erde keine Krankheit, keine Ungerechtigkeit, keinen Krieg, keinen Mangel an Bildung, keine Not mehr erleben müssen, weil die Menschen gelernt haben, sich gegenseitig zu ehren und zu respektieren. Sie haben gelernt, friedlich und in Liebe wie Brüder und Schwestern zusammenzuleben. Dazu brauche ich allerdings die Hilfe von euch allen!"

☆ ☆

Erzengel Michael:

Es herrscht atemlose Stille. Harry und die anderen lauschten ergriffen den Worten von Martin Luther King. Jetzt stehen alle auf und applaudieren begeistert. Wenn unser Erdenengel wüsste, dass sein allergrößter Wunsch sich auch noch erfüllt, ich denke, er würde vor Freude durchdrehen. Nun fängt Mark Twain an zu sprechen. Mal sehen, was Mark heute vorhat...

Mark Twain: „Du brauchst die positive Energie jedes Einzelnen von uns, um die Vision einer besseren Welt wahrmachen zu können, Martin? Ich denke ich spreche für alle hier: Wir helfen dir und unterstützen dich mit all unserer Kraft. Aber findet ihr dieses Beisammensein nicht auch ein wenig trocken? Oh nein, ich meine nicht die Getränke, davon haben wir reichlich. Kommt, liebe Freunde, wir lassen das Interview an einem besonderen Ort ausklingen. Was haltet ihr davon?"

Erzengel Michael:

Alle nicken erfreut. Die Anwesenden sehen erwartungsvoll zu Mark. Dieser schnipst mit den Fingern, und schön öffnet sich ein Vorhang. Die namhaften Räte und Harry stehen auf und gehen bedächtig in Richtung des neuen Durchgangs. Und siehe da, wer hätte das gedacht: Mark, du bist mir einer. Unser Schriftsteller hat wieder mal den Nagel auf den Kopf getroffen. Seht selbst, liebe Leserinnen und Leser, seht selbst...

Harry:

Hinter dem Vorhang erscheint eine Badelandschaft. Der Raum ist mit Kerzenschein beleuchtet. Cocktails stehen bereit, und das Wasser ist eingelassen, es dampft und sieht sehr einladend aus. Ein riesen Whirlpool wartet auf uns, und mehrere kleine Treppen erleichtern das Einsteigen. Das Außergewöhnliche daran ist, dass es in der Mitte eine kleine Erhebung gibt. Darauf liegen Karten, das leere Buch und Stifte. Auf dem Podest in der Mitte des runden Whirlpools dampft außerdem eine Wasserpfeife vor sich hin. Ich bin so begeistert, ich sehne mich nach einer Erholung in netter Gesellschaft.

Erzengel Michael:
Die Anwesenden schlüpfen flugs aus ihrer Kleidung und lassen sich erfreut ins Wasser gleiten. Das ist für die hohen Räte sehr bedeutsam, denn sie haben sicher noch nie ihre lichte, himmlische Ausdrucksform rein irdisch gebadet. Ich höre, wie sie beim Hineingleiten in das Nass jubeln wie die Kinder.

Mahatma Gandhi ist so entzückt, dass er die anderen nassspritzt. Abraham Lincoln sitzt kerzengerade da, seine Arme hat er auf dem Rand des Whirlpools ausgebreitet. Er sieht sehr würdevoll aus, wie er da im Wasser sitzt. Martin Luther King ist untergetaucht, er kommt gerade prustend wieder hoch.

Rosa Luxemburg beäugt die Technik des Pools, und ja, nun hat sie den Knopf für die Massagedüsen gefunden. Sie lehnt sich zufrieden lächelnd im aufsteigenden Schaum zurück. Harry sitzt schmunzelnd, mit vor Stolz erhobenen Kopf im Wasser, die Augen entspannt geschlossen.

Allein Mark Twain ergreift die Gunst der Stunde. Er hat sich das nun nicht mehr leere Buch geschnappt und schreibt emsig. Ganz in sich versunken, füllt er Seite für Seite. Was Mark wohl aufs Papier bringt?

Harry:
Liebe Leserinnen und Leser, ich beende hiermit dieses Interview. Seid bitte nachsichtig, denn nun wird es Zeit für uns,

ein wenig ins Private einzutauchen. Ich danke euch für eure Aufmerksamkeit und euer Vertrauen.

Euer Erdenengel Harry

Hey, komm, nicht doch, du bist neugierig, das kann ich verstehen, doch bitte ich dich… kicher… nimmst du bitte deine hübsche Nase da raus? Du liebe Güte, du hast ja ganz rote Wangen. Das sieht süß aus, geradezu zum Verlieben siehst du aus, wenn deine Augen so glänzen. Trotzdem schließe ich hiermit den Vorhang.

Bis gleich liebe Leserinnen und Leser, bis gleich…

Dein Schutzengel: Die Kunst der Liebe

„Wer die Kunst der Liebe beherrscht, ist nicht automatisch ein glücklicher Mensch. Vielmehr ist es so, dass es beim intimen Zusammensein um Intensität geht, nicht um Akrobatik oder Reibung.

Möglich, dass du jetzt sagst: Was weiß denn der Schutzengel darüber, und was hat dieses Thema in diesem Buch zu suchen? Aber vergiss nicht, wir leben durch euch, und der Zusammenhang zwischen Spirit und Sex ist bewiesen.

Doch worauf ich hinaus will, ist die veränderte Wahrnehmung, denn während du lebend in den Himmel aufsteigst, verändert sich deine Wahrnehmung, sie wird intensiver. Um ehrlich zu sein, geht es mir nicht nur darum, diese sinnlichen Themen zu hinterleuchten. Mir geht es vielmehr um dich. Ja, ich meine dich. Da, nun hast du geblinzelt. Ich mag es so gern, wenn du diesen Augenaufschlag zeigst. Ich bin wegen dir hier. Wie geht es dir, geht es dir gut?

Ich bin einer deiner Schutzengel und begleite dich seit deiner Geburt. So manches Mal bewahrte ich dich vor einem Unglück, doch konnte ich dich nicht ganz vor dem Unheil der Welt schützen. Ich darf ja nicht für dich leben. Was du laut Seelenplanung erleben wolltest, musste ich dich erleben lassen.

Doch so manches Mal spielte ich dir wichtige Erkenntnisse zu, indem ich dich im Traum auf etwas hinwies. So musstest du bisweilen nicht durch eine Läuterung gehen. Und manches Mal milderte oder wendete ich schicksalhafte Ereignisse für dich ab.

Aber ich will nicht von mir sprechen. Erzählst du mir etwas von dir, magst du? Nein? Du weißt nicht, wie du hier im Buch zu Wort kommen sollst? Ganz einfach, ich schaffe dir Raum, indem ich dir zuhöre. Das geschriebene Wort ist das eine, aber wichtiger ist es, dass du jemanden hast, der dir genau zuhört. Du meinst, das Wichtigste ist, dass du geliebt wirst? Nun ja, was du innerlich bist und fühlst, erfährst du automatisch auch im Außen.

Weißt du was? Komm doch mit. Ich zeige dir den Ort deiner Träume. Dort können wir uns ungestört unterhalten. Komm, gib mir deine Hand, es geht los…

Was ist denn los? Du bewegst dich ja nicht? Richtig, du hast Recht, es geht nicht um eine Reise, es geht um dein Herz. Das meinte ich natürlich. Ich führe dich in den heiligen Raum deines Herzens, wenn du magst. Dieser Ort ist gleichzeitig auch das Zentrum deiner Träume.

Jetzt müsste eigentlich das übliche Mantra-Zeug kommen: Gehe in dich, lass los, atme tief und bewusst...

Ich bin aber wie du, ich habe es nicht so mit dem Drumherum, ich liebe nämlich die Essenz der Dinge. Genau diese Essenz steuern wir nun an, denn der prompte Zugang zum heiligen Herzen ist das Hinwenden, nicht indem du sagst „Ich will", sondern indem du sagst „Ich darf, ich fühle es." Was? Das ist zu einfach?

Ich dachte, du magst es nicht kompliziert? Aha, du nimmst den Mittelweg. Auch gut. Na dann, wir sind da. Du kannst anfangen.

Was ich von dir will? Ich schenke dir voll und ganz meine Aufmerksamkeit. Bist du so weit?

Es ist mir eine Ehre, ich höre dir zu. Hier ist der Raum, den du dafür brauchst.:

Du kannst diese Zeilen leer lassen oder hineinschreiben, was dir gerade einfällt. Es muss nichts Besonderes sein. Du könntest mir auch ein Gedicht hinterlassen, wie findest du das?

Ich liebe Gedichte so sehr. Du darfst auch zeichnen oder malen. Doch bitte ich dich, erfülle mich mit lichtvollem Inhalt, denn alles, was ins Schattenreich gehört, wird durch Licht und Liebe erlöst. Die müden, grauen Energien verschwinden NICHT dadurch, dass man sie immer wieder jemand anderem aufbürdet, sondern sie erzählt und aufschreibt.

Ich bin der, der dich wärmt in der Nacht. Der dich immer wieder ins Licht der Quelle stellt. Auch dann, wenn du es selbst nicht kannst, weil das Leben dich müde oder gar krank gemacht hat.

Ich bin der, der dich heilt, auch dann, wenn du denkst, dass es für dich keine Heilung gibt. Ich bin der, der dich küsst, dich zärtlich umarmt, auch dann, wenn du denkst, dass du meine Liebe und Umarmungen nicht verdient hast.

Ich bin der, der dich liebt, genauso, wie du bist. Also erfülle ich dir deinen Wunsch. Du wolltest Liebe, Raum und Zeit?

Wohlan, lies bitte weiter, mein Liebes, mein Lieber. Schau, im nächsten Kapitel sind Liebe, Raum und Zeit für dich.

In freudiger Liebe,
dein Schutzengel."

Dein Seelenpart: Die bedingungslose Liebe öffnet Raum und Zeit

Es war eine lange Reise bis zu dir. Weißt du was? Wir beide haben die gleichen Erfahrungen zur selben Zeit gemacht. Doch ich will mich nicht beschweren, denn auf dieser Reise habe ich sehr viel gelernt. Um ehrlich zu sein, habe ich auf dem Weg zu dir viel geweint, aber auch viel gelacht. Jedoch, ich bereue nichts, und ich will nicht von mir sprechen, denn dein Schutzengel hat es schon angekündigt:

Es geht um dich bei diesen Zeilen. Du liegst mir sehr am Herzen, weißt du das? Oh, wer ich bin? Ich bin die Liebe deines Seins, dein Seelenpart aus der Geistigen Welt.

Du möchtest die allumfassende Liebe im heiligen Raum deines Herzens spüren, um dort gänzlich zeitlos verweilen zu können? Wenn du in dieser hohen Energie und dem zeitlosen Raum verweilst, kann das auf deinen Körper sehr verjüngend und natürlich auch heilend wirken.

Das sind gute Gründe für diese Übung, meinst du nicht auch? Wohlan, es ist mir ein Vergnügen. Ich gebe mein Bestes und hoffe, diese Zeilen werden dich mit all dem erfüllen, was du brauchst.

Wenn du abends im Bett liegst und kurz vorm Einschlafen bist, dann lauschst du manchmal den Geräuschen der hereinbrechenden Nacht. Deine Wahrnehmung stellt sich auf den Traumrhythmus ein. Damit du dich erholen kannst, fährt dein Körper-,Geist- und Seelensystem langsam alles herunter, was dir die Entspannung rauben könnte.

Vielleicht kämpfst du noch ein wenig gegen den Schlaf an. Und an manchen Tagen ist es umgekehrt, da fällt es dir schwer, in das Land der Träume zu gelangen. Doch meistens bist du schon eingeschlafen, wenn dein Schutzengel beginnt, dich mit seinen Flügeln zu streicheln. Die meisten Menschen finden dieses Berühren von ihrem Engel sehr erhebend.

Bist du kitzelig? Ja, du bist es, und ich weiß auch wo (lach). Oh, ich mag es, wenn du mich spürst, wenn du auf mich aufmerksam wirst. Das größte Glück für mich ist es, wenn du mir ein Lächeln schenkst. Bisweilen siehst du dir im Badezimmerspiegel in die Augen. Dann siehst du mich und lächelst mich an. Manchmal lese ich dir eine Geschichte vor, wenn du zu mir kommst. Du kommst nachts im Traum zu mir, und ich erzähle dir die Geschichten der Einhörner und Delfine. Oder wir unterhalten uns über persönliche Themen. Neulich habe ich dir erzählt, wie dein Leben ohne Liebe verlaufen wäre. Du warst erstaunt, wie sehr das irdische Liebesglück dazu verleiten kann, einnehmend zu werden.

Und du warst verwundert, als ich erwähnte, welch starke Schubkraft Liebeskummer in sich trägt, was die Bewusstwerdung angeht. Weißt du noch, wie ich dir vom Chor der Engel erzählt habe? Wie diese dann angefangen haben, für dich zu singen? Du hast so gelacht, weil einer der Engel falsch gesungen hat. Ich liebe es, wenn du lachst, ich liebe auch deine Tränen, ich liebe dich so, wie du bist.

Nun bekomme ich Sehnsucht, du bist hellwach, und es dauert noch, bis wir uns küssen und umarmen können. Wenn du im Traum zu mir kommst, ist das für uns immer ein Freudenfest. Aber warum warten? Genau, du bringst mich auf eine Idee...

Weißt du, ich bin dein Zwilling, so könnte man es sagen. Ich bin das fehlende Puzzleteil. Wir sind nicht blutsverwandt, das stimmt, aber du und ich stammen dennoch aus einer Seelenfamilie.

Meistens machst du dich auf den Weg zu mir, sobald du eingeschlafen bist. Wir haben Phasen, in denen wir uns jede Nacht treffen. Ich reise dir entgegen, und wir begegnen uns dann in der Mitte. Die Mitte ist dort, wo die Wellen den Strand küssen, das Wasser leise Geräusche macht und du dich vollends losgelöst fühlen kannst. Bisweilen ist dein Schlaf jedoch zu diesem Zeitpunkt noch etwas unruhig, doch die Geräusche der himmlischen Natur beruhigen dich immer. Du sagtest auch, dass du meine Stimme sehr magst, weil du mit mir gut in deine Mitte kommst.

Wir halten uns eine Weile und sehen uns in die Augen. So oder so, ich komme nie drum herum, du möchtest fast jedes Mal eine Geschichte von mir hören, obwohl ich es schöner finde, wenn du mir etwas vorliest.

Durch das Lesen weitet sich der heilige Raum in unserem Herzen, und wir werden zu einer vollkommenen Einheit. Unser Herz ist EINS. Längst befindest du dich in mir, und ich bin in dir. So erschaffen wir das Herzstück, unser Zuhause. Du bist in meinem Herzen zu Hause und ich in deinem. So hast du jederzeit freien Zugang zur allumfassenden Liebe im zeitlosen Raum. Wir haben uns sozusagen unseren eigenen Kosmos erschaffen, in dem die Freude und die unendliche Liebe zu Hause sind.

Wenn eine Mutter ihrem Baby zusieht, wie es krabbeln lernt, spielt und lacht, öffnet sich durch ihre bedingungslose Liebe diese heilige Sphäre, von der ich gerade gesprochen habe.

Der friedliche, liebende Kosmos der Seelen befindet sich nicht im Außen, sondern in ihrem Inneren. Zu kompliziert? Nun, das heißt nichts anderes, als dass dieses wohlige Zuhause der göttlichen Quelle im Inneren des Körpers, im Herzen, zu finden ist. Ich gehe dir also ein Stück des Weges entgegen, und wir treffen uns in der goldenen Mitte. Dort, wo das heilige Herz seinen Ursprung (Himmel) hat, begegnen wir uns immer wieder. Dabei ist es nicht wichtig, ob es Tag oder Nacht ist. Alles, was du brauchst, um meine Liebe zu spüren, um zum Ursprung, zur Quelle, zurückzufinden, ist deine reine Liebe zum eigenen Körper, dem Vehikel deiner Seele, und deine Hinwendung zum Licht des Herrn.

Je bedingungsloser du dich als göttliches Wesen annehmen und lieben kannst, desto tiefer wird unsere Verbindung, desto mehr wirst du in mir versinken können.

Komm in meine Arme, komm, ich halte dich, ich wärme und beschütze dich. Du darfst dich fallenlassen, du bist nun angekommen im zeitlosen Raum unseres heiligen Herzens, dort, wo die Seele zu Hause ist. Dort, wo du die allumfassende Liebe des Schöpfers nicht nur fühlst, sondern diese Liebe selbst bist.

Sei gesegnet, bis heute Nacht im Traum.
Dein Seelenpart, die Liebe deines Seins

Erzengel Michael: Der Wunsch, allem gerecht zu werden, geht einher mit der Verletzbarkeit

Die Seele von Mark Twain: Das Abenteuer des Erdenengels

Harry: „Ich denke, ich bin ein Mann, der etwas aushalten kann. Ich ruhe in mir selbst, und mich haut so schnell nichts um. Du schaust mich jetzt augenzwinkernd an? Nun, stimmt, ich bin verletzlich, gerade wenn es um meine Ehre und um meine Familie geht.

Ich habe oft das Gefühl, beruflich mehr kämpfen zu müssen als andere. Mich durchsetzen zu müssen, wo andere das, was sie wollen, frei Haus bekommen. Es liegt an meiner Herkunft, das ist meine Meinung dazu. Darum diskriminieren sie mich. Das tut mir weh. Ich ertrage es nicht, wenn jemand wegen seiner Hautfarbe gedemütigt wird. Dass man nur wegen seiner Abstammung mit Widrigkeiten zu kämpfen hat, ist nicht fair. Gerne würde ich es allen rechtmachen, doch das geht nicht."

Erzengel Michael: „Ich kann dich verstehen, Harry. Doch wer es immer allen recht machen will, fördert damit die eigene Verletzlichkeit. Warum? Nun, weil es nicht deine Aufgabe ist, überall und bei jedem gut angesehen zu sein. Die Menschen um dich herum brauchen Reibung, Resonanzverhalten, und du brauchst das auch, sonst würdet ihr nicht lernen. Wenn das Leben immer nur himmelblau und wunderschön wäre, würdet ihr Gefahr laufen, wieder einzuschlafen. Noch schlimmer: Durch diesen Dämmerschlaf würdet ihr womöglich das Bewusstsein, das ihr euch hart erarbeitet habt, wieder verlieren.

Wer sich überall anpasst und gegen sein Herz handelt, der sucht nach Bestätigung, Anerkennung und Lob. Die Suche nach Anerkennung und die Verletzlichkeit befinden sich aber auf einer Energielinie. Wer das eine lebt, wird also automatisch Erfahrungen mit dem Gegenpol machen. Je intensiver du etwas erfahren möchtest, desto stärker kann das Erlebnis auf der anderen Seite der Energielinie ausfallen. Also macht dich die Sucht nach Bestätigung verletzlich. Aber darum hast du mich nicht gerufen. Was ist los, Harry? Was kann ich für dich tun?"

Harry: „Danke, dass du gekommen bist, Erzengel Michael. Es geht eigentlich nicht um mich. Es geht um Madlen."

Erzengel Michael: „Was hast du denn für ein Problem mit deiner Schutzengelfrau?"

Harry: „Ich habe gar kein Problem mit ihr. Das ist es ja. Ehrlich gesagt, weiß ich nicht, wie ich dir das nun sagen soll. Ein bisschen Bammel habe ich schon, dass du mir die Ohren langziehst."

Erzengel Michael: „Aha. Was hast du denn angestellt? Ich schlage vor, wir bitten Madlen zu uns. Denn über Dritte redet es sich besser, wenn die betreffende Person direkt dabei ist und sich äußern kann."

Harry: „Ich will nicht."

Erzengel Michael: „Was?"

Harry: „Ich schäme mich so."

Erzengel Michael: „Du schämst dich? Oder bekommst du rote Ohren wegen des Flirts mit Madlen? Ich ahne, was du mit „Ich will nicht" sagen willst. Du möchtest mit mir im Stillen darüber sprechen, ohne diese Aufzeichnung, stimmt's?"

Harry: „Ja, das ist ein Grund. Der andere Grund ist … ich kann nicht."

Erzengel Michael: „Nun machst du mich aber neugierig. Also, du Erdenengel, ich mache dir einen Vorschlag. Ich sehe mir das, was geschehen ist, im Buch der Liebe an. Danach können wir darüber sprechen oder auch nicht. Ganz wie du magst."

Harry: „Das dauert mir zu lange."

Erzengel Michael lacht. „Aha, dann heraus mit der Sprache. Wo drückt denn der Schuh, Harry? Du siehst mich so traurig an. Ich weiß, dass die Herausforderungen manchmal so erdrückend sein können, dass man sich dem Gegenüber nicht mehr öffnen kann. Die Menschen, die mich um Rat bitten, fangen oft mit etwas Unverfänglichem an. Sie erzählen mir, was sie erlebt haben und kommen dann langsam zum Kern ihrer Frage. Natürlich weiß ich sowieso, was sie beschäftigt, doch der freie Wille ist heilig."

Madlen:

Ich weiß nicht, was los ist, aber Erzengel Michael hat mich plötzlich zu sich beordert. Besser gesagt, er sagte, ich solle zu Sarinah reisen und dort auf ihn warten. Der Erzengel hat sich sehr würdevoll angehört, was immer ein Zeichen für die Dringlichkeit der geäußerten Bitte ist. Auf Erden würde man sagen, es herrscht Anwesenheitspflicht. Eigentlich würde ich lieber… seufz…aber, nun ja. Als Schutzengel halte ich mich an die Weisungen derer, die mich ausgebildet haben. Das ist klar.

Sarinah:

Ich war unterwegs, um Besorgungen zu machen, als plötzlich Madlen neben mir auftauchte, was mich irritierte, denn das hat sie noch nie getan, sie ist der Schutzengel von Harry. Mein erster Gedanke dazu war: „Der hat wieder was angestellt." Doch die Anwesenheit von Madlen ist sehr angenehm, sie ist zwar heute nicht besonders gesprächig, aber es ist ok.

Also erledige ich den Rest meiner Einkäufe, und wir fahren nach Hause. Ich schließe die Tür auf, und da kommt mir der Duft von Blumen und Heu entgegen. Es duftet nach den inspirierenden Ratssitzungen, nur heute ist keine Sitzung anberaumt, das weiß ich.

Madlen:

Ich bin das erste Mal bei Sarinah zu Hause. Mir gefällt es hier, und ich ahne es: Sarinah ist genauso wenig eingeweiht wie ich. Ich frage mich gerade, was Erzengel Michael vorhat. Oh, da kommt er schon, besser gesagt, sie sind zu zweit. Harry ist auch dabei.

Sarinah:

Oje, der Erdenengel steht mit gesenktem Kopf neben Erzengel Michael. Um ehrlich zu sein, hätte ich für dieses Treffen gerne einen anderen Ort gewählt, denn ich sehne mich schon seit Tagen nach ein wenig Abwechslung und Entspannung.

Ein bisschen peinlich ist mir das jetzt schon, denn die Anwesenden haben meine ganze Aufmerksamkeit verdient. Ich würde es gerne jedem recht machen, doch das ist wie ein Fass ohne Boden. Gerade heute würde ich mich gerne vertreten lassen, mich gemütlich zurücklehnen und einfach nur zuhören. Wenn ER doch nur hier sein könnte, ich sehne mich so nach seiner Ausdrucksform, nach seiner Seele.

Außerdem würde ich ihn bitten, für mich weiterzuschreiben, wenigstens dieses Kapitel. Oh, ich bin voller Energie, es geht mir gut, und das Schreiben macht mir Spaß. Doch ich möchte so gern IHN als Autor erleben. Ich finde seinen Schreibstil so faszinierend. Warum eigentlich nicht? Mir ist nach einem Experiment, ich liebe Herausforderungen, gerade dann, wenn sie neu sind.

Wir sitzen bei Tee und Keksen im Wohnzimmer, da sehe ich, dass die Farben sich verändert haben. Es scheint, als wäre mein Wohnzimmer plötzlich ein goldener Empfangsraum, sehr gemütlich und einladend. Ich genieße dieses Spiel mit den Formen und dem Licht. Es tut meiner Seele gut. Ich höre Madlen, Erzengel Michael und Harry zu und fühle eine Liebe für sie, dass mir das Herz übergeht. Und trotzdem flüstere ich seinen Namen immer wieder. Dieses Verlangen, das süße Ziehen in meinem Herzen... Ich kann nicht anders, ich wispere seinen Namen wie ein Mantra vor mich hin.

Erzengel Michael: „Ich spüre deine Sehnsucht, Sarinah. Also habe ich IHN dazu gerufen. Wenn Menschen diese süße, ziehende Sehnsucht im Herzen haben, ist das für uns Engel immer ein guter Grund für sofortiges Handeln.

Dein Wunsch ist angekommen. Hier ist die Seele von deinem Autorenfreund. Er wird, wenn du magst, dieses Kapitel weiterschreiben, und du darfst dich entspannt zurücklehnen. Darf ich dich hereinbitten? Hallo, schön, dass du gekommen bist, Mark."

Mark Twain: „Es ist mir eine große Freude, vielen Dank für die Einladung und Hallo allerseits. Oh ja, Harry will nicht nur Händeschütteln, er will eine Umarmung. Also, komm her zu mir, du trauriger Erdenengel. Ok, es ist gut, du kannst mich wieder loslassen, nicht klammern, edler Freund. Also, wie geht das hier weiter? Jetzt küsse ich erst mal Sarinah auf die Wange, und sie flüstert mir ins Ohr, was zu tun ist."

Erzengel Michael: „Erzähl es uns, Harry. Was hast du auf dem Herzen? Hab Dank für deine Freigabe dieser Aufzeichnung. Ich denke, davon können viele Leser profitieren, denn die Themen: Ich will nicht anecken, ich will Anerkennung, und ich habe etwas getan, wofür ich mich schäme – diese Themen sind sicher vielen bekannt."

Harry: „Es fällt mir schwer, darüber zu sprechen, aber ich will ehrlich sein, was Madlen angeht. Wir haben, oder, besser gesagt: Ich habe ihre Schutzengel-Dienste ein wenig ausgenutzt. Ich habe dich, Madlen, zu den unmöglichsten Zeiten gerufen. In letzter Zeit war das oft mitten in der Nacht oder früh am Morgen. Ausgenutzt, weil ich zu dem Zeitpunkt nicht deinen Dienst als Schutzengelfrau gebraucht habe, sondern ich hatte ein starkes Verlangen nach dir. Wenn du kein himmlisches Wesen wärst, könnte man nun sagen, ich bin meiner Frau untreu geworden. Aber so ist es nicht, ich liebe meine Frau und die Kinder, und ich liebe Madlen."

Mark Twain:

Unser Erdenengel weint, und ich bin gerührt von so viel Ehrlichkeit. Wir sitzen im Wohnzimmer unserer Autorin. Das Zimmer sieht jetzt aus wie die wundervolle Empfangshalle auf dem Lichtschiff Phönix. Wir sitzen eng zusammen, nicht weil kein Platz wäre, nein, jeder von uns scheint die Nähe der anderen zu brauchen.

Alles ist in einen kristallinen Goldton gehüllt, die Bilder an der Wand scheinen lebendig zu sein. Ich habe es mir neben Sarinah gemütlich gemacht. Ich höre ihren Atem, sie ist ganz entspannt und hört interessiert zu. Ich genieße es, mich zu manifestieren, sodass ich meinen Lichtkörper zeigen kann. Das ist tatsächlich wie ein Stück Leben. Und das, obwohl ich vor über hundert Jahren – ihr wisst schon. Was ist denn? Warum stupst du mich an? Ok, ich verstehe, das ist nicht meine Bühne, schade eigentlich. Hätte ich doch so gerne den Lesern erzählt, wie ein Engel der Liebe lustvoll huldigt… "

Madlen: „Das lustvolle Huldigen in Sachen Liebe? Du liebe Güte, was ist das für ein altmodischer Ausdruck. Aber sicher weiß jeder, was gemeint ist. Oh, das war keine Kritik an deiner Ausdrucksform, Mark. Verzeih, wenn ich dir zu nahegetreten bin. Aber dein letzter Satz, darum sind wir hier, ich meine, das ist Harrys Problem. Nicht meins, denn ich bin ein Engel, der sich auf der Erde feinstofflich zeigen kann. Für mich gibt es nichts Schöneres, als irdische Erfahrungen zu machen, die normalerweise nur verkörpert möglich sind. Jetzt seht ihr mich alle ganz nachdenklich an. Bei allen Heiligen, was denkt ihr denn von mir und Harry?"

Erzengel Michael: „Komm schon, Harry, heraus mit der Sprache. Erzähl uns, was an dem einen Abend passiert ist. Warum hast du das Gefühl, du müsstest beichten, wofür schämst du dich?"

Harry: „Unser Erzengel hat es auf den Punkt gebracht. Nun ja, ich habe ja schon erwähnt, dass wir uns nach einem Meeting selbst belohnten, indem wir uns ein gemeinsames Bad gönnten. Ja, aber an dem einen Abend waren Madlen und ich allein. Um es kurz zu machen: Es kam zum Äußersten."

Mark Twain: „Hach, sieh einer an. Ich unterbreche dich ja nur ungern, mein edler Freund, doch du hast das Kernstück ausgelassen. Was? Du hast mit Madlen der Liebe gehuldigt? Wie denn, sie ist ein Engel?"

Harry: „Um ehrlich zu sein, darüber habe ich nicht nachgedacht, wir haben es einfach getan. Es hat sich jedenfalls sehr irdisch angefühlt. Etwas anders als sonst, aber echt überirdisch gut. Oh, sorry, ich will nicht zu sehr ins Detail gehen. Ich habe Angst, dass meine Frau diese Zeilen liest… "

Erzengel Michael lacht. „Verzeih uns unseren Heiterkeitsausbruch, Harry. Das ist wirklich der Grund für dein Zögern?"

Harry: „Es ist die Herkunft, darum stehe ich so auf dem Prüfstand. Das finde ich nicht fair. Ja, auch meine Berufung ist es… Das alles löst in mir diese Gefühle aus: Du musst es jedem Recht machen, benimm dich bloß, du musst deinen Mann stehen…"

Erzengel Michael: „Du berührst mich mit deinen Worten. Ich kann das, was du gesagt hast, nachfühlen, Harry. Jedoch, was du innerlich empfindest, das erlebst du im Außen, weil deine Mitmenschen es spiegeln.

Übrigens, niemand hier in der Geistigen Welt sieht dich schief an, nur weil du Erkenntnisse gesammelt hast. Unsere Boten des Lichts, die auf der Erde wandeln, müssen sich nicht dauernd benehmen, als wären sie reine Engel."

Madlen kichert. „Klar, die himmlischen Wesen lieben es doch so sehr, wenn die Menschen mal ordentlich über die Stränge schlagen. Wenn sie sich voll und ganz dem hingeben, wozu sie gerade Lust haben. Natürlich ohne jemanden zu verletzen, und genau da ist der Punkt.

Harry denkt, er hätte sich und mich in Ungnade gebracht, obwohl ich ihm erklärt habe, warum das nicht der Fall ist. Außerdem, so nebenbei erwähnt, war das „Liebe machen" mit Harry wunderschön. Ich habe es sehr genossen und labe mich immer noch an dieser Erinnerung. Er war so zärtlich, süß und leidenschaftlich zugleich. Wie kann denn so etwas Sünde sein? Hey, was ist denn? Warum lacht ihr nun alle?"

Erzengel Michael: „Sehr amüsant, Leute. Ein Engel erklärt sich für unschuldig, und der andere Engel hält sich den Bauch vor Lachen. Also, ich denke es wird Zeit, ich will nun endlich Klarheit schaffen. Oder, besser noch: Ich übergebe das Buch der Liebe für diese Schilderung Mark, unserem Schriftsteller."

Sarinah:
Das ist es! Das ist der Grund, warum ich mich zurückgenommen habe. Das ist es, wonach ich mich gesehnt habe: seine inspirierende Art des Ausdrucks. Ich möchte ihm den Raum geben, damit er diese Aufzeichnung vortragen kann. Ich möchte, dass Mark uns etwas darbringt, und sei es nur ein Eintrag aus dem Buch der Liebe. Hier kommt das Abenteuer des Erdenengels...

☆☆

Die Nacht der Befreiung

Jawohl, so fühlt es sich sicher an, wenn man sich einen langgehegten Wunsch erfüllt. Besser noch, wenn man diesen Wunsch erfüllt bekommt. Mir wurde zu Lebzeiten oft nachgesagt, ich wäre sehr widersprüchlich, und das würde sich in meinen Schriften widerspiegeln. Aber mitnichten! Die Person Mark Twain war ein Realist, und sei es drum, bisweilen war ich auch ein Romantiker.

Ich liebte, und das tue ich als Seele im Himmel noch immer – die freie Kunst, die Malerei, die Museen und Theater. Ich liebte vor allem die kolossale, inspirierende Musik der Oper zum Beispiel. Gehasst habe ich es allerdings, wenn ich im Opernhaus für Stunden verweilen musste, weil die Darbietung sich ewig hinzog. Doch will ich nicht von mir erzählen, wohlan, hier kommt es, das Abenteuer von Madlen und Harry:

Die Seele von Mark Twain:
Das Abenteuer des Erdenengels

Sie sahen sich an und beschlossen, ohne miteinander zu sprechen, dass diese Nacht ihre Nacht werden sollte, gut beschirmt von den Erzengeln, die niemals liederliches Verhalten gutheißen. Dieselben Erzengel jedoch heißen alles gut, was in der Liebe der alles umarmenden Quelle passiert.

Der Grat zwischen frevelhaftem Verhalten und wohlsituiertem Handeln ist bisweilen sehr schmal, und das wurde den beiden in dieser Nacht zum Verhängnis.

Es fing damit an, dass Madlen und Harry durchaus züchtig zusammen im Badezuber saßen. Nun ja, es war vielmehr eine dieser modernen Wannen. Doch durch ihre Losgelöstheit und das warme, sprudelnde Wasser..., also durch die Leichtigkeit, die die beiden einhüllte, passierte etwas, das einem gar die Schamesröte in das Gesicht treiben könnte, wäre da nicht…

Ja genau, wäre da nicht der Schriftsteller, also die Seele von Mark Twain. Diese Seele also schildert das Ganze so, dass man sich getrost zurücklehnen kann, ohne gleich rot zu werden. Was? Lach, ja, das kenne ich, die Leserinnen und Leser wollen immer mehr, sie sind nicht zufrieden mit artigen Beschreibungen. Das ist entzückend, und ich gebe gerne, was gewünscht ist, so ich es vermag.

Nun, die heißen Täubchen saßen also gurrend und küssend im warmen Nass. Da kam eins der Täubchen auf die Idee, dass man sich doch noch ein wenig näherkommen könnte. Jawohl, liebe Leser, die Täubchen waren vollkommen enthüllt, also nackt.

Oh, jetzt höre ich Sarinah im Hintergrund rufen, die meint, ich würde abgleiten…

Ich mag unsere Helden und diese Geschichte sehr. Jedoch bin ich nicht nur einverstanden mit dem frevelartigen Benehmen des Erdenengels. Dieser hat, wie ich finde, einen guten Grund, sich zu schämen.

Nein, ich werte nicht. Ich war zu Lebzeiten auch nicht immer untadelig, indes, beim Wort des Herrn, tat ich nie etwas derart Unmoralisches, Verwerfliches gar… Oder bin ich zu altmodisch, in der alten Zeit steckengeblieben?

Weggewischt, fahren wir fort: Also, die sich paarenden Liebenden… Oh, verzeiht, nun habe ich es schon verraten. Jetzt muss ich lauthals lachen – süß, wenn den Liebenden die Schamesröte im Gesicht steht, während sie… (räuspert sich)

Die zwei Engel also, von denen der eine irdisch und die Engelfrau himmlisch ist, fingen an, sich zu küssen, und daraus wurde mehr. Und da himmlische Wesen von den liederlichen Dingen, die zum Anschwellen der Lust führen, fast keine Ahnung haben – man könnte sagen, Madlen war recht unbedarft, ergriff der Engelmann die Chance und zog das Weibchen einfach auf seinen Schoß. Das ist im Wasser, das bis zum Hals geht, nicht so einfach, denn es entsteht ein Zustand, den man als schwebend bezeichnen kann. Also kam der Engelmann Harry auf die Idee, man könne sich auf die Liegestatt begeben. Banal gesagt: Sie suchten das Bett auf.

Wieder kommen mir die erwähnten Täubchen in den Sinn, und ich vergehe fast vor Heiterkeit. Wohl hatte der Engelmann bedacht, dass durch die veränderte Lage ein kleiner Riss, ähm, ein wenig Leerlauf entstehen könnte, doch mit dem, was jetzt geschah, hatte er nicht gerechnet. Besser geschildert: Der Erdenengel hatte sein Gemächt etwas überschätzt.

Was denn, du lachst? Ich liebe es, wenn du beim Lesen diese lustigen Geräusche machst. Das mit der Dringlichkeit, die sich im Abschwellen befindet, ist jedoch ein männliches Problem, das sich bis zur psychischen Störung auswachsen kann. Mein Mitgefühl an dieser Stelle an alle Herren, die gerne ein wenig standfester wären.

Wo waren wir stehengeblieben? Oh, das ist gut, denn genau das passierte mit dem Täuberich. Zwar war der Wille intensiv, jedoch fehlte die Festigkeit im Stand. Sie fanden sich in einer Situation wieder, die der Dame ein wenig Ruhe verschaffte und dem Herrn Kopfzerbrechen bereitete.

An alle Damen, die diese Zeilen lesen: Mein Mitgefühl, liebe Ladys, denn wer hat schon gern einen Gentleman im Bett, der sich über etwas den Kopf zerbricht, das ohne Verstand besser funktionieren würde. Was? Beißender Humor? Nein, nein, liebe Ladys, keineswegs, ich bin nur gewillt, möglichst tatgetreu zu formulieren.

Aber gut, wie gewünscht, hier ist das Finale: Die Engelfrau, die himmlische, und der Engelmann, der auf dem Boden der irdischen Tatsachen gelandet war, also die beiden beschlossen, sich einfach nur zu halten und zu küssen, ohne…ihr wisst schon.

Was, die Beschreibung fehlt? Aber, aber, die Leserinnen und Leser sind ganz schön fordernd. Auf alle Fälle fordernder als die Leserschaft vor über hundert Jahren. Jedoch, das gefällt mir. Außerdem steckt im letzten Satz das Schlüsselwort, nämlich FORDERND.

Jawohl, wer hätte das gedacht, aber unser Engelmann bekam durch diese sehr kuschelige Atmosphäre wieder Haltung. Die beiden kamen durch das beiderseitige ziehende, süße Verlangen scheinbar rein zufällig in die missionarische Lage. Das löste bei ihm eine Begierde aus, die dem Drang nach Vereinigung mit seiner Liebsten in nichts nachstand.

Wohlgemerkt, der Erdenengel war in dieser Situation sehr fordernd. So kam, was kommen musste: Madlen verlor ihre Unschuld und Harry die Contenance. Wohlan, sie vereinigten sich also, das wurde durchaus hurtig herbeigeführt, denn Mann hatte etwas Bedenken, was die Standfestigkeit anging. Dem war aber nicht so, seine Bedenken waren unbegründet. War der Engelmann doch in der Lage, außergewöhnlich lange und durchaus gut bestückt der lustvollen Huldigung in Sachen Liebe zu frönen.

Kommen wir nun aber endlich zum Kernstück, nämlich: Wie paart sich ein Mann mit einem feinstofflichen Wesen, das, mögen mir nun alle Ladys meine Wortwahl verzeihen, keine Ahnung hat von diesen etwas liederlichen, nassen Angelegenheiten?

Das WIE ist leicht geklärt. Die Antwort ist: mit ELAN! Aber vor allem eins ist wichtig: Trotz aller Späße hier will ich betonen, dass zu dieser beschriebenen Vereinigung vor allem eins gehört: Respekt!

Was unser Harry banal als „es kam zum Äußersten" bezeichnete, ist nun geklärt. Anzufügen sei jedoch, so wünscht es jedenfalls Erzengel Michael, dass diese Nacht für die beiden sehr befreiend war und sie diese sehr wohl genossen haben. Noch hinzuzufügen sei, dass das Abenteuer des Erdenengels bei Tagesanbruch trotz alledem in aller Unschuld endete, weil die beiden sogleich beichteten. ER seiner Frau, die das Ganze mit einer lässigen Handbewegung als erotischen Traum abtat, und SIE der Quelle alles Seins.

Selten hatte ich eine solche Freude bei der Niederschrift von liebenden Szenen. Mögen die Abenteuer des Erdenengels weitergehen.

Liebe Leserinnen und Leser, vielen Dank für euer Interesse an meinen Zeilen.

Mit winkender Hand zum Gruße, die Seele von Mark Twain"

Die Seele von Mahatma Gandhi: Der Respekt und die Liebe

„Die Liebe trägt den Frieden in sich, und wer die Liebe mit anderen teilt, verteilt auch die Energie des Friedens um sich.

Ich war in meiner Inkarnation als Mahatma Gandhi ein warmherziger Mensch. Gönnerhaftigkeit war nie mein Ideal, denn diese geht meistens einher mit Eitelkeit und der Erwartung nach Applaus.

Die Warmherzigkeit aber und die Hilfe, die man in diesem Energiefeld gibt, tragen dazu bei, dass man dem anderen auf Augenhöhe begegnen kann. Respekt und die unendliche Liebe, Mark hat es eben erwähnt, sind die Basis für jede Beziehung, und, wie ich meine, auch für den Frieden. Den Frieden in dir und den Frieden im Großen Ganzen.

Die allumfassende Liebe ist ein sehr kostbares Gut. Wenn du so, wie du bist, geliebt wirst, ist das wie ein Geschenk, das du nicht mit Geld erwerben kannst, denn die allumfassende Liebe hat nur einen Energiestrahl, und dieser kommt direkt aus der Schöpferquelle. Was direkt aus der Schöpferquelle kommt, kannst du nicht einengen, das würde das Licht der Liebe sogar dimmen. Aber du kannst diese wundervolle Frequenz mit anderen teilen. Je mehr du davon an deine Mitmenschen verteilst, umso mehr fließt auch zu dir zurück.

Treue ist ein Begriff, der in der modernen Welt seine Wertigkeit etwas verloren hat. Aber es gibt Lichtträger, die sich selbst treu sind und das auch in ihrem Umfeld leben. Mir selbst war zu Lebzeiten Treue sehr wichtig, jedoch war ich mir in jungen Jahren auch nicht immer selbst treu. Trotzdem verlor ich mich nicht in Urteilen. Zumindest tat ich mein Möglichstes, um meine Familie nicht zu entehren, zu enttäuschen.

Viele Bürger sehnen sich nach Zuverlässigkeit, und diese ist sehr kostbar. Die Loyalität und die Liebe bündeln und transformieren alle alten Energieformen, die müde und krank machen. Graue Energieschleier findet ihr überall da, wo Mobbing, Terror, Mord und Todschlag, Bedrohung, Missgunst und Diskriminierung zu Hause sind.

Das Wohl der Hilfesuchenden über das eigene Wohl zu stellen, darin verlieren sich manchmal die Lichtarbeiter. Manchmal verlieren sie dadurch die Loyalität zu sich selbst, was sehr schmerzvoll sein kann. Ohne Wertempfinden für sich selbst ist man der Gefahr ausgesetzt, ausgenutzt zu werden.

Was ich eigentlich sagen wollte, ist:

Liebe Leserinnen und Leser, handelt bitte allezeit im Sinne der unendlichen Liebe. Teilt mit euren Nächsten, gebt euch gegenseitig all das, was ihr selbst gerne erfahren möchtet. Die Bedürftigen sind unter euch. Nicht jeder Bedürftige trägt seine Not für jedermann sichtbar nach außen. Den Mantel der Armut tragen viele Menschen, doch manch einer versteckt ihn aus Scham. Doch die Not auf der Welt war in meiner Zeit nicht größer als heute.

Geben will gelernt sein, damit derjenige, der beschenkt wird, nicht seine Würde verliert. Und wer anderen hilft, sollte dafür sorgen, dass der Notleidende irgendwann sein Leben aus eigener Kraft bewerkstelligen kann.

Reich ist ein Mensch erst dann, wenn er das, was er hat, warmherzig mit anderen teilen kann.

Möge die Liebe der Schöpferquelle, die Nächstenliebe und der Friede des Herrn allezeit in eurem Herzen weilen.

Namaste, und denkt bitte daran: Hand in Hand mit euren geistigen Mentoren bedeutet auch, dass ihr auf dem Pfad der Weisheit erst einmal eins lernen dürft, nämlich dass ihr zeitlos seid. So spielt das Alter keine Rolle, denn wer sich zeitlos fühlen kann, bleibt ewig jung.

Die Seele von Mahatma Gandhi."

☆☆☆

Nachwort

Das Beste am Schreiben ist, dass die Kapitel für mich wahr werden, und ich hoffe, dass ihr das auch erleben dürft. Ich lebe das, was ich schreibe, und das ist wundervoll. Mein Fokus beim Schreiben ist aber nicht nur auf die leichten Dinge des Lebens gerichtet, denn ich weiß, wie sehr die Menschen von den Mühen des Lebens geplagt sind. Auch ich kenne diese Läuterungen.

Meine Fähigkeiten, mit der Geistigen Welt zu kommunizieren, in ihre Welt einzutauchen, Hand in Hand mit den Engeln durchs Leben zu gehen, hat vieles verändert und erleichtert, und zwar, dass der Himmel sich reell mit der Welt verbindet. Das alles und noch viel mehr hat mich zu einem glücklichen Menschen gemacht. Trotzdem laufe ich nicht mit Scheuklappen herum. Ich weiß, was die Menschen umtreibt, ich weiß auch, wie sehr sie gewachsen sind. Das macht mich frohgemut, und ich bin so stolz darauf, wie sehr ihr euer Bewusstsein angehoben habt, liebe Leserinnen und Leser.

Zu sehen, wie die Menschen um mich herum in die Leichtigkeit kommen, indem sie durch die gleichen Tore gehen, durch die die Boten des Lichts auch gegangen sind, ist wunderbar. Aber ich will nicht zu viel von mir erzählen, denn mir gehört diese Bühne nicht. Diese Bühne gehört den geistigen Freunden und dir.

„Schön, dass du gekommen bist, ich danke dir. Darf ich schon verraten, wer du bist? Puh, jetzt fühle ich doch Ehrfurcht. Komm, erzähle bitte den Lesern deine Geschichte. Was wolltest du noch mal sagen? Hast du eine Nachricht für uns, Tipps für eine bessere Welt…?"

Neugierig geworden? Dann lasst uns fortfahren. Liebe Leserinnen und Leser, ich freue mich auf ein Wiedersehen mit euch bei den Seelenverträgen Band 11.

Vielen Dank für eure Aufmerksamkeit und das mir entgegengebrachte Vertrauen.

In Liebe,
Sarinah Aurelia

Über die Autorin

 Sarinah Aurelia gab 2008 ihren Beruf auf, um mit ganzer Kraft für das Licht zu wirken. Es entstand ein lebhafter, lichtvoller und liebevoller Kontakt zu der Galaktischen Förderation des Lichts, den Erzengeln und geistigen Mentoren.

Die Durchsagen bieten die Möglichkeit, die Hände denjenigen entgegenzustrecken, die uns mit Sehnsucht dort erwarten, wo einst der Ausgangspunkt für unsere Reise auf die Erde war.

Leila Eleisa Ayach
Seelenverträge - Absprachen in Liebe
152 Seiten, A5, broschiert
ISBN 978-3-941363-24-3

Wir fühlen uns oft machtlos einem Schicksal ausgeliefert, verstehen nicht, was mit uns geschieht, sind verwirrt, verzweifelt und traurig. Wir haben unsere Seelenverträge vergessen, nur:
Seelenverträge – was bedeutet das?
Jeder von uns hat sich vor seiner Inkarnation auf der Erde einen Seelenplan festgelegt, in dem jede Herausforderung festgeschrieben ist, die unsere geistige Entwicklung fördert und uns auf den Weg zum Erwachen führt. Die Geistige Welt weiß um unsere Ängste und Nöte, unsere Herausforderungen, aber auch um unsere Sehnsüchte, Ziele und Wünsche, und möchte uns helfen zu verstehen, warum wir bestimmte Erfahrungen in unserem Leben machen.
Letztendlich geht es darum, im Einklang mit der Schöpferkraft und dem höchsten göttlichen Plan des Lichts zu leben – und die Schöpferkraft voll und ganz im Leben wirken zu lassen.

Sarinah Aurelia
Seelenverträge Band 9
Verliebt sein ist nicht schwer, beständig Liebe SEIN dagegen sehr
328 Seiten, A5, broschiert
ISBN 978-3-95531-089-9

Hohe Schwingung verändert alles, sodass nur noch das übrigbleibt, was die Tore der höchsten Schwingung passieren kann. Körper und Psyche haben viel zu tun, indem sie abstoßen, was nicht konform geht mit den höchsten Energien, um dann das Licht der Quelle zu integrieren. Hinzu kommt, dass wir uns seit Urzeiten unsere Realität selbst erschaffen. Was wir heute denken, fühlen und sagen, leben wir morgen.

Die Erde trägt ihre Kinder in die Sphären der Himmelsdimensionen, sodass diese ihren Seelendienst erfüllen können: bewusst zu werden. Das vollkommene Bewusstsein erlangen! Das liest sich leicht, ist jedoch, wenn man es lebt, gekoppelt mit vielen Herausforderungen, die erkannt und bewältigt werden wollen.

Die Seelenverträge sind die Verbindung zu den Freunden im Himmel. Wer an der Hand der geistigen Mentoren durch dieses Leben gehen kann, ist klar im Vorteil.

Leila Eleisa Ayach
Die Erbauer des Goldenen Zeitalters
Entstehung neuer Strukturen
112 Seiten, A5, broschiert, vierfarbig
ISBN 978-3-941363-87-8

Die Erbauer des Goldenen Zeitalters heißen Indigo-, Kristall- und Regenbogenkinder. Doch hier sind alle angesprochen, im Besonderen die Erwachsenen, unabhängig davon, ob sie Eltern sind oder nicht.
Die Kinder, die auf die Strukturen des Goldenen Zeitalters ausgerichtet sind, tragen Wissen und Lösungen in sich und verkörpern alle Eigenschaften des göttlich erwachten Menschen auf Erden. Durch ihr Sein erinnern sie uns immer wieder an unsere ureigenen Fähigkeiten, die wir längst vergessen haben. Die Geistige Welt erinnert uns an verborgene Lösungen, die jeder von uns in sich trägt. Es geht um die Zukunft dieses Planeten und die Erschaffung von weltweitem Wohlstand und Fülle. Eine große Vision wird hier beschrieben, es ist ein Weckruf für eine ganze Generation. Wir alle tragen einen wichtigen Mosaikstein für die neu entstehenden Strukturen in uns.

Leila Eleisa Ayach
Der Weg der Seele im Goldenen Zeitalter
120 Seiten, A5, broschiert, vierfarbig
ISBN 978-3-95531-103-2

Die Veränderungen und Energien erscheinen uns widersprüchlicher, radikaler, schneller. Unsere Welt durchschreitet eine große Transformation, die niemanden unberührt lässt. Eine Unruhe, die sich auf allen Ebenen zeigt. Das Alte und das Neue nebeneinander. Jedes Leben – ohne Ausnahme – ist davon betroffen.
Genau in dieser Zeit der sich oft widersprüchlichen Energien sind die vorliegenden Zeilen durch die Schöpfung durchgegeben worden. Worte, die uns Mut machen und helfen, mit den Energien dieser Phase der Wandlungen und Transformationen zurechtzukommen. Damit wir Klarheit erhalten über unsere eigenen Prozesse und verstehen, wo wir momentan stehen und wohin wir gehen.
Doch wir sind nicht allein. Wir befinden uns in einem ALL-EIN-SEIN und haben momentan alle die gleichen Herausforderungen und auch Ängste.